AF423835

BEST KOREAN SHORT STORIES COLLECTION 3

대한민국 베스트 단편 소설모음집 3

Janet Park
editor
Eunsil Cha
co-editor

ISBN 979-11-88195-39-8

NEW AMPERSAND PUBLISHING

Table of Contents

<멀리 간 동무> 백신애 3
<어머니- 곰네> 김동인 8
<나는 파리입니다> 김남천 26
<나비의 꿈> 방정환 30
<옛날 꿈은 창백하더이다> 나도향 34
<소낙비> 김유정 44
<해인사의 풍광> 나정월 56
<빈처> 현진건 70
<산촌여정> 이상 85
<소망> 채만식 93
<두포전> 김유정 105
<연분> 이광수 124
<산가> 이무영 130
<희생화> 현진건 146
<아름다운 노을> 백신애 165
<주춧돌> 김동인 200
<그믐날> 이익상 209

백신애
<멀리 간 동무>

그래도 벌써 몇 년 전 일입니다.

우리 집 가까이 내가 참 좋아하는 동무 한 사람이 살고 있었습니다. 그의 이름은 응칠(應七)이라고 부르는데 나이는 그때 열두 살인 나와 동갑이었고 학교도 나와 한 반으로 오학년 일조였습니다. 이 응칠군이야말로 씩씩하고도 용기 있는 무척 좋은 동무였습니다.

응칠군의 아버지는 고기 장사를 하는데 사흘 만큼 한 번씩 열리는 장날마다 고기뭉치를 지고 가서 팝니다. 그의 어머니는 날마다 집에서 일을 하기도 하고 어떤 때는 남의 집에 가서 빨래도 해 주고 또 농사철에는 남의 밭도 매 주고 모두 심어 준답니다. 그리고 그의 동생은 열살 짜리 계집아이 순금이하고, 일곱 살 짜리 응팔이, 세 살 되는 응구하고 도합 셋이었는데 순금이는 날마다 노는 사이 없이 어머니 일을 거들어서 참 부지런한 것 같습니다마는 거의 날마다 그의 어머니에게 얻어맞고 담 모퉁이에서 울고 있었습니다. 응팔이는 응구를 업고 길가에 나와 놀다가 무거우면 그냥 땅바닥에 응구를 내려놓고 저는 저대로 놀고 있으면 응구는 코를 잴잴 흘리며 흙투성이가 되어 냅다 소리를 질러 울기를 잘 했습니다.

응칠이는 그래도 한 날도 빠지지 않고 학교에 잘 다녔습니다. 공부는 나보다 조금 나을까요, 평균점은 꼭 같이 갑(甲)이었으니까요.

응칠이는 마음도 좋고, 기운도 세고 한 까닭에 우리 반 생도뿐만 아니라 아무하고도 잘 놀았습니다. 아이들이 싸움을 하면 반드시 복판에 뛰어 들어가서 커다란 소리로 웃기고 떠들고 하여 싸움 중재를 일수 잘해주기도 했습니다. 그러나 선생님에게는 거의 날마다 꾸지람을 받았습니다.

"왜 월사금을 가져오지 않느냐."

"왜 습자지를 가지고 안 왔느냐."

하고 벌을 서기도 자주였습니다.

그런데 어느 날 습자 시간이었습니다.

"응칠이는 왜 청서를 한 번도 내지 않느냐."

하는 선생님의 말소리에 습자 쓰느라고 찍 소리 없이 엎드려 있던 우리 반 생도는 모두 일제히 응칠에게로 고개를 돌렸습니다. 응칠이는 신문지 조각에 글자를 쓰던 붓을 멈추고 아무 대답이 없었습니다.

"응칠이 너 이리 오너라."

선생님은 웬일인지 몹시 노해 계셨습니다.

응칠이는 교단 앞으로 나와서 고개를 숙이고 섰습니다.

3

　"왜 너는 월사금도 벌써 반 년 치나 가져오지 않고, 잡기장도 습자지도, 도화용지도 아무것도 사지도 않고 학교에는 왜 다니느냐?"
하고 선생님이 꾸지람을 하셨습니다.
　"아버지가 돈이 없다고 안 주어서요."
　응칠이는 얼굴이 새빨갰습니다.
　"왜 아버지가 돈이 없어? 네가 돈을 받아 가지고는 좋지 못한 데 써버리는 것이겠지."
　"아닙니다."
　"잡기장도 안 사 줄 리가 있나. 네가 정녕코 돈을 다른 데 써 버린 것이지."
　"아닙니다."
　"바른대로 말해."
　선생님은 그만 응칠의 뺨을 한번 휘갈겼습니다.
　"선생님 용서하십시오. 아버지가 안 사주어요."
　응칠이는 뺨에다 손을 대고 금방 소리쳐 울 것 같이 보였습니다.
　그때 나는 가슴이 터질 것 같이 두근거려지며 응칠이가 가엾어 못 견디겠었습니다.
　그래서 그만 벌떡 일어나서
　"선생님 정말 응칠이 집에는 돈이 없어요. 잡기장 사려고 돈을 달라면 학교에 못 가게 합니다. 응칠이 아버지는 돈이 없어 밥도 못 먹는다고 야단을 합디다."
하고 나도 모르게 크게 소리가 터져 나왔습니다.
　"그래 너는 어떻게 아느냐."
하고 선생님이 나를 노려보셨습니다.
　나는 가슴이 막히는 것 같았습니다. 처음 응칠이를 학교에 보낼 때는 응칠의 아버지도 돈벌이가 좋으셨는데 응칠이가 사 학년 때부터는 돈벌이가 조금도 없었으므로 그의 아버지는 응칠이도 학교를 그만두고 집에서 무슨 일이라도 하라고 했습니다. 그러므로 월사금이나 학용품을 사려고 돈을 달라면 가지 못하게 하여 학교에는 왜 자꾸 다니면서 돈을 달라느냐고 야단을 했습니다. 그래서 응칠이는 오학년에 오른 후로는 거의 돈 한 푼 아버지에게 얻어 보지 못했습니다.
　돈을 달라면 학교에 못 가게 하고 돈 없이 월사금도 바치지 못하니 선생님이 꾸지람을 하시고 정말 응칠의 사정은 딱했습니다. 나는 이 모든 사정을 잘 알고 있었으므로 응칠이가 무척 가엾었습니다.

그러나 그 후 얼마 되지 않아서 응칠이는 그만 학교에 오지 않았습니다.

그런데 어느 날입니다. 그날도 나는 형님이 사다 주신 잡지책과, 그림책을 들고, 어서 응칠에게 갖다 보이려고 집을 나섰습니다. 막 대문을 나서 응칠이 집 가는 편으로 다섯 발자국도 못 걸어갔을 때 웬일입니까. 응칠이가 담 모퉁이에 붙어 서서 우리 집 대문을 엿보고 있지 않습니까. 나는 어떻게 반가운지

"너 우리 집에 놀러오는 길이냐?"

하고 곁으로 달려갔습니다.

"응!"

웬일인지 응칠이는 몹시 기운이 없어 보였습니다.

'요즈음은 저의 아버지가 아주 돈벌이를 못해서 밥을 못 먹나보다' 하는 생각이 들었습니다. 그래서 나는 응칠이 어깨를 잡고 우리 집으로 가자고 끌었습니다.

"아니, 너의 집에는 안 간다."

응칠이는 나의 팔을 뿌리쳤습니다.

"왜 문간까지 와서 안 들어갈 테냐. 이것 봐라. 이것 형님이 사다 주신 건데 너하고 같이 읽자꾸나."

"아니."

응칠이는 그렇게 좋아하는 잡지와 그림을 보고도 기뻐하지 않았습니다.

"나는 인제 너하고 같이 놀지 못한단다."

응칠이는 멍하니 서 있는 나를 바라보며 금방 울 것 같이 말했습니다. 나는 응칠의 이 한 말에 깜짝 놀랐습니다. 얼마 전부터 만주로 돈벌이 간다고 하는 응칠의 아버지 말이 생각났습니다.

"너 만주 가니?"

응칠이는 대답 대신 머리를 끄덕였습니다.

"아니 만주에는 마적이 많아서 사람을 막 죽인다는데, 애야 가지 마라."

하고 나는 응칠에게 다가섰습니다.

"내 맘대로 할 수 있나. 우리 아버지가 기어이 가신다는데 머……."

"그러면 언제 가니?"

"오늘 저녁에 간단다."

나는 어떻게 했으면 좋을지 몰랐습니다. 어느 사이엔지 우리들은 어깨동무를 해 가지고 느껴 울고 있었습니다. 울면서 걸어온 것이 응칠의 집 앞이었습니다. 다 ― 찌그러져가는 그의 집 방 안에는 시커먼 커 ― 다란 보통

이 한 개가 놓여 있고 건넌방에 곁방살이하는 순덕이네 방에는 웅칠의 집 식구가 모두 둘러 앉아 밥을 먹고 있었습니다.

"웅칠아. 너 어디 갔다 오냐. 어서 밥을 먹어야 가지."

하는 순덕이 어머니의 얼굴을 바라본 나는, 눈물이 자꾸 더 흘러내렸습니다.

"인제 이 집은 순덕이네 집이 됐단다. 우리가 간다고 순덕이네 집에서 밥을 했다나."

하고 웅칠이는 삽짝에 붙어 섰습니다.

"어서 들어가거라."

"잘 있어라. 나는 밥 먹고 곧 간단다."

하고 웅칠이는 순덕이네 방으로 들어갔습니다. 나는 얼른 눈물을 씻고 집으로 달려와서 어머니를 보고 웅칠의 이야기를 했습니다. 그리고 돈을 좀 주어서 웅칠의 아버지가 만주에 가지 않더라도 돈벌이 할 수 있도록 하자고 떼를 써 보았습니다마는, 어머니에게 무척 꾸지람만 듣고 집을 쫓겨났습니다. 나는 하는 수 없이 정거장 가는 길인 서문거리에서 웅칠이 집 사람이 오기를 기다렸습니다. 이윽고 커다란 짐을 진 웅칠이 아버지와, 웅구를 업은 어머니, 아무것도 가지지 않은 웅팔이, 보퉁이를 들린 순금이, 또 조그만 궤짝을 걸머진 웅칠이가 순덕 어머니 아버지와 함께 걸어갔습니다.

"너 여기서 뭐하니? 잘 있거라. 인제 언제나 또 만나게 되니."

하며 제일 앞선 웅칠이의 어머니가 나를 보고 말했습니다. 나도 제일 뒤에 떨어져 가는 웅칠이의 뒤를 따라 걸었습니다.

"어서 돈벌이하거든 돌아오너라. 또 같이 학교에 다니게, 응?"

하며 나는 웅칠이가 짊어진 궤를 만졌습니다.

"이 궤 속에는 내 책이 들어 있단다. 만주 가서도 틈만 있으면 공부할 터이다."

하고 웅칠이는 힘있게 말했습니다. 나도 가슴속으로 어서 공부를 해서 훌륭한 사람이 되어 웅칠이와 다시 만나게 될 터이다 하고 굳게 결심했습니다.

"자, 그만 들어가소."

벌써 서문 고개를 넘었으므로 웅칠이의 아버지는 돌아서 순덕이네를 보고 하직했습니다.

"그러면 잘들 가소. 죽지만 않으면 다시 만나리 ―."

순덕이네 엄마는 그만 울어버렸습니다.

나도 웅칠이의 목을 안고 터져 오르는 울음소리를 억지로 참으며 느껴 울었습니다. 웅칠이도 커다란 눈에 눈물이 고였습니다.

　나는 가슴이 터져 나가는 것 같이 아팠습니다. 그래서 서로 목을 안은 채 참다 못해 소리쳐 울고 말았습니다.

　응칠이 아버지는 나의 어깨를 쓰다듬으며 달래 주셨습니다. 그의 눈에도 눈물이 고여 흐르고 있었습니다.

　"…… 울지 말고 어서 돌아가거라."
하며 응칠이의 팔을 잡아 끌었습니다.

　나는 발버둥을 치며 응칠이의 뒤를 따르려 했으나 순덕이 어머니가 나를 꼭 붙잡고 놓지 않았습니다.

　한 걸음, 한 걸음 우리의 사이는 멀어져 갔습니다.

통칭 곰네였다.

어버이가 지어준 것으로는 길녀라 하는 이름이 있었다. 박가라 하는 성도 있었다. 정당히 부르자면 박길녀였다.

그러나 길녀라는 이름을 지어준 부모부터가 벌써 정당한 이름을 불러주지를 않았다. 대여섯 살 나는 때부터 벌써 부모에게 '곰네'라 불렀다. 어렸을 때부터 어머니가 어린애를 붙안고 늘 곰네 곰네 하였는지라 그 집에 다니는 어른들도 저절로 곰네라 부르게 되었고, 이 곰네 자신도 자기가 늘 곰네라는 이름으로 불렸는지라 제 이름이 곰네인 줄만 알았지 길녀인 줄은 몰랐다. 좌우간 그가 여덟 살인가 났을 때에 먼 일가 노파가 찾아와서 그를 부름에 길녀야 하였기 때문에 곰네는 누구를 부르는 소린지 몰라서 제 장난만 그냥 하고 있었다. 그러다가 그 사람이 자기 쪽으로 손을 벌리며 그냥 길녀야 길녀야 이리 오너라 하고 연방 부르는 바람에 비로소 자기를 부르는 소린 줄을 알았다. 그리고는 그 사람에게로 가지 않고 제 어미에게로 갔다.

"엄마, 엄마, 데 사람이 나보구 길네라구 그래. 길네가 무어요? 남의 이름두 모르고 우섭구나 야……."

어머니가 곰네를 위하여 변명하였다.

"이 엠나이! 어른보구 그게 뭐야. 엠나이두 하두 곰통같이 굴러서 곰네라구 곤쳤다우. 이 엠나이, 좀 나가 놀알!"

"히! 곱다구 곱네디 곰통 같다구 곰넬까. 곰통 같으믄 곰통네디."

"나가 놀알!"

"잉우 찍!"

사실 계집애가 하두 곰같이 완하고 억세기 때문에 '곰'네였다. 얼굴의 가죽이 두껍고 거칠고 손과 팔의 마디가 완장하고 클뿐 아니라, 가슴이 턱 벙글어지고 왁살스럽고, 그 목소리까지도 거칠고 툭하였다. 머리카락까지도 굵고 뻣뻣하였다. 그에게서 억지로라도 여자다운 점을 찾아내자 하면 그것은 그의 잠꼬대뿐이었다. 잠꼬대에서는 그래도 간간 갸날픈 소리며 애기를 업고 싶어하는 본능이 보였다. 그 밖에는 여자다운 점을 털끝만치도 없었다.

이름이 길녀라 하지만 길하다든가 실하다든가 한 점은 얻어낼 수가 없었다. 곱다는 곰네가 아니요 곰 같다는 곰네야말로 명실이 같은 그의 이름이었다.

젖 떨어지면서부터 농터에 나섰다. 농터라야 빈약한 것으로, 풍년이나 들면 간신히 그의 식구(아버지, 어머니, 곰네, 이렇게 단 세 사람)의 굶주림이나 면할 정도의 것이었다.

곰네가 농터에 나서면서부터는 어머니의 부담이 훨씬 줄었다. 그의 아버지라는 사람은 농꾼답지 않은 게으름뱅이에 기력도 적은 사람이어서 보잘 여지없이 소위 망나니였다. 술이나 얻어먹고 투전판이나 찾아다니고 남의 집 여편네나 담 넘어 엿보러 다니는 사람이었다. 농사 때에는 단 내외의 살림이라 하릴없이 농터에 나서기는 하지만 손에 흙을 대기는 싫어하고, 게다가 기운이 없어서 조금 힘든 일을 하면 숨이 차서 당하지를 못하고 게으름 꾀만 가득 차서 피할 궁리만 공교롭게 하는 사람이었다. 그런지라 아주 쉽고 가벼운 심부름 이상은 하지 않기도 하였거니와 시킨댔자 감당도 못할 위인이었다.

대여섯 살 나서부터 농사에 어머니에게 몸 내놓고 조력한 곰네가 훨씬 도움이 되었다. 힘과 기운으로도 벌써 아버지보다 승하였거니와, 어린애답게 열이 있고 정성이 있었다.

그런지라 팔구 세 때에는 벌써 농군으로서의 한몫을 당해냈고 농사의 눈치도 어른 뜸떠먹으리만치 열렸다.

곰네가 열세 살 난 해에 그의 게으름뱅이 아버지가 죽었다. 이 가장의 죽음도 그 집의 경제상에는 아무 영향도 없었다. 극단적으로 말하자면 한 식구 줄었으니 그만치 심이 폈달 수도 있었다. 살아 있대야 곡식만 소비할 뿐이지 아무 도움도 없던 인물이라 없느니만 못하였다. 그래도 10여 년 살던 정이 그렇지 못하여 곰네의 어머니는 흰 댕기도 드리우고 좀 한심스러운 듯이 망연히 하늘을 우러러 볼 때도 있기는 하였으나, 생활 자체에는 아무 영향도 없었다.

눕고 먹고 귀찮게나 굴던 가장이요 가사에는 아무 도움이 없었는지라, 가사도 여전하였거니와 인제는 제 한몫 당하는 곰네가 조력을 하는지라, 어머니로서는 훨씬 노력이 덜하게 되었다. 눈치 있는 곰네가 앞장서서 일하는 것을 어머니는 도리어 보고 있기만 할 때가 많았다.

열다섯 살에 어머니마저 세상을 떠났다.

세상 보통의 처녀로서는 아뜩한 일이었다. 빚은 주는 사람이 없었으니 빚은 없었지만, 남기고 간 것이라는 것은 솥 나부랭이와 부엌 물건 두세 가지, 해진 옷 두세 벌밖에는 아무것도 없는 씻은 듯한 가난한 살림에, 이 집안의 큰 기둥 어머니까지 넘어진 것이다.

그러나 갓 나서부터 여유라는 것을 모르고 지낸 곰네는, 이 점으로는 낭패하지 않았다. 다만 보잘것없는 밭 나부랭이지만, 그래도 그것을 얻어 부치던 것은 어머니의 면의 덕이라, 그것을 떼이게 된 것이 큰일이었다.
 가을에 가서 약간의 추수하는 것을 가지고 밭 주인(밭 주인이라야 가난한 자작농이었다)을 찾아갔더니 아니나 다를까,
 "아바지 오마니 다 죽었으니 밭 다룰 사람이 없겠구나."
 이런 말이 나왔다.
 "아버지가 살았으믄 뭘 하댔나요?"
 곰네는 반대해보았다.
 "아바진 그렇다 해두 오마니가 보디 않았니?"
 "오마닌 또 뭘 했나요? 다 내가 했지."
 "그래두 체니 아이 혼자서야 농살 하나?"
 "해요. 꼬박꼬박 추수 들려 놨으믄 그만이디오. 내 감당해요."
 곰네는 지금껏도 자기가 농사를 죄 맡아서 했으니만치 자기가 계속하겠다는 데 대해서 딴 의견이 있을 줄은 뜻도 안 하였다. 그렇기 때문에 거기 대해서는 걱정도 않고 대책도 생각지 않았다. 그러나 한 마디 두 마디 하는 동안 좀 의심스럽게 되었다. 그 밭을 떼려는 눈치를 직각하였다.
 여기 협위를 느낀 곰네는 그 땅을 자기가 보겠다고 처음은 간원하였다. 그 다음은 탄원하였다. 애걸까지 하였다.
 그러나 땅 주인은 곰네의 탄원도 애걸도 모두 일소에 부치고 말았다.
 "체니 아이 혼자서두 땅을 보나?"
 요컨대 실력 여하를 막론하고 처녀 단 혼잣살림에는 소작을 맡길 수 없다는 것이었다.
 그래서 그 땅을 종내 떼이고 말았다.

 그러나 곰네는 겁을 내지 않았다.
 빈궁한 중에서 나서 빈한 중에서 자란 그는 빈한이라는 것을 무서워할 줄을 모르는 사람이었다.
 부모에게 물려받은 단칸 오막살이가 있었다. 거기 거처하였다.
 이 조그마한 마을에서는 모두가 서로 아는 사람이었다. 이 집 저 집으로 찾아다녔다.
 가을 추수 뒤에는 농가에서는 새끼도 꼬고 가마니도 짜고 한다. 곰네는 돌아다니면서 이런 일의 조력을 하였다. 집에 따라서는 일한 품삯으로 돈푼이나 주는 집도 있었고, 혹은 끼니나 먹이고 마는 집도 있었다.
 끼니만 먹이고 말든 혹은 돈푼이나 주든, 곰네는 그 보수에 대해서는 아무 욕구도 없었고 아무 불평도 없었다. 먹여주면 다행이었다. 게다가 돈푼이라

도 주면 그런 고마운 일이 없었다. 본시 충직하고 욕심이 없는 데다가 간사한 지혜라는 것을 아직 모르는 곰네는, 남의 일 자기 일 구별할 줄을 몰랐다. 자기가 자기 손으로 착수한 것이면 모두 자기 일이었다. 누가 보건 안 보건 한결같이 열과 성으로 일하였다. 사내들은 담배도 먹고 한담도 하여 헛시간을 보내지만 곰네에게는 그것이 없었다. 아침에 손을 대기 시작하면 점심때도 그냥 일을 하면서 점심 먹고 저녁때도 캄캄하게 되기까지 그냥 일을 계속하고…… 그 위에 알뜰한 가정이 없는 그는 대개는 저녁까지도 그 집 상 귀퉁이에 붙어서 되는 대로 먹고 하였다.

삯 헐하고 일 세차게 할뿐더러 부지런히 하는 그 동리의 귀한 일꾼의 하나였다.

"곰네는 시집갈 밑천 장만하누라구 데리케 돈을 몹겠다."

동리 여인들이 이렇게 놀려대어도 아직 시집 살림이 어떤 것인지 똑똑히 이해하지 못하는 곰네는,

"원! 시!"

하고 웃어버리고 마는 것이었다.

"곰네 너 어드런 새서방 얻어갈래?"

이렇게 농 삼아 물어도 부끄러워할줄도 모르고 그렇다고 기뻐할 줄도 모르는 곰네였다.

새서방이라든가 시집이라든가 하는 것은 아직 곰네는 상상도 못하는 이상한 물건이었다. 가마니를 짤 때, 새끼를 꿀 때, 사내들과 손이 마주치고, 혹은 잡고 혹은 잡히고 할 때도 옴쳐버리거나, 치워버릴 줄도 모르고, 마치 사내 사내끼리나 여인 여인끼리와 같은 심정으로 태연히 지나는 그였다.

그 생김생김이며 태도 행동이 모두 하도 사내 같으므로, 함께 일하는 사내들도 곰네만은 여인같이 생각이 안 가는 모양이었다. 어찌어찌하여 곰네를 붙안아 옮겨놓든가 얼굴을 서로 마주 댈 필요가 생긴 때라도 조금도 주저하지 않고 마치 사내끼린 것과 마찬가지로 행동하였다. 곰네 자신도 역시 그런 심사였다.

처녀 열여덟에 땟국에서도 향내가 난다 한다. 곰네도 사람의 종자라, 열여덟도 나 보였다.

다른 처녀 같으면 몰래 거울도 보고, 손에 물칠하여 머리도 빗어보고 낯선 사내 소리라도 나면 문틈으로 내다보고 싶기도 할 나이가 되었다.

그러나 곰네에게는 그런 달콤한 시절은 없었다.

그래도 변한 데가 있었다.

남의 집에서 일하다가 밤늦게 혼자 쓸쓸한 제 집으로 돌아오기 싫은 때가 간간 있었다. 남편이 농터에서 농사짓는데 점심때쯤 그 아내가 밥 광주리를 이고 어린애를 등에 달고 농터 찾아오는 것이 부러운 생각도 간간 났다. 누구가 혼사를 하였다, 누구가 상처를 하였다, 하는 소문이 귀에 심상찮게 들리는 때가 잦아졌다.

게다가 동리 여인들이,

"곰네도 시집을 가야디 않나?"

"데리다가는 체니루 늙갔네."

하는 소리며,

"부모가 없으니 누가 혼인을 주장해줄 사람이 있어야디."

"힘세서 새서방 얻어두 일은 세차가 잘할 테야."

이런 소리들이 차차 솔깃하게 들렸다.

더구나 그 사이도 간간 소작 땅이라도 얻으러 가면 그 매번을 '처녀 혼잣살림에 땅을 어떻게 부치느냐'는 말을 들었지만, 시재 자기가 처녀 혼잣몸이니 어찌할 수 없는 것이라 단념해두었더니, 지금 다시 생각하면, 남편이라는 것을 얻으면 '처녀 혼잣살림'이 아니라 남의 땅도 얻어 부칠 수가 있고, 남의 땅을 얻어 부치고 그 위에 틈틈이 새끼며 가마니를 짜면 심도 훨씬 펴서 지금 단지 남의 삯일만 하는 것보다도 천승만승할 것이다.

'서방을 하나 얻을까?'

서방의 자격에 대하여도 아무 희망도 요구도 없었다. 농촌이니 사내로 생겨서 농사지을 것은 당연한 일이다. 학식이라든가 인격이라든가 하는 것은 곰네는 그 가치는커녕 존재도 모르는 바다. 곱게 생기고 밉게 생긴 것도 전혀 모르는 바다. 사내로 서방이라는 명칭이 붙는 자면 그것만으로 넉넉하다. 그 이상, 그 이외의 것은 존재도 모르는 바이어니와 부럽지도 않고 욕심나지도 않았다.

소작 터를 얻기 위하여, 그리고 또 농사에 힘을 아우를 자를 구하기 위하여 서방이 필요하였다.

이리하여 곰네가 열여섯 살 나는 해 가을에 동리 노파의 주선으로 혼인을 정하였다. 서방 역시 곰네와 같이 혈혈단신이요 배운 것도 없고, 나이는 스물다섯이지만 아직 총각이요, 저축도 없는 대신 밭도 없고 어디서 어떻게 굴러먹던 사람인지 삼사 년 전에 단신으로 이 동리에 들어왔고, 이 동리에 들어온 이래로 지금껏 제 집이라고는 없이 이 집 윗목 저 집 윗목으로 굴러다니면서 그 집일을 도와주는 체하면서 끼니를 얻어먹어 연명을 해오던 초라하기 짝이 없는 사람이었다.

　“제 집이 없으니 그리케 디냈디, 에미네(여편네) 얻으면 그래두 제 몫이
야 안 당하리.”
　“사나이 대당부라니…… 에미네 굶길까.”
　중매할 사람 혹은 조혼한 사람이 모두 이렇게 말하였다. 곰네의 생각으로
도, 사내 한 사람이 더 있으면 그만치 심히 펼 것으로, 어서 성혼하면 생활
이 좀 넉넉해질 것으로 믿었다.
　섣달에 품삯을 셈해 받아 온 한 벌 장만해가지고, 정월에 들어서 길일을
택하여 성례하였다.

　신혼 재미는 꿀과 같다 한다.
　그러나 곰네에게 있어서는 생활상에고 감정상에고 아무 변화도 없었다.
　혼자 자던 방에 혼자 자던 이불 속에 웬 사내 한 사람이 더 들어온 뿐이었
다.
　신혼 첫날만은 동리 여인들이 와서 저녁을 지어주고 이부자리를 펴주었다.
남이 지은 밥을 먹고 남이 깔아준 이부자리에서 잔다는 것은 곰네의 생전
처음 당하는 경험이었다. 뿐더러 여인들은 한사코 곰네에게 못하게 하고 자
기네들이 도맡아 보아주었다.
　“새색시두 일하나?”
　모두들 곰네를 상전이나 모시듯 서둘렀다.
　그러나 그 밤을 지내고, 이튿날부터는 곰네의 생활은 옛날대로 돌아갔다.
　이튿날 아침, 예에 의지하여 머리에 수건을 얹고 가마니를 짜러(좀 넓은
방이 있는) 이 서방네 집으로 가서 예대로 부엌에 들어섰더니 새색시도 이
런 데를 오느냐고 단박에 밀렸다. 그래서 어떡하라느냐고 물으매,
　“일감을 가지고 너희 집에 가서 알뜰한 서방님하구 마주 앉아서 주거니
받건 하믄서 일하는 게디, 서방 버려두구 이런 델 와? 그래 조반이나 지어
먹었니?”
　한다. 그래서 볏짚을 한 아름 안고 제 집으로 돌아온 것이었다.
　그로부터 곰네는 집 안에서 할 수 있는 일은 제 집에서 하였다.
　남의 주선으로 조그마한 밭도 하나 얻어 부치게 되었다.
　성례한 뒤 한동안은 곰네의 새 남편은 대문 밖에는 나가본 일이 없었다.
대문이라야 수수깡으로 두른 울이지만 그 밖까지 발을 내놓아본 적이 없었
다. 뜰에까지도 뒷간 출입밖에는 나가보지 않았다. 꼭 박혀 있었다. 번번
누워서 곰네의 몸만 주무락주무락 어루만지고 있었다. 곰네가 하도 징그럽
고 귀찮아서,

13

“이건 왜 이래.”

 하며 떼밀면 그는 머쓱하여 손을 떼었다가도 다시 곧 그 동작을 계속하는
것이었다.

 어느 날 이 점을 어느 여인에게 하소연하였더니, 그는 씩 웃으며,

 “너머 귀해 그르디. 잠자쿠 하자는 대루 하려무나. 싫을 게 있니?”

 한다. 과연 차차 지나면서 보니까 그 동작이 처음에는 그렇게도 귀찮고 징
그럽던 것이 어느덧 그 생각은 없어지고, 차차 멋이 들고 또 좀 뒤에는 그
런 일이 그리워지고, 만약 남편이 그러지 않으면 기다려지고 하게 되었다.
정이 차차 드는 셈이었다.

 곰네의 얼굴 생김은 그 이름과 같이 ‘곰’ 같아서 완하고 왁살스럽고 둘
하였다. 여자다운 데는 한 군데도 없었다. 그가 가장 기뻐서 웃을 때도 얼
굴만은 성났는지 웃는지 구별을 하기 힘들 지경이었다. 그 얼굴에다가 그래
도 남편을 대할 때는 저절로 만족한 웃음이 나타나고 하였는데 그의 웃음이
그의 얼굴에 어울리지 않았다.

 “여보.”

 제법 여보 소리도 배웠다.

 “숭늉 줄까, 냉수 줄까.”

 “아아, 이렇게 갈할 땐 막걸네나 한 잔 있으믄 숙 내려가갔구만.”

 “그럼 내 좀 얻어오디.”

 종기종기 나가는 아내.

 “에에, 소질이 났는디 기침은 왜 이렇게 나누. 숨이 딱딱 막히네.”

 “선달네 아조버니네 집에서 송아질 잡았다는데 한몫 들까?”

 “글쎄……..”

 허둥지둥 송아지 추렴에 들려 나가는 아내.

 “화기가 났는디 다리가 왜 이리 저려.”

 “그럼 내 돼지 다리 하나 맡아올게.”

 반년 전까지는 알지도 못하는 사내에게 곰네는 온 정성을 다 바쳤다. 아버
지에게 바치지 못하였던 정성, 어머니에게 바치지 못하였던 정성을 이 길가
에서 주워온 사내에게 죄 바쳤다.

 이전에는 밭을 주지를 않던 소지주들도 곰네가 서방맞이를 한 뒤에는, 조
금은 떼어 맡겼다. 욕심이 적은 곰네는 자기가 감당할 수 있는 이상의 논밭
은 생각도 내지 않고, 자기 몫에 돌아온 것만 성심성의로 가꾸었다. 거름도
남보다 후히 주었고 손질도 남보다 부지런히 하였다. 가을 조이삭이 누릿누
릿 익어갈 때쯤은 곰네네 밭은 먼 발로 볼지라도 남의 것보다 훨씬 충실히

보였다.

 처녀 시절에는 처녀 홀몸이라고 손뼉만한 밭 하나 못 얻어 부쳤는데 남편이랍시고 얻어 보니 그다지 힘들지 않고 하나를 얻어 부치게 되었다. 마음이 오직 직하고 근한 곰네는 이것도 남편의 덕이라 하여 감지덕지하였다.

 그렇다고 남편이 밭에 나서서 일을 하든가 하다못해 김이라도 매는 것이 아니었다. 본시 몸이 약질로 농사를 감당하지 못할뿐더러 게으름뱅이로서 농사 같은 일은 하고자 하지도 않았다.

 그 위에 곰네는 남편의 몸을 극진히 아꼈다. 저러다가 탈이라도 나면 어찌 하나, 몸이라도 다치면 어찌 하나, 이런 근심으로 조금이라도 힘든 일을 애당초 남편에게 맡기지를 않았다. 게으름뱅이 남편은 맡으려고 하지도 않고 슬근슬근 아내를 돌아보고 하였다. 남편의 하는일이라고는 과즉, 아내의 손이 미처 돌지 못하여 '데거 좀 이리루 팡가테 주소(저것 좀 이리로 던져주세요)' 혹은 '나 이거 하는 동안, 요 끝을 꼭 누루구 있어요' 하는 등의 지극히 단순한 심부름뿐이었다.

 곰네의 얼굴은 못생기고 또 못생겼다. 웬만한 사내 같으면 고급 떨어진다 해서 곁에 오지도 않을 만한 추물이었다.

 남편도 코 아래 눈이 두 알이나 박혔으매 아내의 얼굴이 못생긴 것쯤은 넉넉히 알 것이었다.

 그러나 그는 이 아내를 버리지 못하였다. 이 아내를 버렸다가는 평생을 홀아비로 지낼 수밖에 다시 아내를 얻을 가망이 없었다. 투전꾼(투전꾼이라 하지만 협기 있고 쾌남아형의 투전꾼이 아니요, 기신기신 투전판을 엿보다가 개평이나 얻어먹는 종류의 투전꾼이었다)이요 위인이 덜난 위에 게으르기 짝이 없는 그의 남편이 25년간 독신 생활(아니, 총각 생활) 끝에 어쩌다가 우연히 얻어 만난 이 처녀(곰네)는 그에게는 하늘이 주신 복이요 다시 구하지 못할 금송아지라, 얼굴 생김을 탓할 처지가 못되었다.

 얼굴은 어떻게 생겼든 간에 여인은 여인이요, 옷 지어주고 밥 지어 먹이고 게다가 벌이(농사며 가마니 새끼에 이르기까지)도 혼자 당해내고 남편 되는 사람은 남편이라는 명색 하나만 띠고 지어주는 밥 먹고, 지어주는 옷 입고, 간간 용돈까지도 주며 펴주는 이부자리에서 자고, 여보 소리도 들어보고…… 이런 상팔자는 다시 만나지 못할 것이었다.

 몸이 튼튼하매 병나지 않고 얼굴이 못생겼으매 딴 사내 곁눈질할 걱정 없고 천성이 직하매 속기 잘하고…… 나무랄 데가 없는 아내였다. 군색한 데서 자랐으니 곤궁을 싫어할 줄 모르고 성내면 왁왁 거리기는 하지만 뒤가 없고, 어려서부터 동리의 인심을 샀으니 부족한 물건은 융통할 수 있고……

흥부의 박이었다. 배를 가르니 복만 튀어져 나왔다.

혼인한 첫해는 풍년도 들었거니와 아내의 헌신적 노력으로, 오는 해의 계량이 되고도 남았고, 겨울 동안에, 부업이라도 하면 적지 않은 저축도 남길 가망이 있었다.

곰네 내외의 새살림은 무사하고 평온한 가운데서 1년이 지났다. 세상에서 손가락질받던 남편도 1년 동안은 꿈쩍 안 하고 근신하였다. 지어주는 밥 먹고, 지어주는 옷 입고, 시키는 대로 잔말 없이 일하고 술도 곰네가 받아다주는 막걸리만으로 참아왔다.

이 이삼십 호 될까 말까 하는 동리에서는 곰네네 집안은 즐거운 집안으로 꼽혔다.

1년 동안의 근면의 덕으로 돈도 삼사백 냥 앞섰다.

아들도 하나 생겼다.

"사람은 디내 봐야 알 거야."

"에미넬 얻으야 사람 한몫 된단 말이디."

"턴덩배필이 아닝야? 그 망나니가 사람될 줄 알았나? 에미넬 얻더니 노상 서방. 구실, 애비 구실 하누라구 씩씩거리믄성 돌아가거든."

"뭐, 에미네 잘 얻은 덕이디. 에미넷 복은 있는 사람이야."

"아니야. 에미네두 그러티. 턴덩배필 아니구야, 그 상판대길 진저리나서두 하루인들 마주 있을라구. 한자리에서 코 마주 대구……. 에, 나 같으믄 무서워서 하루두 못 살겠네. 가채서 보믄 가채서 볼스록 더 와살스럽구, 솜털 구멍 하나가 대동문통만큼씩 한 거이, 어 무서워."

"그래두 재미난 나서 사는 걸 어떡허나. 넷말에두 안 있소? 곰보에게 정들이구 보니 얽은 구멍마다 복이 가득가득 찼더라구. 저 보기에 달렸디."

"그렇구말구. 아, 형님네두 그 텁석뿌리 뒤상(구레나룻 영감)하구 30년이나 살디 않았소? 에, 퉤! 수염엔 니 안 끄렸습디까?"

"에이, 요 망할 것. 남의 영감은 왜 들추니?"

"코 풀믄 수염에 매닥질하구, 수염 씻은 건건쩝절한 물을 늘 먹구 더러워! 퉤!퉤!"

"듣기 싫다."

"그래두 젊었을 땐 입두 마촤 봤소?"

"요곳!"

동리의 평판이었다.

동리를 더럽히던 안 서방이 여편네를 얻은 뒤부터는 딴사람이 된 듯이 단

정해진 것도 평판되었거니와, 못생긴 노처녀 곰네가 서방 맞은 뒤부터는 서방에게 반하여 남의 눈 부끄러운 줄도 모르고 맞붙어 돌아가는 양이 더 평판되었다. 얌전하고 입 무겁던 곰네가 이렇듯 말 많고(남편 자랑이었다) 달며 돌아갈 줄은 꿈밖이었다. 마치 열칠팔 세의 숫보기 총각 처녀가 모인 것 같았다. 노인네들의 눈에는 망측스럽게 보이리만치, 남의 눈을 기이지를 않았다.

  1년이 지났다.
  또 반년이 지났다.
  정월 중순께였다.
  곰네의 남편 안 서방은 그해의 추수를 팔러 읍으로 들어갔다. 금년도 풍년이 들었거니와, 금년은 금년 소득을 죄 팔기로 방침을 세웠다. 곰네가 서둘러 주선하여 밭도 좀더 얻어 부쳐서 소득도 전보다 훨씬 나았거니와, 곡가도 여기와 고을과는 약간 차이가 있었다. 여기 소득을 전부 고을 갖다가 팔아서, 작년의 남은 것까지 합쳐서 자그마한 것이나마 제 땅을 좀 마련하고, 단경기까지는 새끼와 가마니며 누에를 쳐서 연명을 하면 새해에는 제 땅의 소득도 얼마는 될 것이다. 농사지은 것을 전부 팔고, 다른 방도로 연명을 하자면 한동안은 곤란은 하겠지만, 그 한동안만 지나면 그 뒤는 훨씬 셈이 펴게 될 것이다. 이러한 몇 해만 꿀꺽 참고 지내면 몇 해 뒤에는 지주의 자세받지 않고도 제 것만 가지고도 빈약한 살림은 할 수가 있을 것이다. 그동안에 자식도 자라면, 자작농과 소작농의 두 가지로 노력만 하면 감당할 수가 있을 것이다…… 이런 생각으로 곰네는 남편에게 자기네 몫의 전부를 맡겨서 고을로 보낸 것이었다.
  곰네의 꿈은 즐거웠다. 남편이 고을에 갖고 간 곡식을 마음으로 계산해보고, 이즈음 이 근처에 팔려고 내놓은 땅의 값을 비교해보고, 혼자서 웃고 웃고 하였다.
  "얘."
  아직 아무것도 모르는 갓난애였다.
  "우리 이제 밭 산단다. 이담에 너 크믄 다 너 줄거야. 도티? 네 밭에서 네가 농사하고, 네가 추수하구. 어서 커라, 아이구 내 새끼야."
  애를 붙안고 쭐레쭐레 춤을 추며 방 안을 이리저리로 돌아다니는 것이었다. 그리고 지금 팔려고 내놓았다는 밭도, 애를 업고 그 근처를 아닌 듯이 누차 배회하였다.
  여기서 고을까지가 120리, 이틀 길이었다. 이틀 가고 하루 쉬고 이틀 돌아오노라면 합해서 닷새가 걸릴 것이었다. 어떻게 하여 하루 지체되면 엿새가 걸릴지도 모를 것이었다.

처음의 이틀, 사흘, 나흘은 몹시 초조하게 지냈다. 아직 기한이 아니니 돌아올 바는 아니지만 마음은 한량없이 초조하였다. 혹은 그 사람도 마음이 급하여 달음박질쳐 가서, 하루에 득달하고, 천행 그 밤으로 흥정이 되고 이튿날 새벽에 그곳에서 떠나 당일로 돌아오면…… 이틀이면 될 것이다. 가능성 없는 이런 몽상까지도 품어보았다. 쓸데없는 일인 줄 번히 알면서도, 돌아오는 길 쪽을 20여 리를 찬바람을 안고 갓난애를 업고 마주 나가서 한나절을 기다려보기도 하였다.

동전 한 푼이 새로운 그는 출출 굶으면서 끊어지는 듯이 아픈 등허리를 두드려가면서 한나절을 기다렸다. 돌아올 때는, 그 헛되이 보낸 하루를 단 몇 발이라도 새끼를 꼬았던 편이 훨씬 좋았을 것이라고 후회를 하였지만, 이튿날 하루를 쉬고(쉰대야 역시 집에서 일을 하였지만) 또 그 이튿날은 또 나가보았다. 빨리 오면 이날쯤은 올 듯도 싶었다.

그날도 역시 헛걸음이었다. 또 그 이튿날은 장수로 따지자면 당연히 올 날이라, 곰네는 물론 또 나갔다. 시장해서 돌아올 남편을 위하여, 엿을 반 근이나 사가지고 이른 새벽에 나갔다.

사람 기다리기같이 어려운 노릇은 없었다. 그사이 며칠은, 안 올 줄 번히 알면서도 진심으로 기다렸다. 이날은 당연히 올 날이므로 더 가슴 답답히 기다렸다.

"애 아바지가 오늘 온다우."

물동이를 이고 지나가다가 곰네의 앞에서 동이를 다시 바로 이는 여인에게 곰네는 밑도 끝도 없이 말을 붙였다.

그 여인은 물동이를 인 채로 곁눈으로 의아한 듯이 곰네를 보면서 대답도 안 하고 지나가버렸다.

그 근처 어디 우물이 있는 모양으로, 물동이 인 여인들이 연락부절로 그의 앞을 오고 간다. 그 매 사람에게 향하여 곰네는, 제 남편이 오늘 돌아오는 것을 자랑하고 싶었다.

야속한 해는 중천에서 서쪽으로 차차 기울었다. 기울면서 차차 바람이 일기 시작하였다. 등에 갓난애는 추운지 악을 쓰면서 울어댄다.

"자장 자장 너 용타. 아바진 지금 말고개쯤 왔갔다. 아바지 오믄 사탕두 주구 왜떡두 주구. 자장자장 너 용타."

연하여 등에 아이를 들추며 달래며 왔다 갔다 하였다.

울고 울고 울던 끝에 갓난애는 기진하였는지 울음을 멈추고 잠이 들었다.

그러나 이때는 어린애 대신으로 곰네가 통곡하고 싶었다.

아무리 짧은 해라 하지만 그 해도 벌써 산허리에 절반이 넘었다. 어린애를 업고 왔다 갔다 하는 동안, 몸집은 혹은 동편으로 혹은 서편으로 일정하지 않았지만 눈만은 잠시도 북편 쪽 대로에서 떠나본 적이 없었다. 남편이 오려면 반드시 그 길로 해서야 온다. 지름길도 없다. 곁길도 없다. 가장 가까운 단 한 가닥의 길이다. 그 길에서 한 때도 헛눈을 판 일이 없거늘 남편은 아직 오지 않는다.

"열 번만 더 갔다 오구."

우물에서 가게까지 한 20여 집 거리 되는 곳을, 몇 백 번 왕복하였는지 모른다. 이즘껏 안 온 사람이면 오늘로는 올 가망이 없다. 집으로 돌아갈밖에는 도리가 없었다.

그러나 돌아가려니 그래도 마음이 남아서 열 번을 더 우물까지 왕복하기로 하였다.

"더가딤 열 번만 더."

열 번을 더 왕복하였다. 그러고도 아무 결과도 못 얻은 그는, 통곡하고 싶은 마음을 억제하고, 얼굴을 감추고, 인젠 하릴없이 제 집으로 발을 떼었다.

남편은 이튿날도 안 돌아왔다. 또 그 이튿날도 안 돌아왔다. 나흘만에야 돌아왔다.

동저고리 바람으로 옷고름이 통 뜯기고, 흙투성이가 되고 참담한 꼴이었다.

"아이구머니, 이게 웬일이오?"

"오다가 아찻고개에서 불한당을 만나서……."

"그래 몸이나 상한 데 없소?"

"몸은 안 상했다만, 돈은 동전 한 닢 없이 홀짝 뺏겼군."

아뜩하였다.

"몸 다틴 데 없으니 다행이디. 그래 언제 그랬소?"

"……그저께로군."

"그럼 그저께까진 어디 있었소?"

"아니, 그그저껜가……."

"그 전날은?"

"그 전날이야 고을 있었디."

"고을은 뭘 하레 사흘 나흘씩 있었소?"

“어, 춥다.”
남편은 정면으로 대답하지 않고 자리를 내려 폈다.
“봉변했으믄 왜 곧 집으루 오디 않았소?”
“에, 한잠 자야겠군.”
남편은 그냥 옷을 입은 채 자리도 안 펴고 이불 아래로 들어가서 머리까지 푹 썼다.
“배고프디 않소? 찬밥밖에 밥두 없는데…….”
남편은 들었는지 못 들었는지, 이불을 뒤집어쓰고 대답도 않는다.
곰네는 기가 막혔다. 보매 상한 데 없는 모양이니 그편은 마음이 놓이지만, 1년간의 정성과 커다란 희망이 물거품으로 돌아간 것이 딱 기가 막혔다. 이불을 뒤집어쓰고 누워 있는 남편의 곁에 갓난애를 업고 앉아서 몸을 앞뒤로 흔들면서 망연히 앉아 있었다.
지금 잃어버린 그만큼을 다시 만들려면 1년 나마를 다시 공을 들여야 하겠고, 그러고도, 풍년이 계속되고 우환이 없고, 다른 아무 고장도 없어야 할 것이다.
그 노력도 노력이어니와 과거에 들인 공과 노력이 그렇게도 맹랑히 꺾어져 나가니, 지금 같아서는 눈앞이 아득할 뿐이지, 새 용기가 생길 듯싶지를 않았다.
무심중 한숨만 기다랗게 나오고 하였다.

이 마을에는 이상한 소문 하나가 퍼졌다.
곰네의 남편 서방은 아내에게 나락을 맡아가지고 고을로 가서 팔아서 투전을 하여 홀짝 잃어버렸다. 그러고는 집에 돌아갈 면이 없어서 불한당을 만난 듯이 옷을 모두 찢고 험상스러운 꼴을 해가 지고 제 집으로 돌아왔다. 며칠을 앓는 시늉까지 하였다…… 이런 소문이었다.
그러나 하도 작고 다른 데로 통한 길이 없는 마을이라 서로 쉬쉬하여, 그 소문은 곰네의 귀에까지는 안 들어갔다 하는 것이었다.
이런 소문은 있건 말건 춘경 경기에는 또 금년의 생활을 위하여, 곰네는 남편을 독촉하여 벌에 나섰다. 금년 봄에는 빈약하나마 자처 약간을 장만하려는 것이 꿈으로 돌아간 것이 기막히기는 하나, 작년의 실패를 금년에 회수할 생각으로 더욱 용기를 돋우어가지고 나선 것이었다.
저 밭을 사리라…… 찬 바람을 무릅쓰고 갓난애를 업고 몇 번을 돌본 그 밭을 먼발로 바라볼 때에 입맛이 썼다. 금년은 꼭 그보다 나은 땅을 장만하고야 말겠다고 스스로 굳은 힘을 썼다.

그러나 이 봄부터 남편의 태도가 좀 다른 데가 보였다.

일터에서 일을 하다가도 틈을 엿보아 몰래 빠져나간다. 빠져나갔다가 한참 있다가 몰래 돌아오는데, 돌아와서는 슬슬 피하지만 가까이서 맡으면 약간 술내가 나고 하였다.

"어디 갔댔소?"

아내가 이렇게 물으면 남편은,

"너머 졸려서 수수밭 고랑에서 한잠 잤군."

하면서 사뭇 졸린다는 듯이 기지개를 하고 하였다.

그런 일이 여러 번 있었다.

남을 의심할 줄 모르는 곰네도 마지막에는 종내 의심을 품지 않을 수가 없었다.

어떤 날, 이날은 꼭 잡으리라 하고 눈치만 엿보고 있었다. 아니나 다를까, 한참 엿보노라니까 슬금슬금 눈치만 보다가 밭이랑 속으로 몸을 감추어버린다.

이랑으로 숨어서 가는 남편을 곰네는 먼발로 뒤를 밟았다. 남편은 밭골을 다 지나서 마을 어귀까지 이르러서 한번 뒤를 돌아본 뒤에 어떤 술집으로 들어가버린다.

곰네는 쫓아갔다. 울 뒤로 돌아가면 뒤뜰에 있다. 곰네는 뒤뜰로 돌아가서 낟가리 뒤에 숨어서 엿들었다. 방 안에서는 상을 갖다 놓는 소리며 술잔 소리도 들렸다. 부어라 먹어라가 시작되는 모양이었다. 그 가운데에는 계집의 소리도 섞였다.

곰네는 좀 나섰다. 안의 소리도 좀 듣고 싶었다. 그때 마침 남자의 소리로,

"떡돌에 눈코 그린 거, 알아 있니?"

계집의 소리로,

"그만두소. 안상 성나겠소."

사내 소리로,

"이 자식아, 거기다가 아일 만들 생각이 나던?"

계집의 소리로,

"방상은 눈 뜨고 잡니까? 눈 감구야 곱구 미운 걸 아나? 눈 감구라도 아이만 만들었으믄 됐디."

곰네는 더 참을 수가 없었다. 직한 사람은 노염도 더 크다. 잠든 애를 짚 위에 가만히 내려놓았다. 양팔을 높이 걷었다. 다음 순간 문을 박차면서 안으로 뛰어들었다.

들어서는 발 아래 계집이 있었다. 계집의 머리채를 왼손으로 움켜잡았다. 그 곁에 남편이 있었다. 오른손으로 남편의 멱을 잡았다. 다른 사내는 문을 차고 도망쳤다.

"이놈의 엠나이, 뭐이 어쩌구 어째!"

계집의 머리채를 움켜잡아가지고 그것으로 남편의 이마를 받았다. 그러고는 남편의 머리를 잡아 계집의 면상을 받았다.

"그래, 떡돌에 맞아봐라."

이름처럼 곰같이 성난 그는 곰같이 좌충우돌하였다. 약골의 남편, 술장사 계집, 모두가 이 성난 곰을 당할 수가 없었다.

"여보 마누라, 마누라……."

"내가 떡돌이디 왜 마누라야."

"내야 언제 그럽디까, 여보 마누라."

여보 마누라라 불리는 것은 곰네의 생전 처음이었다. 성난 가운데 반가웠다.

"내가 떡돌이믄 넌 떡메가?"

"여보, 마누라. 내가 언제 그럽니까. 내가 우리 마누랄 왜 험굴할까?"

"방금 한건 뭐이구?"

그러나 곰의 울뚝밸은 벌써 삭은 때였다.

"마누라, 내가 하두 목이 텁텁해서 막걸레라두 한잔 할라구 왔더니 그 망할 놈들이 그런 소릴 하는구만. 나두 분해서 그놈들하구 한판 해볼래는데 마누라 잘 왔소. 어, 내 속이 시원하군."

"흥. 이 엠나이 매 맞은 게 알끈하디."

"그게 무슨 소리라구 그냥 한담. 자, 갑시다. 우리 당손이는 어디 있소?"

이리하여 내외는 그 집에서 나왔다.

그날은 무사히 평온하게 일이 끝장지었다.

그러나 남편의 못된 버릇은 좀체 고쳐지지 않았다. 본시 곰네와 만나기 전부터 깊이 젖었던 버릇이었다. 곰네와 만난 뒤 한동안은 스스로 근심함인지 혹은 새 아내를 맞은 체면상 억지로 참음인지 또는 새 아내가 무서워서 그만둠인지, 한동안은 못된 데 다니는 버릇이 없어졌다. 그렇던 것이 곡식을 팔러 고을에 들어간 때 우연히 또다시 접촉을 하기 시작하여서, 그 뒤에는 집에 돌아와서도 틈틈이 아내의 눈을 기이면서 그 방면으로 다녔다.

한번 술집에서 들켜서 큰 소란을 일으키고 아내를 달래서 집으로 돌아오면서도, 아내를 속여서 자기는 누구 만날 사람이 있어서 잠깐 돌아가겠다고 아내를 돌려보내고 자기는 술집으로 다시 돌아섰던 것이었다. 그 뒤에도 돈만 생기든가, 안 생기면 아내의 주머니를 뒤져서까지라도 틈틈이 그 방면으로 다녔다. 그것으로 아내와 싸우기도 수없이 싸웠고, 기력이 약한 그는 싸울 때마다 아내에게 눌려서 숨을 허덕거리며 다시는 쇠아들 치고 그런 데 안 다니마고 맹세하고 하였지만, 그 맹세를 하면서도 어디 비어져 나갈 기회나 틈새를 생각하는 그였다.

그들의 살림은 나날이 빈약해가고 나날이 영락되어갔다.

못된 곳에 출입하는 도수가 잦아가면서 남편은 일손은 다시 잡지 않았다. 못된 데 출입하는 지라 돈 쓸데가 더 많아진 그는, 어떤 때는 아내를 달래고 어떤 때는 속이고 어떤 때는 싸우고 어떤 때는 훔치기까지 해서 제 용을 썼다. 아내는 살을 깎고 뼈를 앓아가면서 일했다. 남편이 다시 일터에 나서지 않는지라 남편의 노력까지 저 혼자서 맡아서 하였다.

푼푼이 돈이 앞설 때도 있었다. 남편만 없으면 좀 앞세워놓고 살아갈 수도 있었다.

그러나 돈에 대한 불가사리 남편이 등 뒤에 달려 있는지라, 어쩔 도리가 없었다.

마음이 왈왈하고도 직한 곰네는 아무리 남편을 밉다 보고 다시는 그의 말을 안 들으리라 굳게 결심하지만 남편이 들어와서 그의 등을 쓰다듬으며, 양간한 소리로 여보 마누라, 마누라, 하면 그의 굳게 먹었던 결심도 봄날 눈과 같이 사라지고 마는 것이었다. 그리고 깊이 감추었던 주머니를 꺼내 남편 마음대로 쓰라고 내맡기는 것이었다.

"내가 민해……."

남편이 나간 뒤에 텅 빈 주머니를 만져보며 스스로 후회하고 다시는 안 속으리라고 또다시 결심하지만, 그 결심할 때조차 이 결심이 끝끝내 버티어질지 못 질지 스스로 자신이 없었다.

어떤 날, 그는 고을 장에 갔다.

언제든 그의 장에 갈 때는 애초에 집에서 조떡을 만들어가지고 가서 그것으로 요기를 하는 것이었다.

그날도 집에서 남편이 하도 조르므로 돈 2원을 주고 왔다. 주기는 주었지만 장에까지 와서 보니 아까웠다. 자기는 15전어치 떡을 사먹기가 아까워서 집에서부터 조떡을 만들어가지고 오고, 목이 메는 조떡을 물 한 모금 없이 먹는데 남편은 좋다꾸나 하고 술만 먹고 있을 생각을 하니 자기의 아끼는 것이 어리석고 헛일 같았다.

시장해 보따리를 펴고 조떡을 꺼냈다. 목이 메고 텁텁한 위에 속조차 심란하여 먹기 싫은 것을 장난 삼아 한 입 두 입 먹고 있노라니까, 무엇이 곁에서 종알종알한다. 그쪽으로 돌아보니 여남은 살쯤 난 사내애가 하나 자기더러 무엇을 청구하는 것이었다.

"무얼?"

"나 떡 하나."

조떡을 하나 달라는 것이었다. 곰네는 어차피 자기도 먹기 싫은 위에 그 애가 매우 시장해 보이므로 큼직한 것 두 덩이를 주었다. 그랬더니 그 애는 단숨에 두개를 다 먹었다.

"또 하나 달란?"

그 애는 머리를 끄덕끄덕하였다. 또 두개를 내주었다. 그 애는 하나는 담숨에 또 먹었지만, 나머지 한 개는 절반만치 먹고는 더 못 먹겠는지 멈추고만다.

"더 먹으렴."

"아이, 배불러."

"너 조반 못 먹었니?"

그 애는 머리를 끄덕였다.

"왜? 오마니가 안 해주던?"

"오마닌 죽었어."

"가엾어. 아버지두 없구?"

"아바진 술만 먹다가 어디 갔는지 나가구 말았어. 나 혼자야."

곰네는 가슴이 뭉클하였다. 등에서 쌕쌕 잠자는 아이를 황급히 앞으로 돌려 안았다. 머리를 숙였다. 자기의 머리로 사랑하는 아이의 뺨을 문질렀다.

아버지라는 것은 아이에게는 남이로구나. 술값 1원은 아까지 않되 어린애 사탕값 1전은 아끼는 자기의 남편…… 내가 살아야겠다. 내가 살아야 이 아이가 산다. 어던 일이 있든 어떤 곤경이 있든 결단코 넘어져서는 안 된다. 내가 넘어지면 이 아이까지도 아울러 넘어진다!

"야, 당손아. 너 뭘 가지고 싶으니? 뭐 먹고 싶으니? 아무게나 네 마음에 있는 걸 말해라."

잠자는 아이였다. 잠자는 아이를 깨워서 그 뺨을 부벼대며 물었다.

어린애는 깨면서 제 눈 딱 맞은편에 어머니의 얼굴이 있는 것을 보고 안심한 듯이 기다랗게 기지개를 한다.

"얘."

곰네는 거지 아이를 돌아보았다.

“너두 엄마 아빠 다 없으니 오죽 궁진하고 출출하겠니. 나하구 가자. 내
너 먹구픈 거 가지구픈 거 다 사줄래 이리 오나라.”
　자기의 아들을 앞으로 돌려 안아 그 보드라운 뺨에 자기의 뺨을 부벼대며,
거지 애를 달고 시장쪽으로 향하여 갔다.

김남천
〈나는 파리입니다〉

나는 파리다. 이름은 아직 없다 — 이렇게 쓰기 시작하고 보니 나는 고양이다. 이름은 아직 없다 — 로부터 그의 인기소설의 허두를 잡았던 하목수석(夏目漱石)의 「나는 고양이다」가 생각난다. 그 뒤에 그 고양이에게는 필시 귀엽고 아름다운 이름이 붙었을 것이다. 그러나 나는 영구히 이름이란 걸 가져볼 수 없을 게다. 아니 우리 족속에서 이름을 가져 본 행복된 조상이 있을 게냐. 생각해 볼 수 없는 막막한 일이다. 우리에겐 종류를 구별하기 위한 '장르'적 명칭이라고도 할 만한 것이 있을 따름이다. 쇠파리, 왕파리, 쉬파리, 청파리, 똥파리, 소파리 등.

그런데 나는 내 자신에 대하여 한 가지 자랑하게 아는 것이 있다. 그것은 나의 출생지다. 사람 치고는 제가 지상에 나온 고장을 모르는 이도 없으련만 다른 동물 중에는 그것이 대단히 많다. 사람들이 항용 주고받고 하는 말에 개구리가 올챙이 때를 잊었다는 말이 있다. 이것을 자기 출생이나 성장에 대한 기억을 상실했거나 망각해 버린 게니 별로 출생지를 모르는 놈팽이라고 말해 버릴 수는 없지만 하필 다른 동물 다 두고 이놈의 이름을 빌렸다. 이러한 속담말을 만든 걸 보면 개구리 한 놈의 건망증을 가히 추상(推想)할만하다. 이눔이 오월 단오 전후해서 논또랑이나 수채구멍이나 사창못에서 재갈거리고 독창인지 합창인지 모르게 떠들어낼 때엔 아닌게 아니라 올챙이때에 모양 숭한 꼬리를 달고 개천 구덩이에서 밀리어 다니던 때를 잊었거나 머구리알 시대를 못알아차리는 것이 분명하다. 이런 놈에게 출생지를 묻는다면 도리질이나 일쑤 하든가 그렇지 않으면 광산쟁이 모양으로 대포나 꽝꽝할 게다. 시골 논또랑에서 나고도 서울 광회루든가 덕수궁의 연못이든가 창경원 춘당지 연뿌리 밑에서 부처님처럼 솟아나왔노라고 말하기가 십상팔구일 게다.

그런데 나는 그렇지 않다. 정직하고도 기억력이 확실하다. 사람들도 제에미 애비가 가르쳐주지 않으면 출산할 때 일을 알 리가 만무하다. 부모된 자가 공력을 드려 길러가며 똥오줌 받아내고 추울세라 더울세라 그야말로 손끝으로 길러낸 자식놈들이 스물 안짝만 넘어서면 저 혼자 자란 것처럼 부모의 은덕을 잊고 마지막에는 칼부림까지 하는 눔이 수두룩한 세상이니 또 다시 말할 게 뭐냐.

나는 좀 크게 말하면 동해 조선 평안남도 성천군 성천면 하부리 — 그런데 딱 질색할 노릇은 아직까지 번지를 모른다. 이게 누구네 주택이라면 문패를 달아맨 곳으로 윙하니 날아가 보면 그만이지만 인가에서 좀 떨어져 있는 밭

가운데서 났다. 밭 가운데라니 무슨 채미밭이나 보리밭에서 생겨난 것이 아니라 뽕밭이고 감자밭이고 그 새에 있는 도양지 우리 밑에는 번지가 없다. 소유자의 서명이 붙어 있을 뿐이다. 결국 내가 난 곳의 번지를 알려면 밭 소유자를 알아가지고 그 집 밭 증명 서류고로 들어가야 한다. 하두 애쓴 결과 소유자는 알았다. 포목상하는 박아무개네 밭이다. 그런데 오랫동안 그 집에 숨어 들어가서 고초를 당하면서 금고 옆을 파수보고 있노라니 종시 그 밭증명은 보이지 않는다. 어이된 일일까 했더니 돈을 차용하느라고 2번 저당까지 내서 어느 지주의 금고에 가 있다 한다. 나는 장거리 비상을 좋아하지 않으므로 십리 만한 곳에까지 갈 생각이 없었다. 그래서 아직 번지를 모르고 있다. 그 대신 도야지 우리 임자를 잘 안다. 전기 박포목상에게 일년에 2원씩 세를 물고 있는데 도야지 우리 문 있는 쪽에 널조각으로 ‘소유자 최가매(崔哥妹)’라고 먹으로 써서 붙여 있다. 이게 어이된 놈의 이름이 이 모양이냐고 조사해보니 최시 동네 첩으로 늙은 퇴기의 호적상 이름이었다. 알고보니 딴은 그럴 듯도 하나 이 고을 사람으로 그의 이름이 ‘가매’인 것을 아는 이는 하나도 없을 게다. 면대해서 대접해 하는 말엔 ‘최씨 동네 할머니’라 부르고 왼곳에선 ‘최씨 동네 노친네’ 또는 ‘방송국’이라 부른다. 남의 흉을 잘 보고 말을 잘 옮기고 음해 잘하고 소식 잘 전한다고 그 집에 와서 순두부나 비지해서 술 잘 사먹는 젊은 주정뱅이 관청나라들이 붙여준 이름이다.

　구데기를 거쳐서 파리로 되어나오는 경로는 어느 동물학자에게 들으면 잘 알겠다. 또는 이즈음 도 위생과에서 시골마다 순회하면서 소학 운동장 같은 데서 영사하는 활동사진을 보면은 모든 것이 명료해진다. 과대망상증에 걸린 사대주의자들이 나를 무슨 강도나 호랑이나처럼 취급하여 내가 무심결에 하는 행동을 하나하나 확대해서 어른거려서 머리 아파 볼 수 없는 위생영화를 만들어내고 서푼짜리 화공들을 시켜서 포스터를 그리고 게시판 같은 데 ‘무서운 전염병의 매개자 파리를 박멸하라’고 무시무시한 글을 써붙이곤 한다. 질색할 노릇이다. 내가 무슨 인간을 원수딴 치는 줄 아는 모양이다. 사람의 원수는 사람들 자신이다. 하필 뚱딴지나 같은 딴 족속이 무슨 용어로 사람의 원수가 된단 말이야. 사람놈들의 법률에도 의식치 않고 적그러논 실수는 과실이라 하여 범죄를 구성치 못하든가 그렇지 않으면 죄가 아주 경감된다. 하물며 딴 족속이 자기의 생존을 위하여 하는 행동인 이상에는 내가 원수가 될 게 뭐냐는 말이다. 대체 만물의 영장이니 고급한 문화인이니 하는 사람놈들이 우리를 원수 취급한다는 것이 벌써 자기 폄하(貶下)도 심한 일이다. 한편으로 ‘저런 파리 같이 더러운 놈’이니 ‘X에 치운 파리

같은 놈' 이니 하는 등으로 가장 더러운 물건 그 중에도 제일 하찮은 초개보다도 더 가치 없는 것으로 우리를 모욕하고 깔보고 하면서 그런 것을 자기와 대등한 지위에 올려놓고 적이니 원수니가 어이된 일이냐 말이다.

사람들이 가지고 있는 재능을 기울여서 전기를 일으키는 기계를 서양 누구처럼 발명해 낸다든가 하다 못해 우리 조선의 발명가들처럼 셀룰로이드 동정이라도 생각해 놓으면 인류의 생활도 향상될 것이요 또 장사도 잘 될 것인데 무얼 못해 파리 죽이는 약이나 기구를 연구해내고 있다는 말인가. 처음에는 파리채라는 걸로 딱 딱 아이 작난하듯 우리들을 후려갈겨서 우리를 잡아죽이려 들더니 그 다음은 파리통이라는 게 생겼다. 유리로 만든 통이다. 밥알이나 뼉다구 부스러기가 뿜는 향내를 따라서 올라가 본 즉슨 다시 나올 수 없는 통 안이다. 쭉 돌려 물을 두고 미끄러지면 익사하게 마련이다. 우리 조상이 이놈에게 홀려서 기억(幾億)이 세상을 떠났다. 그러나 속는 것도 한두 번이지 두고두고는 그렇게 용이하게 안 된다. 그 다음은 파리약으로 잡자는 겐데 먼저 생겨난 것이 껍젝이다. 부뚜막이나 솟소동 위나 음식물 덮어놓은 헝겊 위에나 어쨌건 우리들이 잘 출입하는 곳에 이 놈을 갖다 놓는다. 알지 못하고 기름이 번질번질 하는 데 홀려, 윙하니 날라갔다가는 마지막이다. 다리고 날개고 도무지 딱 붙어서 뗄에야 뗄 수가 없다. 애쓰면 애쓸수록 점점 더 지독하게 붙어버리고 만다. 우리들이 안타까와하는 것을 보고 무얼 달게 먹는 줄 알고 날라오던가? 구조해주려고 찾아왔던 친구들도 두 말 없이 붙어버린다. 이 부근에는 아예 활주(滑走)는 샘스러 저공비행도 해서는 안 된다. 군자는 모름지기 가까이 하지 말일이다.

이즈음 몇 년 간 생겨난 것으로 십수 가지의 물약이 있다. 사실 이눔은 질색이다. 우리 동리에서는 국장이나 군수급은 못되어도 그래도 제법 좌수 소리를 들으며 지혜롭기로 행세하는 나도 이눔에게 걸려서 한 번 염라대왕앞까지 갔던 일이 있다.

언젠가 도야지 물 주러 왔던 방송국집 며느리 잔등에 붙어서 윙하니 김아무개네 집 맏아들이 서울서 왔다기에 이눔의 꼬락서니를 좀 보려고 중도에서 그 집 뒷문으로 들어가서 부엌을 지나 그의 방에까지 왔었던 일이 있다. 발을 쳐놓아서 들어갈 수는 없고 문지방에 붙어서 보노라니 대학 다이다 신경쇠약 걸려서 왔다는 놈이 꽃 그린 편지지에 눈이 발개져서 뭘 디리 쓰고 있다. 소 닭 보듯 하는 그의 아내가 뭔 참외인가 뭔가를 깍아가지고 오길래 재치 있게 난 닥 그 위에 올라앉았다. 발을 들치고 방안으로 들어간다. 이 여편네가 들고오는 참외에 정신이 있었으면 왼손으로 휙 나를 날려래도 보려고 들텐데 글자는 몰라도 꽃 그린 편지종이는 뭐하는 겐지 알고 있는지라

금시에 눈에 쌍심지가 서 가지고 남편을 흘겨보고 시작하려기에 나를 몰라보았다. 남편보고는 먹으란 말도 안 하고 책상 밑에 내버려둔 참외를 나 혼자 먹으면서 나는 그들의 대화를 자미(滋味)나게 들었다. “어디다 편질 하우” 하고 처음엔 제법 노염을 죽이고 질투를 숨긴 채 묻는다. “응 내 동무에게” 이러고 쳐다보니 아내의 무사처럼 생긴 얼굴이 심상찮다.

“왜 그래, 내가 건 알어 뭘 할테냐”

성이 난 아내는 횡하니 나가 버렸다. 편지 쓰던 단맛을 잃은 학생놈이 기름 바른 머리카락을 긁적긁적 긁더니 아뿔사 그만 참외 그릇을 보고 말았다. 속으로 한 번 ‘이 눔에 파리’ 하고 시어머니 역정에 개 옆구리를 차려 들면서 옆에 있는 가죽채를 들어 나를 후려갈긴다.그러나 그렇게 쉽사실는 안 된다. 휙 목을 뻗쳐 천정으로 날랐더니 유까다 바람으로 일어서서 멍하니 쳐다본다. 닭 따라가던 개의 격이어서 다소 이 여드름 친구가 미안하다. 그랬더니 웬걸 농짝 밑에서 사이다 병 같은 걸 꺼내다 구멍 뚫린 쇠를 입에 물고 휙하니 안개 같은 걸 내뿜는다. 나는 정신을 잃지 않으려 애썼으나 할 수 없었다. 얼마나 지났는지 다시 정신이 들어 눈을 떠보니 밤은 으슥하여 추운데 나는 청결(淸潔)통 속에 누워 있었다.

　어느 들에 어여쁜 나비가 한 마리 살고 있었습니다. 나비는 날마다 아침 때 부터 꽃밭에서 동산으로, 동산에서 꽃밭으로 따뜻한 봄볕을 쪼이고 날아다니면서 온종일 춤을 추어, 여러 가지 꽃들을 위로해 주며 지내었습니다.

　하루는 어느 포근한 잔디밭에 앉아서 따뜻한 볕을 쪼이면서, 이런 생각을 하였습니다.

　여신께서는 나를 보시고,

　'즐겁게 춤을 추어 많은 꽃들을 기껍게 해 주는 것이 너의 직책이다!'
　하셨습니다.

　'나는 오늘 지금까지 모든 꽃들을 모두 기껍게 해 주기 위하여, 내 힘껏 하여 왔다! 그러나, 어떤 일이든지 좀더 좋은 일을 했으면 좋겠다.'
고 생각하였습니다. 그 후부터는 날마다 그 '더 좋은 일' 만 생각하고 있었습니다.

　어느 날 밤이었습니다. 나비는 그 날도 온종일 재미롭게 춤을 추었기 때문에, 저녁때가 되니까 몹시 고단하여서, 일찍이 배추밭 노오란 꽃가지에 누워서, 콜콜 가늘게 코를 골면서 잠이 들었습니다.

　그리고, 이런 꿈을 꾸었습니다.

　나비는 전과 같이 이리저리 펄펄 날아다니노라니까, 어느 틈에 전에 보지 못하던 모르는 곳에 이르렀습니다. 거기는 시골같이 쓸쓸스런 곳인데, 나직한 언덕 위에 조그마한 집이 한 채 있었습니다.

　"에그? 어떻게 이런 곳으로 왔을까!"
하고, 나비는 이상해 했습니다. 그리고, 언뜻 보니까, 그 조그마한 집 뒤뜰에는 동백나무가 서 있고, 나무에는 빨간 동백꽃이 많이 피어 있으므로, 나비는 그 꽃 위에 앉아서 날개를 쉬고 있었습니다.

　따뜻하게 볕만 퍼지고 동네도 조용하고, 이 조그만 집도 사람 없는 집같이 조용하였습니다.

그러더니, 이 빈 집같이 조용하던 집에서 나직하고 조심스런 소녀의 소리가 들리었습니다.

　"이애 민수야, 얼른 나아야 약을 먹고 얼른 나아야 아니하니? 네가 이렇게 앓아 누웠기만 하면, 누나가 쓸쓸하지 않으냐?"

　분명히 병든 동생의 머리맡에 앉아서 근심하는 소리였습니다. 그러니까, 그 병든 동생이 기운 없는 말로 대답하는 것이 들렸습니다.

　"누나, 나는 약 먹기 싫어요! 써서 어떻게 먹우. 약보다도 나는 동산에

가고 싶어요. 살구꽃하고 복사꽃이 피었겠지요. 응? 누나야, 작년처럼 동산에 올라가서 새 우는 소리도 듣고, 나비가 날아다니는 것을 보고 싶어요. 아아, 어서 동산에를 가 보았으면!"

나비는 이 가느다란 불쌍한 소리를 듣고, 퍽 마음이 슬펐습니다.

잠이 깨어 눈이 뜨였습니다. 벌써 날이 밝아서 세상이 훤하였습니다. 나비는 지난 밤에 꾼 꿈을 다시 처음부터 차근차근히 생각하였습니다. 생각할수록 어디인지 분명히 그런 불쌍한 어린 남매가 있는 것같이 생각되었습니다.

그래서, 나비는 가끔가끔 놀러 오는 동무 꾀꼬리에게 찾아가서, 그 꿈 이야기를 하였습니다. 그러니까, 마음 착한 꾀꼬리도 그 말을 듣고,

"그럼 분명히 그런 불쌍한 남매가 어딘지 있는 모양일세."

하였습니다.

그리고 다시,

"그 앓는 동생이 새 소리를 듣고 싶고, 나비를 보고 싶드라고 하더라니, 우리가 어디인지는 모르지만 둘이 찾아가 보세그려."

하였습니다.

나비와 꾀꼬리는 꿈에 본 집을 찾으러 나섰습니다. 그러나, 어디 어느 곳에 그런 집이 있는지 아는 수가 있겠습니까. 하는 수 없이 쩔쩔매다가, 마침 높이 떠서 날아오는 기러기를 불렀습니다.

서늘한 나라를 찾아서 북쪽으로 향하고 먼 길을 가던 기러기는 꾀꼬리가 부르는 소리를 듣고 내려왔습니다.

"남쪽에서 오시는 길에 혹시 언덕 위에 조그만 집에 어린 동생이 앓아 드러누웠고, 누이가 울고 있는 불쌍한 남매를 보지 못하였습니까? 우리는 그 집을 찾아가려고 그럽니다."

하고, 꿈꾼 이야기를 자세히 하였습니다. 기러기는 그 말을 듣고,

"아아, 알고말고요. 착한 남매가 불쌍하게 근심을 하고 있습니다. 어서 가보십시오. 여기서 저어 남쪽으로 쭈욱 가서, 아마 십 리는 될 거요. 여기서 곧장 가면, 그 언덕 있는 곳이 보입니다. 어서 가 보십시오."

하고 아르켜 주고 북쪽 나라로 갈 길이 멀고 급하다고 인사하고 갔습니다.

나비와 꾀꼬리는 기꺼워서 한숨에 갈 듯이 남쪽으로 날아갔습니다. 한참이나 가니까, 언덕이 보였습니다. 그 언덕 위에는 꿈에 보던 그 조그만 집이 있고, 뒤뜰에는 꿈에 앉았던 동백꽃도 피어 있었습니다. 어떻게도 반가운지,

"여기다, 여기다."

하고 나비는 꾀꼬리를 데리고 동백꽃 나무에 앉아서,

"아가씨 아가씨, 문 열어 주십시오."
하고 불렀습니다.
 그러나, 아무리 불러도 방 속에서도 아무 대답도 없었습니다.
 그러니까 꾀꼬리가,
 "아무리 부른들 알아들을 리가 있나."
하고, 이번에는 자기가 그 어여쁜 목소리로,
 "꾀꼴 꾀꼴 꾀꼴꼴……."
하고 노래를 불렀습니다. 그러니까, 방 속에서 깜짝 놀래는 듯한 소리가 나더니, 방문이 드르륵 열렸습니다.
 꾀꼬리는 그냥 자꾸 노래를 불렀습니다.
 방문을 열고 내다보는 사람은 열두 살쯤 되어 보이는 얌전한 소녀였습니다. 꾀꼬리와 나비가 나란히 앉았는 것을 보고, 몹시도 반가워하면서, 마치 반가운 사람이나 만난 듯이 기뻐서 어찌할 줄을 모르며, 사람에게 하는 말 같이,
 "아이구 고마워라, 꾀꼬리도 나비도 왔구먼……. 민수가 어떻게 너희들을 보고 싶어했는지 모른단다."
하고는,
 "에그, 민수가 보게 방에까지 들어왔으면 좋으련만……."
하였습니다.
 나비와 꾀꼬리는 후루루 날아서 방으로 들어갔습니다. 방이라야 좁다란 한 칸 방인데, 아홉 살쯤된 어린 사내아이가 마르고 파아란 얼굴에 눈을 감고 누워서 잠이 든 것 같기도 하고, 죽은 것 같기도 하였습니다.
 "민수야, 눈을 떠 보아라. 꾀꼬리와 나비가 왔다."
하면서, 소녀는 동생을 부드럽게 흔들어서 깨웠습니다.
 꾀꼬리는 목소리를 곱게 내어 재미있고 씩씩하게,
 "꾀꼴 꾀꼴 꾀꼴꼴……."
하고, 노래를 정성껏 불렀습니다. 나비는 그 노래에 장단을 맞춰서, 재주껏 화려하게 춤을 덩실덩실 추면서, 병든 어린이의 자리를 빙빙 돌았습니다.
 그야말로 세상에서 들을 수 없는 훌륭한 음악이요, 진기한 무도이었습니다.
 거슴프레하게 떴던 병든 소년의 두 눈은 점점 크게 떠지면서 생기가 나면서 춤추며 돌아다니는 나비를 따르고, 귀는 아름다운 꾀꼬리의 노랫소리를 정성스럽게 듣고 있었습니다.
 꾀꼬리와 나비는 열심히 열심히 재주와 정성을 다하여, 노래를 부르고 춤

을 추었습니다.

 그러니까 병든 소년의 눈을 점점 점점 광채가 나기 시작하고, 파아란 얼굴에는 붉은 혈기가 점점 점점 돌아오더니, 이윽고는 긴긴 겨울이 지나도록 한번도 보지 못한 웃음의 빛이, 그의 눈에도 입에도 보이기 시작하였습니다.

 그것을 보고 꾀꼬리와 나비는 기운껏 기운껏 피곤하기까지 노래와 춤을 추었습니다.

 그 날 밤에는 소년의 따뜻한 주선으로, 그 집 처마 끝 동백나무 그늘에서 자고, 그 이튿날도 방에 들어가서 노래를 부르고 춤을 추고 하였습니다.

 어린이의 병은 차츰 나아지고, 기운과 정신이 나날이 새로워졌습니다.

 나비와 꾀꼬리는 그 이튿날도 또 그 이튿날도 쉬지 않고 노래와 춤으로 병든 소년을 위로하였습니다.

 이렇게 이레 동안을 지나자, 소년은 아주 쾌하게 병이 나아서, 누나의 손을 잡고, 동산에도 가고 뜰에도 가서, 꾀꼬리와 나비와 재미있게 뛰놀 수 있게 되었습니다.

내가 열두 살 되던 어떠한 가을이었다. 근 오 리나 되는 학교에를 다녀온 나는 책보를 내던지고 두루마기를 벗고 뒷동산 감나무 밑으로 달음질하여 올라갔다.

쓸쓸스러운 붉은 감잎이 죽어 가는 생물처럼 여기저기 휘둘러서 휘날릴 때 말없이 오는 가을 바람이 따뜻한 나의 가슴을 간지르고 지나가매, 나도 모르는 쓸쓸한 비애가 나의 두 눈을 공연히 울고 싶게 하였다. 이웃집 감나무에서 감 따는 늙은이가 나뭇가지를 흔들 때마다 떼지어 구경하는 떠꺼머리 아이들과 나이 어린 처녀들의 침 삼키는 고개들이 일제히 위로 향하여지며 붉고 연한 커다란 연감이 힘없이 떨어진다.

음습한 땅 냄새가 저녁 연기와 함께 온 마을을 물들이고 구슬픈 갈가마귀 소리 서편 숲속에서 났다. 울타리 바깥 콩나물 우물에서는 저녁 콩나물에 물 주는 소리가 척척하게 들릴 적에 촌녀의 행주치마 두른 짚세기 걸음이 물동이와 달음박질한다.

나는 날마다 학교에서 돌아오는 길로 하는 것이라고는 이것이 첫째 번 과목이다. 공연히 뒷동산으로 왔다갔다한다.

그날도 감나무 동산에서 반숙한 연감 하나를 따먹고서 배추밭 무밭 틈으로 돌아다녔다. 지렁이 똥이 몽글몽글하게 올라온 습기 있는 밭이랑과 고양이밥이 나 있는 빈 터전을 쓸데없이 돌아다닐 때 건너편 철도 연변에 서 있는 전깃불이 어느틈에 반짝반짝한다.

그때에 징신 신은 나의 아우가 뒷문에 나서면서 부엌에서 밥투정을 하다 나왔는지 열 손가락과 입 가장자리에는 밥알투성이를 하여 가지고 딴사람은 건드리지도 못하는 저의 백동 숟가락을 거꾸로 들고 서서,

"언니, 밥 먹으래."

하고 내가 바라보고 서 있는 곳을 덩달아 쳐다본다.

"그래."

하고 대답을 한 나는 아무 소리도 없이 마루 끝에 가 앉으며 차려 논 밥상을 한 귀퉁이 점령하였다. 밥 먹는 이라고는 우리 어머니와 일해 주는 마누라와 나와 나의 다섯 살 먹은 아우뿐이다.

소학교 4학년을 다니는 내가 무엇을 알며 무엇을 감득할 능력을 가졌으며 안다 하면 얼마나 알고 감득하면 몇 푼 어치나 감득하리요. 그러나 웬일인지 그때부터 나의 어린 마음은 공연히 쓸쓸하고 우울하여졌다. 나뭇가지 하나가 바람에 흔들리는 것이나, 저녁 참새가 처마끝에서 옹송그리고 재재거리는 것이나, 한가한 오계(午鷄)가 길게 목늘여 우는 것이나, 하늘 위에 솟는 별이 종알거리는 것이나, 저녁 달이 눈 [雪] 위에 차디차게 비추인 것이나, 차르럭거리며 흐르는 냇물이나, 더구나 나무 잎사귀와 채소 잎사귀에 얼킨 백로(白露)의 뻔지르하게 흐르는 것이 왜 그리 그 어린 나의 감정을 창백한 감상의 와중으로 처틀어박는지 약한 심정과 연한 감정은 공연한 비애 중에서 때 없는 눈물을 흘리었었다.

그것을 시상의 발아라 할는지 현묘유원(玄妙幽遠)한 그 무슨 경역(境域)을 동경하는 첫째 번 동구(洞口)일는지는 알지 못하겠으나 어떻든 나는 다른 이의 어린 때와 다른 생애의 일절을 밟아 왔다. 그러나 그것은 몽롱한 과거이며 흐릿한 기억이다.

그날 저녁에도 어둠침침한 마루 끝에서 갓 지은 밥을 한숟가락 두 숟가락 퍼먹을 때에 공연히 쓸쓸하고 적적하다. 어렴풋한 연기 냄새가 더구나 마음을 괴롭게 한다. 침묵이 침묵을 낳고 침묵이 침묵을 이어 침침한 저녁을 더 어둡게 할 때 나는 웬일인지 간지럽게 그 침묵이 싫었다. 더구나 초가집 처마끝에서 이리 얽고 저리 얽어 놓은 왕거미 한 마리가 어느

덧 나의 눈에 뜨일 때에 나는 공연히 으쓱하여 무엇을 생각하시는지 입에 든 밥만 씹고 계신 우리 어머니의 얼굴만 쳐다보았다. 그리고 코를 손등으로 씻어 가며 손가락으로 반찬을 집어 먹는 나의 아우의 얼굴을 바라보았다.

"할멈, 물 좀 떠오게."

하는 소리가 우리 어머니 입에서 떨어지며 그 흉한 침묵이 깨지었다. 할멈은 행주치맛자락에 손을 씻으며 대접을 들고 부엌으로 내려가더니 솥뚜껑 소리가 한번 덜컹 하고 숭늉 한 그릇을 들고 나온다. 어머니는 아무 소리 없이 그 물을 나에게다 내미시면서,

"물 말어 먹으련."

하시니까 물어 보신 나의 대답은 나오기도 전에 나의 동생이 어리광부리는 그 소리로,

"물."

하고 물그릇을 가로채 간다.

"엎질러진다. 언니 먹거든 먹거라."

하시는 어머니의 권고는 아무 효력이 없이 왈칵 잡아당기는 물그릇은 출렁 하더니 내 동생 바지 위에 들어부었다. 그 일 찰나간에 우리 네 사람은 일제히 물러앉으며,

"에그."

하였다. 어머니는,

"걸레, 걸레."

하며 할멈에게 손을 내미신다.

"글쎄 천천히 먹으면 어때서 그렇게 발광이냐."

하시며 상을 찌푸리시고 할멈이 집어 주는 걸레를 집어 나의 아우의 바지 앞을 털어 주신다. 때가 묻은 바지 앞을 엉거주춤하고 내밀고 있는 나의 아우는 다만 두 팔만 벌리고 서서 아무 말이 없다.

나는 미안하여 그리하였던지 동생의 철없이 날뛰는 것이 우스워 그리하였던지 밥은 먹지 못하고 다만 상에서 저만큼 떨어져 앉았다가 석유등잔에 불만 켜놓고서 다시 밥상으로 가까이 올 때,

"에그, 다리 아퍼. 저녁을 인제야 먹니?"

하며 마당으로 들어오는 이는 우리 동생 할머니시다. 손에는 남으로 만든 책보를 들고 발에는 구두를 신고 머리를 쪽찐 데는 은비녀를 꽂았다. 키가 작달막한데다 머리가 희끗희끗한데 검정 치마가 땅에 거의 거의 끌리게 된 것을 보니까 아마 오늘도 꽤 많이 돌아다니신 모양이다.

"어서 오십시오."

하며 들던 숟가락을 놓고 일어나시는 이는 우리 어머니시다.

"마님 오십니까."

하고 짚세기를 신는 이는 할멈이다. 마루창이 뚫어져라 겅둥겅둥 뛰며,

"할머니 할머니."

를 부르는 것은 나의 아우다. 나는 숟가락을 입에 문 채로 다만 빙그레 웃으면서 반가워하였다.

마루 끝에 할머니는 걸터앉으셨다. 할멈은 걸레로 마룻바닥을 훔치는 사이에 어머니는 부엌으로 내려가셨다. 그릇 소리가 덜거덕덜거덕 난다. 피곤한 가슴을 힘없이 내려앉히시며 한숨을 휘ー 하고 내쉬신 할머니는 무슨 걱정이나 있는 듯이 부엌을 향하며,

"고만두어라, 내 밥은. 아직 먹고 싶지 않다."

하신다. 어머니는 부엌에서 상을 차리시더니,

"왜 그러세요. 조금 잡숫지요."

"아니다, 저기서 먹었다. 오늘 교인 심방을 하느라고 이리저리 다니다가 명철(明哲)의 집에를 갔더니 국수장국을 끓여 내서 한 그릇 먹었더니 아직까지도 배가 부르다."

어머니는 차리던 상을 그대로 놓고 부엌문에서 나오며,

"명철이 집이요, 그래 그 어머니가 편찮다더니 괜찮아요?"

"응, 인제는 다 낫더라. 그것도 하느님 은혜로 나은 것이지."

우리 할머니는 그 동네 교회 전도부인이다. 우리 집안은 본래 우리 할아버지와 우리 아버지 사이가 좋지 못하여 따로따로 떨어져 산다. 그리고 우리 할머니는 열심 있는 교인이요 진실한 신자이지마는, 우리 아버지는 종교(현대사회에서 명칭하는)에 대하여 냉혹한 비평을 하는 사람이었다.

우리 할머니는 본래 교육이 있지 못하다. 있다 하면 구식 가정에서 유교의 전통을 받아 오는 교육이었을 것이며, 안다 하면 한문이나 국문 몇 자를 짐작할 뿐이요, 새로운 사조와 근대사상이라는 옮기기도 어려운 문자가 있는지도 알지 못할 것이다.

그러나 나는 그 열두 살 되던 그해에는 다만 우리 할머니를 한개 예수 믿는 여성으로 알았었으며, 하느님이 부리는 따님으로만 알았었다. 종교에 대한 견해라든지 신앙이란 여하한 것인지를 알지 못하였다.

나도 예수교 학교를 다니므로 자기의 선생을 절대로 신임하고 자기의 학교의 교풍을 절대로 존중하였었다. 그리고 예수의 십자가에 흘렸던 붉은 피가 참으로 우리 인생의 더러운 죄를 씻었으며 수염 많은 할아버지 같은 하느님이 참으로 우리를 내려다보시고 계신 줄 알았었다.

날마다 아침 성경시간과 주일학교에서 선생에게 들은 바가 참으로 나의 눈앞에 환상으로 나타났었으며 유대 풍속을 그린 성화가 과연 천당, 지옥, 성지, 낙토의 전형으로 보이었었다. 그것이 나에게 어떻든 무슨 인상을 준 것은 사실이니, 천사를 생각할 때에는 반드시 서양여자를 그린 그 채색 칠한 그림이 나의 눈앞에 나타나 보이며, 예수가 십자가에 못 박혀 돌아간 것을 생각할 때에는 시뻘건 육괴(肉塊)가 시안(屍眼)을 부릅뜨고 초민(焦悶)과 고통의 극도를 상징하는 그의 표정과 비린내 나고 차디찬 피가 흐르는 예수의 죽음이 만인의 입과 천년의 세월을 두고 성찬성찬하며 추앙 경모의 그 부르짖음의 소리가 그 어린 나의 귀와 나의 심안에 닿을 때에도 그것은 고통으로 보이지 않았으며 초민으로 보이지 않았으며 비린내 나는 붉은 피 보혈로 보이었으니 무서운 시체를 그린 그 그림이 도리어 나의 어린 핏결 속에 무슨 신앙을 부어 주었었다. 그때의 나의 기도는 하느님이 들었으며 그때의 나의 죄는 예수가 씻었었다. 그것이 결코 지금의 나를 만족시키며 지금 나에게 과연 신앙을 부어 주지는 않는다 하더라도 내가 열두 살 되는 그때의 나의 영혼은 있는지 없는지도 판단치 못하던 하느님이 지배하였었으며 이천 년 옛날에 송장이 되어 썩어진 예수가 차지하였었다. 그때의 나의 영혼은 나의 영혼이 아니고 공명(空名)의 하느님의 것이었으며 그때의 나의 생은 나의 생이 아니며 촉루(髑髏)까지 없어진 예수의 생이었다. 그때의 나는 약자이었으며 그때의 나는 피정복자이었다. 무궁한 우주와 조화를 잃은 자이었으며 명명(暝暝) 무한대한 대세계에 나의 생을 실현할 능력을 빼앗긴 자이었다.

명명한 대공(大空)을 바라볼 때에 유대식 건물의 천당을 동경하였을지라도 자아심상(自我心床) 위의 낙토는 몰랐으며 사후의 영생은 구하였을지라도 생하여서 영생을 알지 못하였다. 사(死)는 생의 척도됨을 알지 못하고 생이 도리어 사후의 희생으로 알았었다.

산상(山上)의 교훈과 포도동산의 교훈을 듣기는 들었으나 열두 살 먹은 나의 호기심을 끌기에 너무 현묘하였으며 애(愛)의 복음과 자아의 희생을 역설함을 듣기는 들었으나 나에게 과연 심각한 감화를 주지는 못하였었다. 성경의 해석은 일종 신화로 나의 귀에 들렸으나 그 무슨 신앙을 주었으며 성화를 그린 종잇조각은 한개 완구가 되었으나 빼기 어려운 우상을 나의 심전(心殿)에 그리어 주었다.

아아, 나는 물으려 한다. 하느님의 사자로 자처하고 교회의 일꾼으로 자임하는 우리 할머니의 그때의 내면적이나 외면적을 불문하고 열두 살밖에 되지 않은 나의 그것과 얼마나 틀린 점이 있었으며 얼마나 나은 점이 있었을는지? 그는 과연 예수의 성훈을 날것대로 삼키는 자가 되지 않고 조리하고 익히며 그의 완전한 미각으로 그것을 저작(咀嚼)할 줄을 알았을까? 그는 참으로 예수의 정신을, 그의 내적 생활을 체득한 자이었을까?

그는 과연 여하한 신앙으로써 생으로 생까지를 살아갔었으며 그는 참으로 어떠한 영감을 예수교에서 감득하였을까? 나는 다만 커다란 의문표를 안 그릴 수가 없다.

그날도 우리 할머니는 여자의 몸의 피곤함을 깨달으면서도 무슨 만족함이 그의 얼굴을 싸고도는 듯하였다. 그러나 한편으로는 자아 이외에 우리 어머니나 할멈이나 내나 나의 동생을 일개의 죄인시하는 곳에 가련함을 견디지 못하는 듯한 표정이 그의 시들어 가는 입 가장자리와 가느다란 눈초리에 희미하게 얽히어 있었다. 할머니는 조금 있다가 눈살을 잠깐 찌푸리시더니,

"큰일났어! 예배당에 돈을 좀 가져가야 할 텐데 돈이 있어야지. 다른 사람과 달라서 아니 낼 수도 없고, 또 조금 내자니 우리집을 그래도 남들이 밥술이나 먹는 줄 아는데 그렇게 할 수도 없고, 이런 말씀을 아버지께 여쭈면 공연히 역정만 내시니까!"

하며 우리 어머니에게 향하여 걱정을 꺼낸다.

"요사이 날이 점점 추워져서 시탄비(柴炭費)를 내야 할 터인데 김부인은 벌써 오 원을 적었단다. 그이는 정말 말이지 살어가기가 우리집에다 대면 말할 것도 없지 않으냐. 그런데 아버지께 그런 말씀을 하니까 역정을 내시면서 남이 죽으면 따라 죽느냐고 야단을 치시면서 돈 일 원을 주시는구나. 그러니 애, 글쎄 생각을 해보아라. 어떻게 일원을 내니! 내 속이 상해 똑 죽겠어."

하며,

"그래서 하는 수가 있더냐, 명철이 집에 가서 돈 오 원을 지금 꾸어 가지고 오는 길이란다."

하며 차곡차곡 접어 쥔 일 원 지폐 다섯 장을 펴보인다. 우리 어머니는 이렇다 저렇다 말이 없이 가만히 듣고만 있다가,

"그러면 그것은 어떻게 갚으십니까?"

하며 빈곤한 생활에 젖은 우리 어머니는 그 갚는 것이 첫째 문제로 그의 가슴을 거북하게 하였다.

"글쎄 그거야 어떻게든지 갚게 되겠지? 하다못해 전당을 잡혀서라도."

하더니,

"에그, 인제는 고만 가보아야지."

하며 벌떡 일어서서 나가려 하다가,

"애 아범은 여태까지 안 들어왔니?"

한마디를 남겨 놓고 바깥으로 나간다. 우리 어머니는 다만,

"네, 언제든지 그렇게 늦는답니다."

하며 걱정스러운 듯이 문 밖으로 할머니를 쫓아 나간다.

우리 어머니는 아슬랑아슬랑 어둠 속으로 사라져 가는 우리 할머니의 뒤 그림자가 사라져 없어져 가는 것을 바라보고 서 있었다. 그리고 그 할머니의 검은 그림자가 다 사라진 뒤에도 여전히 그 할머니의 그림자가 사라져 없어진 곳에서 무엇을 찾는 듯이 바라보고 서 있다. 모든 것이 검기만 한 어두운 밤이다. 나도 나의 동생을 등에 업고 어머니를 쫓아 문 밖에 서 있었다. 어머니는 소매 걷은 두 팔을 가슴에 팔짱을 지르고 허리를 꾸부정하고 서서 근심스러운 듯이 저쪽 길만 바라보고 서 계시다.

고생살이에 다 썩은 얼굴은 웬일인지 나도 쳐다보기가 싫게 화기가 적다. 머리카락이 이마를 덮은 그의 두 눈은 공연히 쳐다보는 나를 울고 싶게 하였다. 때묻은 행주치마와 다 떨어진 짚세기가 더욱 나를 부끄럽게 하였다.

하얀 두루마기가 바라보는 어둠 속에서 희미하게 휘날릴 때마다 우리 어머니는 옆에 서 있는 나에게 나지막한 목소리로,

"아버진가 보다."

하며 나에게 무슨 동의를 청하시는 것처럼 바라보신다. 그러나 그 흰 두루마기가 우리집으로 향하지 않고 다른 곳으로 지나쳐 버릴 때는 우리 어머니와 나는 섭섭한 웃음을 웃었다.

문간에 서서 아무 말 없이 늦게 돌아오시는 우리 아버지를 기다리는 우리는 한 시간이 넘도록 서 있었다. 나의 어린 아우는 등에다 고개를 대고 코를 골며 잔다. 이마를 나의 등에다 대고 허리를 새우등같이 꾸부리고 자다가는 옆으로 떨어질 듯하면 반드시 한 번씩 놀란다. 놀랄 그때 나는 깍지 낀 손을 다시 단단히 쥐고 주춤 하고 한번씩 다시 추키었다. 한 시간을 기다려도 아버지는 돌아오시지 않았다. 어머니는 힘없고 낙망한 소리로,

"문 닫고 들어가자!"

하시며

"에그, 어린애가 자는구나. 갖다 뉘어라."

하시며 대문을 벌컥 닫고 들어오신다. 문 닫는 소리가 어쩐지 쓸쓸하고 적적하다. 우리집 공중을 싸고도는 공기의 파동은 연색(沿色)의 파문을 그리는 듯이 동적이 아니며 정적이었으며 양기가 없고 음기뿐이었다. 회색 칠한 침묵과 갈색의 암흑이 이귀퉁이 저귀퉁이에서 요사한 선무를 추고 있었다.

나는 그때에 무엇을 감각하였으며 무엇을 감득하였을까? 회색 침묵과 아득한 암흑이 조화를 잃고 선율이 없이 때없는 쓸쓸한 바람과 섞이어 시름없이 우리집 전체의 으스스한 공기를 휩싸고 돌아 나갈 때 나의 감정을 푸른 감상과 서늘한 감정으로 물들여 주었었다. 마루 끝까지 올라선 나의 눈에 비친 찬장이나 뒤주나 그 외의 모든 기구가 여러 가지 요마(妖魔)의 화물(化物)같이 보일 때에 나의 가슴은 더욱 서늘하여졌었다. 다만 나무 잎사귀가 나무 끝에서 바스락 하는 것일지라도 나를 방 안으로 뛰어들어가도록 무서웁게 하였다. 어머니가 등잔불을 떼어 들고 나의 뒤를 쫓아 들어오실 때에 그 불에 비친 나의 어두운 그림자가 저쪽 담벼락에서 어른어른하는 것까지 나의 머리끝을 으쓱하게 하였다.

그러나 그 정숙과 공포가 얽힌 나의 심정을 풀어 주고 녹여 주는 것은 나의 뒤에 서 있는

애(愛)의 신 같은 우리 어머니의 부드러운 사랑의 힘이었다. 그것은 나의 신앙의 전부였으며 나의 앞길을 무한한 저 앞길로 인도하는 구리기둥이었다. 베드로가 예수를 보고 갈릴리 바다로 걸어감과 같이 이 세상 모든 것을 초월케 하는 최대의 노력이었다. 등잔불의 기름이었으며 쇠북을 두드리는 방망이였다.

방으로 들어온 나는 아랫목에 자리를 펴고 누워서 복습을 하였다. 본래 공부를 하지 않는 나는 내일에 선생에게 꾸지람이나 듣지 않으려고 산술 숙제 두어 문제를 하는 척하여 다른 종이에 옮기어 베끼고 쓰기 싫은 습자는 내일 아침 일찍 일어나 쓰기로 하였다. 나의 동생은 발길로 나의 허리를 지르면서 이리 뒤척 저리 뒤척 이리 뛰굴 저리 뛰굴, 남의 덮은 이불을 함부로 끌어다가 저도 덮지 않고서 발치에다 밀어 던진다. 그리고는 힘있는 콧김을 길게 내쉬며 곤하게 잔다. 우리 어머니는 등잔 밑에서 바느질을 하시며 눈만 깜박깜박하신다. 할멈은 발치에서 고단한 눈을 잠깐 붙이었다.

나는 방 안이라는 조그마한 세계에서 네 개의 동물이 제각각 다른 상태로 생을 계속하는 가운데 남의 걱정과 남의 근심을 알 줄을 몰랐었다. 우리 어머니의 머릿속에는 과연 어떠한 심리상태의 활동사진이 그의 뇌막에 비치었으며 늙은 할멈은 어떠한 몽중세계에서 고생살이 잠꼬대를 할는지 알지 못하였다. 어린 아우의 단순한 머릿속에도 무서운 호랑이와 동리집 아이의 부러운 장난감을 꿈꾸는 줄은 알지 못하였다. 따뜻한 이불 속에서 두 발을 문지르며 편안히 누웠으니 몇십분 전 가득하던 감정이 이제는 어디로인지 다 달아나고 모든 것이 한가하고 모든 것이 평화롭고 모든 것이 노곤한 감몽(甘夢)을 유인하는 것뿐이었다. 인제는 어느틈에 올는지 알지 못하는 달콤한 잠을 기다릴 뿐이었다. 불그레한 등불 밑에 앉아서 바느질하시는 어머니의 머릿속에 있는 늦게 돌아오시는 아버지를 기다리시는 초민과 지나간 일을 시간의 얽히었다 풀리었다 하는 기억과 연상과 기대와 동경의 엉클어진 심리는 알지 못하고 다만 재미있는지 기쁜지 으레 그래야 할 것인지 알지 못하는 무의식의 연장선이 나의 전신을 거미줄 얽듯 얽기를 시작하더니 나는 아무것도 몰랐다. 잠이 들었다.

어느 때가 되었는지 알지 못하게 든 잠이 마려운 오줌으로 인하여 어렴풋하게 깨었을 때이었다. 이불을 들치고 엉거주춤 일어선 나의 귀에는 지껄지껄하는 사람의 목소리가 들리더니 등잔불에 부신 두 눈 사이로 우리 아버지의 희미한 윤곽이 보였다. 나는 반가운 마음에,

"아버지!"

하였다. 그러나 우리 아버지는 젓가락으로 앞에 놓여 있는 반찬을 뒤적뒤적하시면서 나를 냉담한 눈으로 멀거니 쳐다보시기만 하시더니 무슨 불만한 점이 계신지 노여운 어조로,

"아버진지 무엇인지 다 귀찮다. 어서 잠이나 자거라."

하시고는 다시 본 척 만 척하시고 반찬 한 젓가락을 입에다 넣으신다. 나는 얼굴이 홧홧하여지도록 무참하였다. 나는 죄지은 사람같이 양심에 무슨 부끄러움이 나의 아버지를 쳐다보지 못하게 하였다. 숙몽(熟夢)에 취하였던 나의 혼몽한 정신은 한꺼번에 깨어지며 뻣뻣하던 두 눈은 기름을 부은 듯이 또렷또렷하여졌다. 그때야 나는 우리 아버지의 붉은 얼굴을 보고 술취하신 줄을 알았다.

어머니는 무참해하고 무서워하는 나의 꼴을 보시고 아버지를 흘겨 쳐다보시며,

"어린 자식이 반가워하는 것을 그렇게 말을 하니 좀 무참해하겠소. 어린애들에겔지라도 좋은 말 할 적은 한 번도 없지."

하시다가 다시 나를 향하시어 혼자말 비슷하고 또는 누구더러 들어 보란 듯이,

"너희들만 불쌍하니라. 아버지라고 믿었다가는 좋지 못한 꼴만 볼터이니까."

하시며 두 눈을 아래로 깔고 방바닥을 걸레로 훔치시는 체하신다.

나는 드러눕지도 못하고 일어나지도 못하였다. 드러눕자니 아버지 진지 잡숫는 데 불경이 될 터이요, 그대로 앉아 있자니 자다가 일어난 몸이 추운 가운데 공연히 무서워서 몸이 떨린다. 이런 때에는 나의 어머니가 변호인이요 비호자임을 다소간의 지낸 경험으로 알고 또는 사람의 본능으로 모성의 자애를 신임하는 나는 우리 어머니의 얼굴만 쳐다보았다. 그때 마침 어머니는,

"어서 누워 자거라. 아버지 진지도 거의 다 잡수셨으니."

하셨다. 나의 마음은 얼었던 것이 녹는 듯이 아주 좋았다. 나는 못 이기는 체하고 곁눈으로 아버지의 눈치만 보며 이불자락을 들었다. 그리고는 눈 딱 감고 이불을 귀까지 푹 덮고 그대로 드러누웠다. 그러나 잠은 어디로 달아나 버렸는지 오지 않는 잠을 억지로 자는 척하지마는 마음은 조마조마하여 못 견딜 지경이었다.

아버지는 숟가락을 탁 집어 상 위에 내던지시며,

"엥, 내가 없어야 해. 없어야 해."

를 두서너 번 중얼거리시더니,

"그래 자기 자식은 굶든지 죽든지 상관하지를 않고 예배당인지 무엇인지 거기에다간 빚을 얻어다가 주어야 해?"

하시며 옆으로 물러앉으시니까, 어머니는,

"누가 알우? 왜 그런 화풀이는 내게다 하우."

하시는 소리가 떨어지기도 전에,

"무엇, 흥, 기가 막혀. 그래 예수가 무엇이고 십자가가 무엇이야. 예배당에 다니네 하고 구두만 신고 다니면 제일인가? 왜 구두를 신어! 그 머리가 허연 이가 구두짝을 신고 돌아다니는 꼴이라니. 활동사진 박을 만하지. 예수가 무슨 말을 하였는지 알기들이나 한다나? 그 사생아를 하느님의 아들이라고? 그러나 예수가 나쁜 사람은 아니지. 좋은 사람이지. 참 성인은 성인이야! 그렇지만 소위 예수 믿는 사람들이 예수라는 그 사람을 믿었지, 예수가 부르짖은 그 하느님은 믿지 못하였어! 하느님은 이 세상 아니 계신 곳이 없지! 누구에게든지 하느님은 계신 것이야! 다 각각 자기 마음속에 하느님이 계신 것이야! 여편네들이 무엇을 알어야지. 내가 이렇게 떠들면 술 먹고 술주정으로만 알렷다! 흥, 우이독경이야! 기막히지! 여보, 무엇을 알우? 그런 늙은이가 무엇을 알어. 그래 신앙이 무엇인지 참종교가 무엇인지를 알어! 예수, 예수 하고 아주 기도를 하고! 그것은 다 약자의 짓이야. 사람은 강자가 되어야 해!"

우리 어머니는 듣고만 계시다가,

"듣기 싫소. 웬 잔말이오! 그런 말을 하려거든 어머니나 아버지한테 가서 하구려."

하시며 상을 들고 나가려고 하시니까, 아버지는,

"무엇이야, 듣기 싫다구?"

하시더니 어머니의 치마를 휙 잡아당기시는 김에 치마가 북 하고 찢어졌다. 어머니는 상을 할멈에게 주고 찢어진 치마를 들여다보시며 얼굴이 빨개지신다. 여자인 어머니는 의복의 파손이 얼마큼 아까운지 모르시는 모양이다. 치마폭이 찢어지는 그 예리한 소리와 함께 우리 어머니의 신경은 뾰족한 바늘 끝으로 쭉 내리베는 것같이 날카로웁고 쓰린 자극을 받으신 모양이다.

"이게 무슨 짓이오. 여편네 옷을 찢지 못하면 말을 못 하오? 그래 무슨 말이오. 어디 말을 좀 해보우. 어쩌자고 이러시우. 날마다 늦게 술이나 취하여 가지고 만만한 여편네만 못살

게 구니 참으로 사람 죽겠구려! 무슨 말이오! 할 말 있거든 어서 하시오!"

흥분된 어조를 조금 높이신 까닭에 높은 음성은 또 우리 아버지를 흥분시키는 동시에 노여웁게 하였다.

"말을 하라구? 흥, 남편 된 사람이 옷을 좀 찢었기로 무엇이 어쩌고 어째?"

"글쎄 내가 무엇이라고 했소, 내가 무슨 죄요. 참으로 허구한 날 사람이 살 수가 없구려."

"듣기 싫어. 여편네들이 무엇을 알아야지. 남편의 심리를 몰라주는 여편네가 무슨 일이 있어서. 다 고만두어. 나는 우리 아버지에게 내버림을 당한 사람이고 세상에서 구박을 당한 사람이니까…… 에…… 후……."

우리 아버지는 이렇게 떠드시다가 다시 한참 가만히 앉아 계시더니 벌떡 일어나시며,

"엥! 가만있거라. 참말 그대로 있을 수는 없어! 내가 가서 설교를 좀 해야지 내가 목사 노릇을 좀 해야 해."

하고 모자를 쓰고 벌떡 일어나시며 문 밖으로 나가시려 하니까 어머니는 또다시 목소리를 고치시어 부드럽고 애원하는 중에도 조금 노기를 띄우신 말소리로,

"여보, 제발 좀 고만두. 글쎄 이게 무슨 짓이오. 이 밤중에 가기는 어디로 가며 가셔서 어떻게 하실 모양이오. 자! 고만 옷 좀 벗고 드러눕구려."

아버지는 듣지도 않고 방문을 홱 열어 젖뜨리셨다. 고요한 저녁 공기가 훈훈한 방 안으로 훅 불어 들어오며 드러누워 있는 나의 온몸을 선뜩하게 하더니 석유등잔의 불이 두서너 번 번득번득한다.

어머니는 아버지의 팔을 붙잡으시었다. 웅크리고 마루에 앉아 있던 할멈은 황망하여 하지도 않고 여러 번 경험한 그의 침착한 태도로 두 팔을 벌리고 다만 이리 왔다 저리 왔다 하면서 동정만 살피고 있다.

어머니는 떨리는 목소리로,

"글쎄 남부끄럽지도 않소. 어서 들어갑시다. 가기는 어디로 가우. 남이 알면 글쎄 무슨 꼴이우."

하는 말을 듣지도 않으시고 우리 아버지는 어머니의 팔을 홱 뿌리치셨다. 어머니는 에크 소리를 지르시며 방문 밖에서 방 안으로 넘어지시며 한참이나 아무 말 없이 엎드려 계신다.

"남부끄럽다. 남부끄럼을 당하는 것보다도 자기 양심에 부끄러운 짓을 하는 것이 더욱 부끄러운 것이야."

하시고 술취하신 얼굴에 분기를 띠시고 또 한옆으로는 엎어져 일어나시지도 못하시는 어머니를 다소간 가엾음과 미안한 마음이 생기시나 위신상 어찌하시지 못하는 어색한 얼굴을 돌이켜보지도 않으시고 문 바깥으로 나가신다.

나가시는 규칙 없는 발걸음 소리가 대문이 닫혀지는 소리와 함께 사라졌다.

할멈은 어머니를 붙잡아 일으키시며,

"다치지 않으셨어요?"

하며 어머니가 애처로워 보이기도 하고 또는 아버지의 술주정이 귀찮기도 하여서 상을 찌푸려 어머니를 들여다보시며 물어 본다.

나도 그때야 이불을 벗고 일어나서 어머니를 보았다. 어머니는 일어나 앉으시기는 일어나 앉았으나 아무 말이 없으시다.

철모르는 나의 아우는 말라붙은 코딱지를 때때 주먹으로 비비면서 힘없는 손가락을 꼼질꼼질하며 자고 있다. 나는 다만 어머니의 동정을 살피고 있었을 뿐이었다.

몇 분간 동안은 아주 고요 정적하여졌다. 폭풍우가 지나간 바다의 물결 같은 공기가 온 방안을 채우고 자는 듯이 고요하다.

그때에 나는 어머니의 머리카락이 덮인 두 눈을 바라보았다. 두 눈에는 불에 비쳐 반짝거리는 눈물 방울이 방울방울 떨어지고 있었다. 이것을 본 나의 전신의 뜨거운 피는 바늘 끝으로 찌르는 듯이 파랗게 식는 듯하였다. 나의 마음은 어머니의 눈물에서 그 무슨 비애의 전염을 받은 듯이 극도로 쓰렸었다. 나는 그대로 어머니의 얼굴을 쳐다볼 수가 없어 이불을 뒤집어쓰고 어머니와 함께 눈물 흘려 울었다.

할멈은 화젓가락만 만지고 있는지 달가닥달가닥 하는 소리가 들릴 뿐이다. 그리고 어머니의 떨리는 숨소리와 코 마시는 소리가 이불을 뒤집어쓴 나의 귀 위에서 연민과 비애의 정을 속삭거려 주었다.

어머니는 한참이나 우시더니 코를 요강에 푸시고 이불을 다시 붙잡아 나와 나의 동생을 다시 덮어 주시었다. 그리고 한 손으로 나의 발치와 나의 가장자리를 어루만지실 때 간지러운 자애의 정이 부드러운 명주옷같이 나의 어린 가슴을 따뜻하게 하시었다.

이튿날 아침, 우리 어머니는 나의 동생의 손을 잡고 나와 함께 우리 외가로 향하여 떠나갔다. 물론 아침도 먹지 않고 늦도록 주무시는 아버지의 아침밥은 할멈에게 부탁이나 하셨는지 으레 알아 할 할멈에게 집안일을 맡기시고 오 리 남짓한 외가로 갔다.

가는 길에 나는 매우 기뻤었다. 무엇 하러 가시는지도 모르는 어머니의 심정은 알지도 못하고 귀여워하시는 할머니를 만나러 간다는 것만 좋아서 앞장을 섰다.

그때의 어머니는 하소연할 곳을 찾아가시는 것이었을 것이다. 팔자의 애소(哀訴)를 자기의 친부모에게 하러 가시는 것이었을 것이다. 일생을 의탁한 우리 아버지를 사랑하지 않는 것이 아니며 못 믿는 것이 아니지마는 발 아래 엎드려 몸부림할 만치 자기의 울분과 자기의 비애를 호소할 곳을 찾아 지금 우리 어머니는 우리 외가로 가시는 것이다.

그때 그에게는 자기의 부모가 유일한 하느님이며 위안자이었다. 약한 심정을 붙일 만한 신앙을 갖지 못한 우리 어머니는 자애의 나라로 달음박질하면 거기에 자기를 위로하여 주고 자기의 애소의 기도를 들어줄 아버지 어머니가 계실 것을 믿음이었었다. 명명한 대공과 막막한 천애 저편에 위안(慰安) 나라를 건설치 못하고 작은 가슴속과 보이지 않는 심상 위에 천당과 낙원을 짓지 못한 우리 어머니는 다만 자애의 동산을 찾아가시었다.

걸어가시는 어머니의 얼굴에는 어제 저녁의 울분을 참지 못하시는 푸른 표정과 어머니나 아버지에게 팔자 한탄을 푸념하리라는 굳은 결심의 빛이 보였었다.

가게 앞을 지나고 개천을 건너고 사람과 길을 피하고 돌멩이가 발끝에 챌 때에도 우리 어머니의 머릿속에는 그것뿐이었을 것이다.

그러나 우리 어머니의 머리는 그렇게 단순한 것이 아니었다. 나 어린 어린아이의 그 마음을 갖지는 않았었다. 우리를 볼 때 우리 아버지를 생각하며 부모의 자애를 생각할 때에도 자기의 충심에서 발동하는 애모의 정을 깨달았다.

그는 자기의 남편을 사랑하는 동시에 자기의 부모를 사랑하였다. 그는 자기 남편의 불명예를 자기 부모에게 하소연하는 것을 아까 집 대문을 나설 때까지는 결심하였을는지는 알지 못하겠으나 반이나 넘어 가까이 자기 부모의 집을 왔을 때에 그것을 부끄리는 정이 나오는 동시에 또한 그 불명예로운 소리를 발하는 아내 된 자기의 불명예로움을 알았다. 그리고 자기 남편의 불명예를 은폐하려는 동시에 자기 부모의 심로를 생각하였다. 자애를 부어 주는 자기 부모에게 자기의 울분을 애소하는 것이 자기에게는 좋은 것이나 자기 부모의 마음을 조심되게 함을 깨달았다.

나의 동생은 아슬렁아슬렁 걸어가면서 무어라고 감흥에 띤 이야기를 중얼거리면서 걸어간다.

어머니는 외가에 거의 다 왔었을 때에 나에게 은근한 목소리로,

"너 할머니나 할아버지께 어제 저녁에 아버지가 술 먹고 야단했다는 말은 하지 말어라."

하시며 무슨 응답이나 들으려시는 듯이 나를 들여다보신다. 나는,

"예."

하였다. 그 '예' 소리가 나의 입에서 떨어지면서 무슨 해결치 못할 문제가 다 풀린 듯한 감이 생기며 집에서 나올 때부터 무슨 불행스럽고 불안하던 마음이 다시 화평하여졌다.

음산한 검은 구름이 하늘에 뭉게뭉게 모여드는 것이 금시라도 비 한 줄기 할 듯하면서도 여전히 짓궂은 햇발은 겹겹 산속에 묻힌 외진 마을을 통째로 자실 듯이 달구고 있었다. 이따금 생각나는 듯 산매들린 바람은 논밭간의 나무들을 뒤흔들며 미쳐 날뛰었다.

뫼 밖으로 농군들을 멀리 품앗이로 내보낸 안말의 공기는 쓸쓸하였다. 다만 맷맷한 미루나무숲에서 거칠어 가는 농촌을 읊는 듯 매미의 애끊는 노래…….

매—음! 매—음!

춘호는 자기 집————올봄에 오 원을 주고 사서 든 묵삭은 오막살이집————방 문턱에 걸터앉아서 바른 주먹으로 턱을 괴고는 봉당에서 저녁으로 때울 감자를 씻고 있는 아내를 묵묵히 노려보고 있었다. 그는 사날 밤이나 눈을 안 붙이고 성화를 하는 바람에 농사에 고리삭은 그의 얼굴은 더욱 해쓱하였다.

아내에게 다시 한번 졸라 보았다. 그러나 위협하는 어조로,

"이봐, 그래 어떻게 돈 이 원만 안 해줄 테여?"

아내는 역시 대답이 없었다. 갓 잡아 온 새댁 모양으로 씻는 감자나 씻을 뿐 잠자코 있었다.

되나 안 되나 좌우간 이렇다 말이 없으니 춘호는 울화가 터져서 죽을 지경이었다. 그는 타곳에서 떠돌아 온 몸이라 자기를 믿고 장리를 주는 사람도 없고 또는 그 알량한 집을 팔려 해도 단 이삼 원의 작자도 내닫지 않으므로 앞뒤가 꼭 막혔다마는, 그래도 아내는 나이 젊고 얼굴 똑똑하것다, 돈 이 원쯤이야 어떻게라도 될 수 있겠기에 묻는 것인데 들은 체도 안 하니 썩 패씸한 듯싶었다.

그는 배를 튀기며 다시 한번,

"돈 좀 안 해줄 테여?"

하고 소리를 빽 질렀다.

그러나 대꾸는 역시 없었다. 춘호는 노기충천하여 불현듯 문지방을 떠다밀며 벌떡 일어섰다. 눈을 흡뜨고 벽에 기댄 지게 막대를 손에 잡자 아내의 옆으로 바람같이 달려들었다.

“이년아, 기집 좋다는 게 뭐여. 남편의 근심도 덜어 주어야지, 끼고 자자는 기집이여?”

지게 막대는 아내의 연한 허리를 모질게 후렸다. 까부라지는 비명은 모지락스레 찌그러진 울타리 틈을 벗어 나간다. 잼처 지게 막대는 앉은 채 고꾸라진 아내의 발 뒤축을 얼러 볼기를 내리갈겼다.

“이년아, 내가 언제부터 너에게 조르는 게여?”

범같이 호통을 치며 남편이 지게 막대를 공중으로 다시 올리며 모질음을 쓸 때 아내는,

“에그머니!”

하고 외마디를 질렀다. 연하여 몸을 뒤치자 거반 엎어질 듯이 싸리문 밖으로 내달렸다. 얼굴에 눈물이 흐른 채 황그리는 걸음으로 문 앞의 언덕을 내리어 개울을 건너고 맞은쪽에 뚫린 콩밭길로 들어섰다.

“너, 네가 날 피하면 어딜 갈 테여?”

발길을 막는 듯한 의미 있는 호령에 달아나던 아내는 다리가 멈칫하였다. 그는 고개를 돌리어 싸리문 안에 아직도 지게 막대를 들고 섰는 남편을 바라보았다. 어른에게 죄진 어린애같이 입만 종깃종깃하다가 남편이 뛰어나올까 겁이 나서 겨우 입을 열었다.

“쇠돌 엄마 집에 좀 다녀올게유.”

쭈뼛쭈뼛 변명을 하고는 가던 길을 다시 횡허케 내걸었다. 아내라고 요새 이 돈 이 원이 급시로 필요함을 모르는 바도 아니었다마는, 그의 자격으로나 노동으로나 돈 이 원이란 감히 땅띔도 못 해볼 형편이었다. 벌이래야 하잘것없는 것———아침에 일어나기가 무섭게 남에게 뒤질까 영산이 올라 산으로 빼는 것이다. 조그만 종댕이를 허리에 달고 거한 산중에 드문드문 박혀 있는 도라지, 더덕을 찾아가는 일이었다. 깊은 산속으로 우중충한 돌 틈바귀로 잔약한 몸으로 맨발에 짚신짝을 끌며 강파른 산등을 타고 돌려면 젖 먹던 힘까지 녹아 내리는 듯 진땀이 머리로 발끝까지 쭉 흘러내린다.

아랫도리를 단 외겹으로 두른 낡은 치맛자락은 다리로, 허리로 척척 엉기어 걸음을 방해하였다. 땀에 불은 종아리는 거친 숲에 긁혀매어 그 쓰라림이 말이 아니다. 게다가 무거운 흙내는 숨이 탁탁 막히도록 가슴을 찌른다. 그러나 삶에 발버둥치는 순진한 그의 머리는 아무 불평도 일지 않았다.

가뭄에 콩 나기로 어쩌다 도라지순이라도 어지러운 숲속에 하나 둘 뽀족이 뻗어 오른 것을 보면 그는 그래도 기쁨에 넘치는 미소를 띠었다.

때로는 바위도 기어올랐다. 정히 못 기어오를 그런 험한 곳이면 칡덩굴에 매어달리기도 하는 것이었다. 땟국에 전 무명적삼은 벗어서 허리춤에다 꾹 찌르고는 호랑이숲이라 이름난 강원도 산골에 매어달려 기를 쓰고 허비적거린다. 골바람은 지날 적마다 알몸을 두른 치맛자락을 공중으로 날린다. 그제마다 검붉은 볼기짝을 사양 없이 내보이는 칡덩굴이 그를 본다면, 배를 움켜쥐어도 다 못 볼 것이다마는, 다행히 그윽한 산골이라 그 꼴을 비웃는 놈은 뻐꾸기뿐이었다.

이리하여 해동갑으로 헤갈을 하고 나면 캐어 모은 도라지, 더덕을 얼러 사발 가웃, 혹은 두어 사발 남짓하게 되는 것이다. 그러면 동리로 내려와 주막거리에 가서 그걸 내주고 보리쌀과 사발바꿈을 하였다. 그러나 요즘엔 그나마도 철이 겨워 소출이 없다. 그 대신 남의 보리방아를 온종일 찧어 주고 보리밥 그릇이나 얻어다가는 집으로 돌아와 농토를 못 얻어 뻔뻔히 노는 남편과 같이 나누는 것이 그날 하루하루의 생활이었다.

그러고 보니 돈 이 원커녕 당장 목을 딴대도 피도 나올지가 의문이었다.

만약 돈 이 원을 돌린다면 아는 집에서 보리라도 꾸어 파는 수밖에는 다른 도리가 없다. 그리고 온 동리의 아낙네들이 치맛바람에 팔자 고쳤다고 쑥덕거리며 은근히 시새우는 쇠돌 엄마가 아니고는 노는 보리를 가진 사람이 없다. 그런데 도둑이 제 발 저리다고 그는 자기 꼴 주제에 제물에 눌려서 호사로운 쇠돌 엄마에게는 죽어도 가고 싶지 않았다. 쇠돌 엄마도 처음에는 자기와 같이 천한 농부의 계집이련만 어쩌다 하늘이 도와 동리의 부자 양반 이주사와 은근히 배가 맞은 뒤로는 얼굴도 모양 내고, 옷치장도 하고, 밥 걱정도 안 하고 하여 아주 금방석에 뒹구는 팔자가 되었다. 그리고 쇠돌 아버지도 이게 웬 땡이냔 듯이 아내를 내어논 채 눈을 살짝 감아 버리고 이주사에게서 나온 옷이나 입고 주는 쌀이나 먹고 연년이 신통치 못한 자기 농사에는 한 손을 떼고는 회자를 뽑는 것이 아닌가!

사실 말인즉, 춘호 처가 쇠돌 엄마에게 죽어도 아니 가려는 그 속 까닭은 정작 여기 있었다.

바로 지난 늦은 봄, 달이 뚫어지게 밝은 어느 밤이었다. 춘호가 보름게추를 보러 산모퉁이로 나간 것이 이슥하여도 돌아오지 않으므로 집에서 기다리던 아내가 이젠 자고 오려나 생각하고는 막 드러누워 잠이 들려니까 웬 난데없는 황소 같은 놈이 뛰어들었다. 허둥지둥 춘호 처를 마구 깔다가 놀라서 으악 소리를 치는 바람에 그냥 달아난 일이 있었다. 어수룩한 시골 일이라 별반 풍설도 아니 나고 쓱싹 되었으나 며칠이 지난 뒤에야 그것이 동리의 부자 이주사의 소행임을 비로소 눈치채었다.

그런 까닭으로 해서 춘호 처는 쇠돌 엄마와 직접 관계는 없단대도 그를 대하면 공연스레 얼굴이 뜨뜻하여지고 무슨 죄나 진 듯이 어색하였다.

그리고 더욱이 쇠돌 엄마가,

"새댁, 나는 속곳이 세 개구, 버선이 네 벌이구 행."

하며 아주 좋다고 한들대는 꼴을 보면 혹시 자기에게 함정을 두고서 비양거리는 거나 아닌가, 하는 옥생각으로 무안해서 고개를 못 들었다. 한편으로는 자기도 좀만 잘했더면 지금쯤은 쇠돌 엄마처럼 호강을 할 수 있었을 그런 갸륵한 기회를 깝살려 버린 자기 행동에 대한 후회와 애탄으로 말미암아 마음을 괴롭히는 그 쓰라림도 적지 않았다.

그러나 아무러한 욕을 보더라도 나날이 심해 가는 남편의 무지한 매보다는 그래도 좀 헐할 게다.

오늘은 한맘 먹고 쇠돌 엄마를 찾아가려는 것이었다.

춘호 처는 이번 걸음이 헛발이나 안 칠까 일념으로 심화를 하며 수양버들이 쭉 늘어 박힌 논두렁길로 들어섰다. 그는 시골 아낙네로는 용모가 매우 반반하였다. 좀 야윈 듯한 몸매는 호리호리한 것이 소위 동리의 문자로 외입깨나 하염직한 얼굴이었으되 추레한 의복이며 퀴퀴한 냄새는 거지를 볼 지른다. 그는 왼손 바른손으로 겨끔내기로 치맛귀를 여며 가며 속살이 삐질까 조심조심 걸었다.

감사나운 구름송이가 하늘 신폭을 휘덮고는 차츰차츰 지면으로 처져 내리더니 그예 산봉우리에 엉기어 살풍경이 되고 만다. 먼 데서 개 짖는 소리가 앞뒷산을 한적하게 울린다. 빗방울은 하나 둘 떨어지기 시작하더니 차차 굵어지며 무더기로 퍼부어 내린다.

춘호 처는 길가에 늘어진 밤나무 밑으로 뛰어들어가 비를 거니며 쇠돌 엄마 집을 멀리 바라보았다. 북쪽 산기슭 높직한 울타리로 삥 돌려 두르고 앉았는 오목하고 맵시 있는 집이 그 집이었다. 그런데 싸리문이 꼭 닫힌 걸 보면 아마 쇠돌 엄마가 농군청에 저녁 제누리를 나르러 가서 아직 돌아오지 않은 모양이었다.

그는 쇠돌 엄마 오기를 지켜보며 우두커니 서서 기다리고 있었다.

나뭇잎에서 빗방울은 뚝뚝 떨어지며 그의 뺨을 흘러 젖가슴으로 스며든다. 바람은 지날 적마다 냉기와 함께 굵은 빗발을 몸에 들이친다.

비에 쪼르륵 젖은 치마가 몸에 찰싹 휘감기어 허리로, 궁둥이로, 다리로, 살의 윤곽이 그대로 비쳐 올랐다.

무던히 기다렸으나 쇠돌 엄마는 오지 않았다. 하도 진력이 나서 하품을 하여 가며 정신없이 서 있노라니 왼편 언덕에서 사람 오는 발자국 소리가 들린다. 그는 고개를 돌려 보았다. 그러나 날쌔게 나무 틈으로 몸을 숨겼다.

동이배를 가진 이주사가 지우산을 받쳐 쓰고는 쇠돌네 집을 향하여 엉덩이를 껍죽거리며 내려가는 길이었다. 비록 키는 작달막하나 숱 좋은 수염이라든지, 온 동리를 털어야 단 하나뿐인 탕건이든지, 썩 풍채 좋은 오십 전후의 양반이다. 그는 싸리문 앞으로 가더니 자기 집처럼 거침없이 문을 떠다밀고는 속으로 버젓이 들어가 버린다.

이것을 보니 춘호 처는 다시금 속이 편치 않았다. 자기는 개돼지같이 무시로 매만 맞고 돌아치는 천덕구니다. 안팎으로 귀염을 받으며 간들대는 쇠돌 엄마와 사람 된 치수가 두드러지게 다름을 그는 알 수가 있었다. 쇠돌 엄마의 호강을 너무나 부럽게 우러러보는 반동으로 자기도 잘만 했더라면 하는 턱없는 희망과 후회가 전보다 몇 갑절 쓰린 맛으로 그의 가슴을 찌푸뜨렸다. 쇠돌네 집을 하염없이 건너다보다가 어느덧 저도 모르게 긴 한숨이 굴러내린다.

언덕에서 쏠려 내리는 사탯물이 발등까지 개흙으로 덮으며 소리쳐 흐른다. 빗물에 폭 젖은 몸뚱어리는 점점 떨리기 시작한다.

그는 가볍게 몸서리를 쳤다. 그리고 당황한 시선으로 사방을 경계하여 보았다. 아무도 보이지는 않았다. 다시 시선을 돌리어 그 집을 쏘아보며 속으로 궁리하여 보았다. 안에는 확실히 이주사뿐일 게다. 그때까지 걸렸던 싸리문이라든지 또는 울타리에 넌 빨래를 여태 안 걷어들인 것을 보면 어떤 맹세를 두고라도 분명히 이주사 외의 다른 사람은 하나도 없을 것이다.

그는 마음놓고 비를 맞아 가며 그 집으로 달려들었다. 봉당으로 선뜻 뛰어오르며,

"쇠돌 엄마 기슈?"

하고 인기를 내보았다.

물론 당자의 대답은 없었다. 그 대신 그 음성이 나자 안방에서 이주사가 번개같이 머리를 내밀었다. 자기 딴은 꿈밖이란 듯 눈을 두리번두리번하더니 옷 위로 벌거진 춘호 처의 젖가슴, 아랫배, 넓적다리, 발등까지 슬쩍 음충히 훑어보고는 거나한 낮으로 빙그레한다. 그리고 자기도 봉당으로 주춤주춤 나오며,

"쇠돌 엄마 말인가? 왜 지금 막 나갔지. 곧 온댔으니 안방에 좀 들어가 기다렸으면……."

하고 매우 일이 딱한 듯이 어름어름한다.

"이 비에 어딜 갔에유?"

"지금 요 밖에 좀 나갔지, 그러나 곧 올걸……."

"있는 줄 알고 왔는디……."

춘호 처는 이렇게 혼자말로 낙심하며 섭섭한 낮으로 머뭇머뭇하다가 그냥 돌아갈 듯이 봉당 아래로 내려섰다. 이주사를 쳐다보며 물 차는 제비같이 산드러지게,

"그럼 요담에 오겠어유, 안녕히 계시유."

하고 작별의 인사를 올린다.

"지금 곧 온댔는데, 좀 기다리지……."

"담에 또 오지유."

"아닐세, 좀 기다리게. 여보게, 여보게, 이봐!"

춘호 처가 간다는 바람에 이주사는 체면도 모르고 기가 올랐다. 허둥거리며 재간껏 만류하였으나 암만해도 안 될 듯싶다. 춘호 처가 여기에 찾아온 것도 큰 기적이려니와 뇌성벽력에 구석진 곳이것다 이렇게 솔깃한 기회는 두번 다시 못 볼 것이다. 그는 눈이 뒤집히어 입에 물었던 장죽을 쑥 뽑아 방 안으로 치뜨리고는 계집의 허리를 뒤로 다짜고짜 끌어안아서 봉당 위로 끌어올렸다.

계집은 몹시 놀라며,

"왜 이러서유, 이거 노세유."

하고 몸을 뿌리치려고 앙탈을 한다.

"아니 잠깐만."

이주사는 그래도 놓지 않으며 허겁스러운 눈짓으로 계집을 달랜다. 흘러내리는 고의춤을 왼손으로 연신 치우치며 바른팔로는 계집을 잔뜩 움켜잡고 엄두를 못 내어 짤짤매다가 간신히 방 안으로 끙끙 몰아넣었다. 안으로 문고리는 재빠르게 채이었다.

밖에서는 모진 빗방울이 배춧잎에 부딪히는 소리, 바람에 나무 떠는 소리가 요란하다. 가끔 양철통을 내려 굴리는 듯 거푸진 천둥 소리가 방고래를 울리며 날은 점점 침침하였다.

얼마쯤 지난 뒤였다. 이만하면 길이 들었으려니, 안심하고 이주사는 날숨을 후— 하고 돌린다. 실없이 고마운 비 때문에 발악도 못 치고 앙살도 못 피우고 무릎 앞에 고분고분 늘어져 있는 계집을 대견히 바라보며 빙긋이 얼러 보았다. 계집은 온몸에 진땀이 쭉 흐르는 것이 꽤 더운 모양이다. 벽에 걸린 쇠돌 엄마의 적삼을 꺼내어 계집의 몸을 말쑥하게 홀닦기 시작한다. 발끝서부터 얼굴까지…….

"너, 열아홉이라지?"

하고 이주사는 취한 얼굴로 얼근히 물어 보았다.

"니에."

하고 메떨어진 대답. 계집은 이주사 손에 눌리어 일어나도 못 하고 죽은 듯이 가만히 누워 있다.

이주사는 계집의 몸뚱이를 다 씻기고 나서 한숨을 내뿜으며 담배 한 대를 턱 피워 물었다.

"그래, 요새도 서방에게 주리경을 치느냐?"

하고 묻다가 아무 대답도 없으매,

"원 그래서야 어떻게 산단 말이냐, 하루 이틀이 아니고, 사람의 일이란 알 수 있는 거냐? 그러다 혹시 맞아 죽으면 정장 하나 해볼 곳 없는 거야. 허니, 네 명이 아까우면 덮어놓고 민적을 가르는 게 낫겠지."

하고 계집의 신변을 위하여 염려를 마지않다가 번뜻 한 가지 궁금한 것이 있었다.

"너 참, 아이 낳았다 죽었다더구나?"

"니에."

"어디 난 듯이나 싶으냐?"

계집은 얼굴이 홍당무가 되어지며 아무 말 못 하고 고개를 외면하였다.

이주사도 그까짓 것 더 묻지 않았다. 그런데 웬 녀석의 냄새인지 무 생채 썩는 듯한 시크무레한 악취가 불시로 코청을 찌르니 눈살을 찌푸리지 않을 수 없다. 처음에야 그런 줄은 소통 몰랐더니 알고 보니까 비위가 족히 역하였다. 그는 빨고 있던 담배통으로 계집의 배꼽께를 똑똑히 가리키며,

"애, 이 살의 때꼽 좀 봐라. 그래 물이 흔한데 이것 좀 못 씻는단 말이냐?"

하고 모처럼의 기분이 상한 것이 앵하단 듯이 꺼림한 기색으로 혀를 찼다. 하지만 계집이 참다참다 이내 무안에 못 이기어 일어나 치마를 입으려 하니 그는 역정을 벌컥 내었다. 옷을 빼앗아 구석으로 동댕이를 치고는 다시 그 자리에 끌어 앉혔다. 그리고 자기 딸이나 책하듯이 아주 대범하게 꾸짖었다.

"왜 그리 계집이 달망대니? 좀 듬직지가 못하구……."

춘호 처가 그 집을 나선 것은 들어간 지 약 한 시간 만이었다. 비가 여전히 쭉쭉 내린다. 그는 진땀을 있는 대로 흠뻑 쏟고 나왔다. 그러나 의외로 아니 천행으로 오늘 일은 성공이었다. 그는 몸을 솟치며 생긋하였다. 그런 모욕과 수치는 난생 처음 당하는 봉변으로, 지랄 중에도 몹쓸 지랄이었으나 성공은 성공이었다. 복을 받으려면 반드시 고생이 따르는 법이니 이까짓 거야 골백 번 당한대도 남편에게 매나 안 맞고 의좋게 살 수만 있다면 그는 사양치 않을 것이다. 이주사를 하늘같이, 은인같이 여겼다. 남편에게 부쳐 먹을 농토를 줄 테니 자기의 첩이 되라는 그 말도 죄송하였으나 더욱이 돈 이 원을 줄 게니 내일 이맘때 쇠돌네 집으로 넌지시 만나자는 그 말은 무엇보다도 고마웠고 벅찬 짐이나 푼 듯 마음이 홀가분하였다. 다만 애 켜이는 것은 자기의 행실이 만약 남편에게 발각되는 나절에는 대매에 맞아 죽을 것이다. 그는 일변 기뻐하며 일변 애를 태우며 자기 집을 향하여 세차게 쏟아지는 빗속을 가분가분 내리달렸다.

춘호는 아직도 분이 못 풀리어 뿌루퉁하니 홀로 앉았다. 그는 자기의 고향인 인제를 등진 지 벌써 삼 년이 되었다. 해를 이어 흉작에 농작물은 말못되고 따라 빚쟁이들의 위협과 악다구니는 날로 심하였다. 마침내 하릴없이 집 세간살이를 그대로 내버리고 알몸으로 밤도주하였던 것이다. 살기 좋은 곳을 찾는다고 나 어린 아내의 손목을 이끌고 이산 저산을 넘어 표랑하였다. 그러나 우정 찾아든 곳이 고작 이 마을이나 산속은 역시 일반이다. 어느 산골엘 가 호미를 잡아 보아도 정은 조그만치도 안 붙었고, 거기에는 오직 쌀쌀한 불안과 굶주림이 품을 벌려 그를 맞을 뿐이었다. 터무니없다 하여 농토를 안 준다. 일 구멍이 없으매 품을 못 판다. 밥이 없다. 결국에 그는 피폐하여 가는 농민 사이를 감도는 엉뚱한 투기심에 몸이 달떴다. 요사이 며칠 동안을 두고 요 너머 뒷산 속에서 밤마다 큰 노름판이 벌어지는 기미를 알았다. 그는 자기도 한몫 보려고 끼룩거렸으나 좀체로 밑천을 만들 수가 없었다.

이 원! 수나 좋아서 이 이 원이 조화만 잘 한다면 금시 발복이 못 된다고 누가 단언할 수 있으랴! 삼사십 원 따서 동리의 빚이나 대충 가리고 옷 한 벌 지어 입고는 진저리나는 이 산골을 떠나려는 것이 그의 배포였다. 서울로 올라가 아내는 안잠을 재우고 자기는 노동을 하고, 둘이서 다부지게 벌면 안락한 생활을 할 수가 있을 텐데, 이런 산구석에서 굶어죽을 맛이야 없었다. 그래서 젊은 아내에게 돈 좀 해오라니까 요리 매낀 조리 매낀 매만 피하고 곁들어 주지 않으니 그 소행이 여간 괘씸한 것이 아니다.

아내가 물에 빠진 생쥐 꼴을 하고 집으로 달려들자 미처 입도 벌리기 전에 남편은 이를 악물고 주먹뺨을 냅다 붙인다.

"너 이년, 매만 살살 피하고 어디 가 자빠졌다 왔니?"

볼치 한 대를 얻어맞고 아내는 오기가 질리어 벙벙하였다. 그래도 직성이 못 풀리어 남편이 다시 매를 손에 잡으려 하니 아내는 질겁을 하여 살려 달라고 두 손으로 빌며 개신개신 입을 열었다.

"낼 되유…… 낼. 돈, 낼 되유."

하며 돈이 변통됨을 삼가 아뢰는 그의 음성은 절반이 울음이었다.

남편이 반신반의하여 눈을 찌긋하다가,

"낼?"

하고 목청을 돋웠다.

“네, 낼 된다유.”

“꼭 되여?”

“네, 낼 된다유.”

남편은 시골 물정에 능통하니만치 난데없는 돈 이 원이 어디서 어떻게 되는 것까지는 추궁해 물으려 하지 않았다. 그는 적이 안심한 얼굴로 방문턱에 걸터앉으며 담뱃대에 불을 그었다. 그제야 아내도 비로소 마음을 놓고 감자를 삶으러 부엌으로 들어가려 하니 남편이 곁으로 걸어오며 측은한 듯이 말리었다.

“병나, 방에 들어가 어여 옷이나 말리여. 감자는 내 삶을게.”

먹물같이 짙은 밤이 내리었다. 비는 더욱 소리를 치며 앙상한 그들의 방벽을 앞뒤로 울린다. 천장에서 비는 새지 않으나 집 지은 지가 오래 되어 고래가 물러앉다시피 된 방이라 도배를 못 한 방바닥에는 물이 스며들어 귀축축하다. 거기다 거적 두 닢만 덩그렇게 깔아 놓은 것이 그들의 침소였다. 석윳불은 없어 캄캄한 바로 지옥이다. 벼룩은 사방에서 마냥 스멀거린다.

그러나 등걸잠에 익달한 그들은 천연스럽게 나란히 누워 줄기차게 퍼붓는 밤비 소리를 귀담아듣고 있었다. 가난으로 인하여 부부간의 애틋한 정을 모르고 나날이 매질로 불평과 원한 중에서 복대기던 그들도 이 밤에는 불시로 화목하였다. 단지 남의 품에 든 돈 이 원을 꿈꾸어 보고도……

“서울 언제 갈라유.”

남편의 왼팔을 베고 누웠던 아내가 남편을 향하여 응석 비슷이 물어 보았다. 그는 남편에게 서울의 화려한 거리며 후한 인심에 대하여 여러 번 들은 바 있어 일상 안타까운 마음으로 몽상은 하여 보았으나 실지 구경은 못 하였다. 얼른 이 고생을 벗어나 살기 좋은 서울로 가고 싶은 생각이 간절하였다.

“곧 가게 되겠지, 빚만 좀 없어도 가뜬하련만.”

“빚은 낭중 갚더라도 얼핀 갑세다유.”

“염려 없어. 이달 안으로 꼭 가게 될 거니까.”

남편은 썩 쾌히 승낙하였다. 딴은 그는 동리에서 일컬어 주는 질꾼으로 투전장의 가보쯤은 시루에서 콩나물 뽑듯 하는 능수였다. 내일 밤 이 원을 가지고 벼락같이 노름판에 달려가서 있는 돈이란 깡그리 모집어 올 생각을 하니 그는 은근히 기뻤다. 그리고 교묘한 자기의 손재간을 홀로 뽐내었다.

"이번이 서울 처음이지?"

하며 그는 서울 바람 좀 한번 쐬었다고 큰 체를 하며 팔로 아내의 머리를 흔들어 물어 보았다. 성미가 워낙 접접한지라 지금부터 서울 갈 준비를 착착 하고 싶었다. 그가 제일 걱정되는 것은 둠 구석에서 내 자라 먹은 아내를 데리고 가면 서울 사람에게 놀림도 받을 게고 거리끼는 일이 많을 듯싶었다. 그래서 서울 가면 꼭 지켜야 할 필수조건을 아내에게 일일이 설명치 않을 수도 없었다.

첫째, 사투리에 대한 주의부터 시작되었다. 농민이 서울 사람에게, '꼬라리'라는 별명으로 감 잡히는 그 이유는 무엇보다도 사투리에 있을지니 사투리는 쓰지 말며, '합세'를 '하십니까'로, '하게유'를 '하오'로 고치되 말끝을 들지 말지라. 또 거리에서 어릿어릿하는 것은 내가 시골뜨기요 하는 얼뜬 짓이니 갈 길은 재게 가고 볼 눈을 또렷또렷이 볼지라———— 하는 것들이었다. 아내는 그 끔찍한 설교를 귀담아들으며 모기 소리로 '네, 네'를 하였다. 남편은 뒤 시간 가량을 샐 틈 없이 꼼꼼하게 주의를 다져 놓고는 서울의 풍습이며 생활방침 등을 자기의 의견대로 그럴싸하게 이야기하여 오다가 말끝이 어느덧 화장술에까지 이르게 되었다. 시골 여자가 서울에 가서 안잠을 잘 자주면 몇 해 후에는 집까지 얻어 갖는 수가 있는데, 거기에는 얼굴이 예뻐야 한다는 소문을 일찍 들은 바 있어 하는 소리였다.

"그래서 날마다 기름도 바르고, 분도 바르고, 버선도 신고 해서 쥔 마음에 썩 들어야……."

한참 신바람이 올라 주워섬기다가 옆에서 쌔근쌔근 소리가 들리므로 고개를 돌려 보니 아내는 이미 곯아져 잠이 깊었다.

"이런 망할 거, 남 말하는데 자빠져 잔담."

남편은 혼자 중얼거리며 바른팔을 들어 이마 위로 흐트러진 아내의 머리칼을 뒤로 쓰다듬어 넘긴다. 세상에 귀한 것은 자기의 아내! 이 아내가 만약 없었던들 자기는 홀로 어떻게 살 수 있었으려는가! 명색이 남편이며 이날까지 옷 한 벌 변변히 못 해 입히고 고생만 짓시킨 그 죄가 너무나 큰 듯 가슴이 뻐근하였다. 그는 왁살스러운 팔로다 아내의 허리를 꼭 껴안아 가지고 앞으로 바특이 끌어당겼다.

밤새도록 줄기차게 내리던 빗소리가 아침에 이르러서야 겨우 그치고 점심때에는 생기로운 볕까지 들었다. 쿨렁쿨렁 논물 나는 소리는 요란히 들린다. 시내에서 고기 잡는 아이들의 고함이며, 농부들의 희희낙락한 메나리도 기운차게 들린다.

비는 춘호의 근심도 씻어 간 듯 오늘은 그에게도 즐거운 빛이 보였다.

"저녁 제누리 때 되었을걸, 얼른 빗고 가봐----"

그는 갈증이 나서 아내를 대고 재촉하였다.

"아직 멀었어유."

"먼 게 뭐냐, 늦었어."

"뭘!"

아내는 남편의 말대로 벌써부터 머리를 빗고 앉았으나 원체 달포나 아니 가리어 엉큰 머리
가 시간이 꽤 걸렸다. 그는 호랑이 같은 남편과 오래간만에 정다운 정을 바꾸어 보니 근래
에 볼 수 없는 희색이 얼굴에 떠돌았다. 어느 때에는 맥적게 생글생글 웃어도 보았다.

아내가 꼼지락거리는 것이 보기에 퍽으나 갑갑하였다. 남편은 아내 손에서 얼레빗을 쑥 뽑
아 들고는 시원스레 쭉쭉 내려 빗긴다. 다 빗긴 뒤, 옆에 놓은 밥사발의 물을 손바닥에 연
신 칠해 가며 머리에다 번지르하게 발라 놓았다. 그래 놓고 위서부터 머리칼을 재워 가며
맵시 있게 쪽을 딱 찔러 주더니 오늘 아침에 한사코 공을 들여 삼아 놓았던 짚신을 아내의
발에 신기고 주먹으로 자근자근 골을 내주었다.

"인제 가봐!"

하다가,

"바루 곧 와, 응?"

하고 남편은 그 이 원을 고이 받고자 손색 없도록, 실패 없도록 아내를 모양 내어 보냈다.

55

나는 어느 친우의 권유로 봄에 와서 한 여름을 해인사에서 나게 되었다. 경부선을 타고 대구에서 내려 역전에 있는 자동차부에서 해인사행 자동차를 타면 고령(高靈), 야로(冶爐) 등지를 거쳐 약 3시간 만에 홍류동(紅流洞) 동구에서 내리게 된다.

홍류동 입구 우편 석벽(石壁)에는 우리 사상에 유명한 최고운(崔孤雲) 선생의 홍류동 시(詩),

물은 미친 듯이 첩첩이 쌓인 바위를 치며 산을 울리어 狂奔疊石吼重巒[광분첩석후중만]

사람들이 하는 말을 지척에서도 분간하기 어렵네 人語難分咫尺間[인어난분지척간]

시비하는 소리가 귀에 들릴까 늘 두려워 常恐是非聲到耳[상공시비성도이]

흐르는 물길로 산을 완전히 에워싸게 했네 故教流水盡聲山[고교류수진성산]

가 새겨 있고, 좌편 계변(溪邊)에는 고운선생의 농산정(聾山亭)이 있고, 그 앞에는 '고운 선생 둔세지(孤雲先生遯世地)'라 각조(刻彫)한 석비가 있으며, 좌편 높이 고운선생의 사당이 있다.

홍류동은 실로 진외(塵外)의 선경(仙境)이다. 바위와 돌, 돌과 바위의 사이와 사이로 유유히 흘러내려 농산정 앞 높은 석대 위에 떨어지는 웅장한 물소리, 무성한 나무, 흉금을 서늘케 하고 머리를 가볍게 한다.

가지고 온 짐을 지우고 그 뒤를 따라 지팡이를 동무 삼아 5리나 되는 계곡을 끼고 어치렁어치렁 걸어가니 연일 지루하게 내리던 비가 개이매 봄 하늘은 맑다 뿐이랴. 가지마다 푸릇푸릇 싹이 돋고 풀냄새가 향긋이 뿜어 들어온다. 산회수영수영산회(山回水縈水縈山回)이다. 물구비마다 수려(水麗) 아닌 곳이 없고 산 모롱이마다 산명(山明) 아닌 곳이 없다. 산이 진(盡)하였는가 하면 다시 산이요, 수(水)가 궁(窮)하였는가 하면 다시 물이다. 물이 많을수록 싫지 않으며 산모롱이가 거듭할수록 가고 싶다.

어느덧 옥류정에 이르렀다. 이 정자는 환경(幻鏡) 법사가 건립한 것이라 한다. 정각(亭閣) 내외에는 내외국 명사의 현판이 다수 걸렸다. 거기 올라 잠깐 쉰 다음에 다시 나와 사자문(獅子門)을 거쳐 삼림 사이로 들어서 꼬부랑꼬부랑한 길을 따라 숨을 몰아 쉬어 언덕을 올라 서니 산 중에 제일 보기 싫은 함석지붕 하나가 나타난다. 이것이 해인사 지정 여관 홍도여관이다. 방 하나를 청구하여 행장을 풀고 나서 여관 1, 2층을 돌아다니며 구경하니 도회지에서도 볼 수 없을 만치 설비가 되어 있으며 만원 될 때는 2, 3백씩 수용하고 있다 한다. 반찬이며 그 외 대우가 놀라웠다. 피곤한 일야(一夜)를 지내고 아침 산책으로 해인사를 찾아갔다. 홍랑문을 들어서니 괴걸(魁傑)한 고(古) 범궁(梵宮)이 수풀 간에 은영(隱映)하고 있다. 이것이 해인사이다.

조선 불교계에 4대 명사(名寺)가 있으니 영취산(靈鷲山) 질찰(佚刹) 통도사(通度寺), 조계산(曹溪山) 승찰(僧刹) 송광사(松廣寺), 금정산(金井山) 선찰(禪刹) 범어사(梵魚寺), 가야산(伽倻山) 법찰(法刹) 해인사가 시(是)이다. 그 중 해인사는 명찰일 뿐 아니라 법지종가(法之宗家)요, 세계적으로 자랑하는 중보(重寶)인 고려장경판 팔만대장경을 봉안하고 있는 대장경각이 있다.

해인사 창건(刱建)된 유래의 전설은 이러하다. 서역 인도 고승 제납(提納) 박행존자(博幸尊者) 지공(指空) 선사께서 당토(唐土 : 당나라)에서 불법을 선포하여 교화 중생하시었는데, 이 지공 선사가 일찍 조선 전국을 편답(偏踏 : 편력)강산 하실 때 가야산 해인사지(址)를 지나시다가 장차 이곳에 범찰(梵刹)이 건립되리니 해인사로 명명되어 법계에 대복 전지(大福田地)가 될 것이라 하시고 해인사 창건 시 사용키 위하여 철와(鐵瓦) 3천 개를 주조하여 못에다 매치(埋置)하여 두었다 한다. 그 후 즉, 신라 제40대 애장왕 당시, 거금 1200년 전에 신라 고승 화엄종주 의상(義湘)조사의 법(法) 증손인 순응(順應), 이정(利貞) 양 대사가 당토(唐土)로 지공선사를 친관(親觀)하기 위하여 수륙 수만 리를 도보로 입당할 새 벌써 선사께서는 열반에 드신 지 오랜지라. 그 유골을 탑 중에 모시었으니 선사께서 열반에 드실 임시 제자께 유언을 남겨 말씀하시기를, "오(吾) 열반 후 조선서 순응, 이정 두 사미(沙彌라는 것은 인도 말이니 한역하면 息慈[식자]이다. 즉 息惡慈行[식악자행]의 뜻이니 20세 미만된 젊은 승려를 칭함)가 올 터이니 오거든 이 유서를 전하여라"[라는] 그 유촉이 계시었는데, 과연 그 유촉과 같이 순응, 이정이 도착하매 제자는 선사의 유언을 말하고 유서를 전하니 이에 순응, 이정 양사는 유서만으로서 만족치 않고, "범부(凡夫)를 벗어나신 선사의 법신경상(法身境上)에야 생사거래(生死去來)에 따르지 않으시고 상주불멸(常住不滅)하시리니 우리의 지극한 정성으로서의 탑 중에 계시는 선사 법신을 친근하리라."하고 드디어 양사는 탑전에 합장 궤좌(跪坐 : 꿇어 앉다)하여 입정(入定), 7일 7야간(夜間) 불음불식(不飮不食)으로 용맹 정진하니, 7주야(晝夜) 만에 탑문이 스스로 열리어 불한불열(不寒不熱)한 반야장(般若藏) 중에 광명으로 장엄하시고 사자좌상(獅子座上)에 결초질좌(結草趺坐)하신 선사의 형체가 나타나

거수초지(擧手招之)하사 입래(入來)를 허하시니 양사가 환희 용약(踊躍)하여 입거순례(入去順禮)하니 선사께서, "그대들의 정성이 이와 같이 장하냐"고 매우 칭찬하신 후 다시금 전자 유서를 갱시(更示)하사 해인사의 창건을 지시하시고 감로차(甘露茶)를 양사에게 시여(施與)하니, 양사 음필(飮畢)에 7주 7야간 불음불식에 말랐던 형체가 즉시에 회복되어서 선사께 배사(拜謝)하고 출정(出庭)하니, 선사의 제자 등이 약료(藥料)를 준비하여 [주니] 양사는 선사께 주신 감로차로써 심신이 쾌활하여 원기왕성한지라, 약료의 불필요를 말하니 그 제자 등이 더욱더욱 경앙(敬仰)을 마지 아니하여 칭송하였다.

 그 길로 양사는 유서의 지시를 좇아 조선으로 나와서 가야산으로 들어와 토굴(방금 극락전 후변에 양사 토굴 기지가 현존함)을 정하고 입정 유희(入定遊戲)로 시기 도래를 기다리니 양사의 입정 중에는 이상한 광채가 양사 두상으로부터 방사하여 허공에 뻗쳐서 만력(萬力)의 엄연을 표시하였다고 한다.

 때마침 애장왕 왕비께서 중환 중에 계셔 천하 명의를 초빙하여 진찰하되 그 효과를 볼 수 없어 궁중이 우울에 싸였더니 어떤 학자의 진언으로 '이 중환은 도인(道人)의 힘을 가자(假藉)치 않으면 도저히 완쾌치 못하리니 도인을 찾아서 왕비의 중환을 다스리소서' 하매 왕께서 그 말을 종(從)하여 팔도에 금부도사를 명하여 도인을 찾게 하니 금부도사 칙명을 받들어 가야산 하(下) 20리 허(許)에 월광리(月光里, 이곳은 현재도 월광리이며 자동차로 해인사로 들어오면 야로서 10리쯤 되는 지점에 바로 月光樹[월광수]라고 새긴 다리가 있고 그 다리에서 건너편 노다(野田) 중에 古塔[고탑]이 있으니 이것이 옛날 월광태자께서 월광사를 지으시고 공부하시던 곳이다)에 이르매 난데없는 여우 한 마리가 나타나서 앞 길을 인도하는지라. 금부도사가 그 여우 뒤를 따라가서 가야산 숲속으로 들어서니 홍류동 9곡을 거쳐 산명수려의 신비한 선경을 당도하니 여우는 간 곳 없고 금부도사만 홀로 남아 사면을 살펴보았다(이 여우 없어진 곳을 여우바위 거리라 하여 아직도 그 옛날의 자취가 남아 있다) 그래서 그때 금부도사가 생각하기를 '아마 이곳에 도인이 있으므로 신명(神明)이 지시함이라' 하고 기뻐하여 사면을 살피다가 어떤 한 초부(樵夫)를 만나서 이곳에 도인이 없느냐고 물으니 그 초부 대답하기를, "이 위에 도인이 둘이 앉아서 공부합디다" 하는지라. 금부도사는 반가워 그 장소를 가보니 순응, 이정 양대사가 입정하여 공부하고 있는데 상서(祥瑞)의 광명이 두상으로부터 허공에 방사하니 엄연한 기품에 자연 위압을 느끼어 저두(底頭) 경례하고 왕명을 전달하여 왕궁까지 가서 왕비의 간병(看病)을 간청하니, 양대사는 왕궁까지 갈 것 없다 하고 전자 입당시에 지공선사께서 유서와 동시에 받아온 오색사(당사실)를 내어주며 이 실의 한 끝으로는 왕비의 팔목에 매고 한 끝으로는 궁전 앞에 고목이 있을 터이니 그 고목에 매어두면 왕비의 병환이 완쾌하리라 하거늘 금부도사가 왕궁에 돌아와서 그 말대로 왕께 주달하고 양대사의 분부대로 시행하니 이상하게도 왕비의 병균이 그 오색사를 타서 궁전 앞 큰 고목으로 옮기매 그 고목은 그 자리에서 말라죽는 동시에 왕비의 중환은 즉시 완쾌되셨다. 그리하여 애장왕께서는 크게 기뻐하사 친히 가야산으로 행행(行幸)하시와 순응, 이정 양대사의 소원을 물은 즉, 이때 양대사는 지공선사의 유서에 의하여 이곳에 범찰을 건립하여, 법계에 무상대복전지(無上大福田地)가 되게 하소서 하니 왕이 대희(大喜)하사 허지(許之)하시고 범찰을 세워 해인사라 액(額)을 달았다.

'해인(海印)' 2자의 문구는 화엄경 중에 '해인삼매(海印三昧)'에서 나온 문구이니 순응대사가 신라 고승인 화엄종주의 의상조사의 법손(法孫)인 까닭에 화엄종찰(華嚴宗刹)로 된 것이다. 초창 당시에 대중은 천여 명의 승려가 지주(止住)하였고 그 후 고려 왕건 태조의 왕사이신 희랑조사(希郎祖師)가 이 해인사에서 나셨으니 왕건 태조가 신라의 뒤를 이어 고려 통일을 도(圖)할 제, 백제로 더불어 성주(星州)에서 크게 싸우다가 왕건이 패하여 해인사로 들어와서 희랑 조사를 친근(親勤)하고 법력으로써 고려 통일의 대업을 성취케 하여 달라고 간청하니 희랑 조사께서 응낙하시고 화엄신중단(華嚴神衆壇)에 분향 고축(告祝)하매 화엄신장 용적대신(華嚴神將勇敵大神)이 화엄성중(聖衆) 탱화(幀畵)에서 목전에 몸을 나투어(나타내어) 허공에 화검(火劍) 휘둘러서 백제를 위협하니 백제군이 그 위광에 눌리어 물러갔다 한다.

이 인연으로 왕건이 희랑 조사께 귀의하여 왕사(王師)로 삼으시고 전(田) 5백 결지(結只[계척], 今[금] 町步[정보]와 如[여]함)를 해인사에 헌납하는 동시에 인근 각 군수에게 명하여 해인사를 수호케 하였으며 이조에 이르러 이태조께서 고려장경을 강화도로부터 해인사에다 이안(移安)하고 법지종가(法之宗家)로 되었다.

일주문(一柱門), 천왕문(天王門) 해탈문(解脫門)을 들어서니 범종각(梵鐘閣)이 있고 동서 명미(東西冥迷)한 전각(殿閣), 요사(寮舍)가 즐비하게 보인다. 정중(庭中)에 3탑이 있으니 개산(開山) 당시 건립한 신라 미술품 중의 하나로 탑 중 구존금불(九尊金佛)이 봉안하여 있다.

대적광전(大寂光殿)

정면으로 대적광선이 보이니 본전은 화엄종의 본존(本尊)이요, 비로자나불을 봉안한 본당으로 개산 이래 6백여 년간 비로전(毘盧殿)이라고 칭하였으나 성종(成宗)때 학조(學祖)대사 중창 후 대적광전이라고 개칭하였다. 당내에 들어가 정숙히 3배를 하고 돌아보니 방미간(放眉間) 백호상광(白毫相光)하사 조미방(照末方) 만팔천세계(萬八千世界)하사 미불주편(靡不周遍)하시는 비로자나불 석가모니불 관세음보살이며, 고색 찬연한 탱화(원문은 泰畵), 조석(朝夕)으로 목탁소리를 듣고 있는 수 백 개의 위패, 머리를 숙이지 않을 수 없다. 당(堂) 출입구로 나서면 신축한 노전(爐殿)이 보이고 그 옆으로는 높직이 장경각이 보인다.

이것은 매 동(每棟) 30칸으로 된 상하 2대 동의 거하(巨廈 : 큰집)이다. 상하 2동 60칸에는 국간 경판(國刊經版), 우 양동(右兩棟) 4칸에는 사간(寺刊) 경판을 봉안하여 있다. 소위 세계 30종 장판(藏版)중 성가(聲價)가 높은 것은 고려장판이다. 그 체재의 굉실(宏實)과 교정(校正)의 엄밀과 부질(部秩)의 완비는 세계 장판 중 제1위를 점한 무비(無比)의 보물이다. 국간판과 사간판이 있어 국간판은 고려 제33주 고종 24년 정유에 시역(始役)하여 이태조 무인 7년에 본사(本寺)로 이장하였다. 사간판은 고려 중엽에 주조(雕造) 법화(法華), 능엄(楞嚴) 제경과 조선시대 주조한 사분율(四分律) 등 판이 있다.

국간판수 81,258매(枚)
사간판수 4,745매
합(合) 86,003매
국간경부수 1,512부
사간경부수 59부
합 1,571부
국간권수 6,791권
사간권수 355권
합 7,146권

귀중고물(貴重古物)

역사 깊은 해인사라 귀중한 고물이 다수이었던 건 물론인데 누차 화재로 인하여 요행히 유존(遺存)한 것을 대정 8년(1919년)에 비로소 수집하여 장치한 것인데 그중 상탑(象塔) 향로는 신라 개산 당시 유물지(之) 최고 역사를 말하고 그 미술적 가치는 전문 학자로 하여금 놀라게 한다. 그 외에 옥으로 만든 조화(造花), 김홍도(金弘道)그림 병풍 백복수수병(白福壽繡屛), 화조

수병(花鳥繡屏) 등은 수만 원 가격에 달한다고 장삼을 입은 중이 긴 막대기로 가리키며 엄숙히 설명을 하고 있다. 듣는 사람들의 마음은 일시에 통일이 되어 감탄함을 마지 않는다. 하루에 몇 번씩 열고 닫는 기물장(器物藏)이건마는 다시 아니 열듯이 큰 자물쇠로 덜컥 닫고 또 큰 문을 덜컥 닫을 때 어쩐지 모르게 쓸쓸함을 느꼈다.

 명부전(冥府殿), 응진전(應眞殿), 구선전(九先殿), 심검당(尋劍堂), 궁현당(窮玄堂)을 보니 거기에는 추레한 장삼을 입은 노장들이 힘없이 앉아서 나무아비타불 관세음 보살을 부르며 징을 울리고 북을 치고 있다. 사운당(四雲堂) 즉 종무소(宗務所)에는 책상을 앞두고 의자에 걸터앉은 직원들이 사무를 보고 있다. 씨레한 명월당(明月堂) 즉 강습소에는 5, 60명 되는 아동이 와글와글 한다. 교사 1인이 복식 교수를 하고 있었다. 퇴설당(堆雪堂) 즉, 선방(禪房)에는 마침 참선 시기이라, 누렇게 뜬 중, 말갛게 밝은 중, 노랗게 꽃이 핀 중, 늙은 중, 젊은 중, 뚱뚱한 중, 빼빼 마른 중, 무릎을 꿇고 벽을 향하여 눈을 말뚱말뚱 뜬 자, 꾸벅꾸벅 졸고 있는 자, 대체 선방이란 곳은 교주(敎主) 석가모니의 정법안장(正法眼藏)을 마하가섭(摩訶迦葉)에게 전하여 대대로 계계상승하여 서역의 제28대조 달마대사(達摩大師)에게 이르러서 이 정법안장을 당토에서 전할 때 불법은 이심(以心)으로 직지인심(直指人心)하여 견성성불(見性成佛)이라 부르짖었고 그의 골수를 당나라 제2대조인 혜가대사(惠可大師)에게 전하였으며 승 찬도(燦道), 신호인(信弘忍)으로 역전(歷傳)하여 당토 제6대조 혜능(惠能)대사에 이르러서 문하에 무수 도인을 낸 것이 즉 선가의 임제종(臨濟宗), 조동종(曹洞宗), 설문종(雪門宗), 위앙종(僞仰宗), 법안종(法眼宗)의 5종 가풍이 벌어지게 되었다.

 현금 일본 내지의 불교계에는 이 선종 중에 5종 가풍이 그대로 현전하여 있는 것 같아 방금 명사(名寺) 촌찰(寸刹)의 선방이라는 곳에서 이 석가모니의 정계통인 정법안장을 투득(透得 : 막힘이 없이 환하게 깨달음)하기에 수행하고 있다. 이 정법안장을 투득하는 날이면 범부(凡夫)의 형체로서 성현의 역(域)에 드는 날이며, 불법 묘리를 통달하여 인천 삼계(人天三界)에 대도사가 되는 것이다. 그러면 졸고 앉아 있는 것만이 참선함인가? 눈만 멀뚱멀뚱 뜨고 앉았는 것이 참선인가? 어(語)인가? 묵(默)인가? 동(動)인가? 정(靜)인가? 정도 아니며 동도 아니며 어도 아니며 묵도 아니며 조는 것도 아니며 성성(醒醒)히 눈만 멀뚱멀뚱하고 앉은 것도 아니다. 비동비정(非動非靜)이면서 즉동즉정(卽動卽靜)이며, 비어비묵(非語非默)이면서 즉어즉묵(卽語卽默)이라 하니, 그러면 동이 아니면서 곧 동이며 정이 아니면서 곧 정이며, 어도 아니면서 곧 어이며 묵도 아니면서 곧 묵일지니 과연 묘(妙)하며 불가사의한 것이다. 말로써 말할 수 없고 형용으로써 형용할 수 없는 이 경계를 가자(假藉)하여 선(禪)이라고 하는 것이니 선이란 심행처(心行處)가 멸하고 언어도(言語道)가 단(斷)함이니 이 선의 묘리를 투득하면 즉시 정법안장이 이시별물(以是別物)일까. 촌보도 옮기지 않고 곧 그곳에서 체험하여 맛보는 것이다. 이 선의 묘리를 투득하기 위하여 고인이 참구(參究)하는 결과라, 방편을 베풀었으니 조정(祖庭) 문하에 소위 1700공안(公案)이 있어 선의 묘리를 참구하여 일체 번뇌, 망상, 분별을 쉬고 정신의 통일을 단련하여 가는 화두(話頭)라는 것이다. 이 선을 참구하는 참남(參南)이란 것은 조만(早晩)이 없으며 남녀노소 없어서 누구든지 대신근(大信根)과 대의단(大疑團)과 대분용(大奮勇)으로 정진한다면 순목지간(瞬目之間)에 이 묘리에 도달할 수 있으며, 추호의 차위(差違)로서 혹은 무량겁(無量劫)을 지내어도 투득치 못하나니 승려에게 참선이 없었던들 승려될 아무 흥미가 없었을 것이다.

암자(庵子)구경

 아침 밥 후에 근처 암자 구경을 나섰다.
 극락전은 성종 19년 무신(서기 1488), 거금 448년 전 계진공(戒眞公)의 중건(重建) 영각(影閣)이요, 주벽(主壁)에는 부휴(浮休) 대사의 영정을 봉안하고 전(殿) 남으로 석정(石井)이 유(有)함은 신라 애장왕의 어용수(御用水)요, 동방에 농음천의금(濃陰川衣襟)을 녹염(綠染)함은 종루기봉야(鐘樓奇峰也)라 한다.
 거기서 나와서 북으로 뚫린 좁은 길로 조금 내려가 도랑을 건너 한참 올라간다. 올라가다가 숨을 쉬고 숨을 쉬어 올라가니 낭떠러지에 조그마한 기와집 암자가 있다. 이것이 희랑 조사가 기도하던 희랑대(希朗臺)이다. 대 뒤에는 천년이나 된 보기 좋은 소나무가 있어 일견(一見)에 남화(南畵)의 격을 이루고 있다. 산신각을 둘러보고 나와 다시 올라가 바위 위에 앉아 일망(一望)하니 해인사 전경(全景)이 보인다. 우리 일행 11인 중에는 쾌활하기로 유명한 여사와 법사가 있다. 뒤에서 누가 "C시님, 시조 하나 하십쇼"하니 K가 "시님, 그거요 그거 말이에요" 일동은 와 웃었다. 그리고 모두 한 마디씩 "시님, 그거요 그거" 한즉 C스님은 점잖이 "내가 할 줄 아오"하고 기어히 아니하고 말았다. 그럴 동안에 참선처로 유명한 백련암(白蓮菴)에 다다랐다. 이 암자는 서산(西山 : 서산대사) 문인 소암(昭菴) 대사가 창건한 후 송운(松雲) 대사, 일헌(一軒), 공수(功需), 여찬(如贊), 쌍휘(雙暉) 등이며 획광(獲光), 도봉(道峰), 월파(月波) 제씨가 유공(有功)하다 한다.

우리 일행은 조당 누각(祖堂樓閣)에서 진미(珍味)에 불공 밥을 먹고 좌담이 일어났다. 때마침 구미에 갔다 온 사람이 3인이다. 들거니 놓거니 유럽 풍속 이야기가 난다. 매우 흥미 있는 이야기였다. 잡담 중에는 해인사 말사(末寺) 중 어느 절에는 변소가 세 길이나 된다고 하여 어느 분이 그 변소에 갈 때 는 만일을 염려하여 허리에 새끼를 매고 가야겠다고 한즉 일동은 와하고 웃 었다. 그 외에 여러 가지 우스운 이야기가 많아 자못 유쾌하였다. 흐르는 때 는 우리에게 더 시간을 주지 못하고 황혼이 되어 왔다. 우리 일동은 백련암 감원(監院)에게 후의를 사(謝)하고 내려오며 두어 군데 쉬며 좌담 잘 하시는 환경 법사의 해인사 민요(民謠)에 대한 설명 이야기가 있었다. 가던 길을 돌 처와 중로에서 산산히 나눠진 후 여관에 돌아와서 저녁을 먹으니 유쾌한 맛 이 음식에까지 나탄나다. 오늘 들은 우스운 이야기를 혼자 드러누워 웃으면 서 하루를 지냈다.

이튿날은 큰 절 서북편에 있는 영자전(影子殿)을 찾았다. 이 암자의 일명(一 名)은 홍제암(弘濟菴)이라고 하는데 350년 전에 선조 대왕께서 창건하셨는데 사명대사가 강화 전권대사로 일본내지를 다녀와서 일체 작위를 나라에 환상 (還上)하고 해인사에서 수도하다가 임종하겠다는 원에 의하여 선조께서 특히 사명대사에게 홍제존자(弘濟尊者)의 시호를 내리시고 홍제암을 건설하신 것 인데 그 후 서산(西山), 사명, 기허(奇虛) 3화상(和尙)의 영자(影子)를 모시었 기 때문에 영자전이라고 하는 것이다.

건물의 구조는 현재 조선 목공으로서는 도저히 상상하기 어려운 것이라 하 여 각처에서 목공이 와서 도본(圖本)을 그려가는 일이 많다고 한다. 유화(油 畵)의 재료로도 훌륭하다. 이 암자 주인공으로 계신 환경 스님의 재미있는 좌담(坐談)을 듣고 나니 11시 절 점심 때라, 더 듣고 싶은 이야기를 못다 듣 고 돌아와 점심을 먹었다. 그러고 나서 여관 동북에 있는 국일암(國一菴)을 찾아갔다. 건설 연대는 모르겠으나 상당히 고건물이다. 사람도 그리 없는 듯 하여 쓸쓸하였다. 정문 앞에는 고목의 괴목이 있어 역시 유화 재료로 훌륭하 였다. 그 앞으로 조금 내려오면 5, 6호(戶)의 토굴이 있고 조그마한 암자가 있으니 이것이 여승방 약수암(藥水菴)이다. 약수암은 건설된 지 40여 년이 요, 정원에 약수가 있음으로 약수암이라고 한다. 여승이 30여 명이 있어 공 동 밀소(密所 : 벌집) 모양으로 다 각각 방 한 칸, 부엌 한 칸씩 차지하고 자 치생활을 한다. 원래 가난한 살림들이라 그 절용(節用) 절식(節食)이란 말할 수 없으며 양식이 떨어지면 동냥을 나가서 전전 푼푼이 모아가지고 들어와 겨우 연명을 하고 산다. 해인사에는 여승방이 둘이 있으니 약수암 외에 삼선 암(三仙菴)이 있다. 이 암자 건설은 45, 6년 되었다 하며 삼선(三仙)이 내려와 암자 뜰에 있는 바위 위에서 바둑을 두었다고 하여 삼선암이라고 한다. 계곡가에 있어 물소리 적이 한가하며 조그만큼씩한 신중들이 이방 저방에서 들락날락하는 것을 볼 때 한편으로 생각하면 신선하고 한편으로 생각하면 처량도 하였다.

대선암(大善菴)을 찾았다. 이 암자는 2, 3년 된 새 건물 경색 좋은 높직한 곳에 청아하게 있는데 청소년시에 화류계에서 놀던 부인이 크게 깨달은 바 있어 한적한 곳에서 수도하며 여생을 보내려고 사유재산으로 사후(死後) 사중(寺中) 건물로 될 이 집을 가지고 있다. 부인의 능한 수완으로 어여쁘고 능한 기술을 가진 부인들을 끌어 여름 한 철이면 해인사에 꽃이 피고 만다. 그 길로 올라가기 자못 숨이 찬 높직이 있는 원당(願堂)으로 올라갔다. 여기에는 인물 명물인 96세 된 임 상궁(林尙宮) 마마가 계시고 여기 감원 스님으로 계신 노장님은 유자 생녀(有子生女)하고 오복이 구존한 분으로 자녀들이 눈물로 붙잡음에도 불구하고 떼치고 나와 수도하는 분이었다. 이 당은 신라 제40대 애장왕이 해인사를 창건하고 이어 3년 간 여기 계셔서 복을 빌었다 하여 애장왕의 기복지(祈福地)라 한다. 그 외에 보지 못한 곳이 청량암(淸凉菴)이나 멀어서 가지 못하였다.

명소로는 봉천대(奉天臺), 회선대(會仙臺), 첩석대(疊石臺), 제월담(霽月潭), 책옥포(嘖玉瀑), 완재암(完在岩), 광풍뢰(光風瀨), 음풍뢰(吟風瀨), 자조암(泚肇岩), 취적봉(翠積峰), 칠성대(七星臺), 무릉교(武陵橋), 수화천(滲花川), 갱멱원(更覓源), 그 외 여름 한철 서늘한 그늘을 만들어 주는 고목 느티나무 있는 학생대(學生臺), 놀기 좋은 불이정(不二亭), 수박, 참외 물에 담궈놓고 닭찜 하고, 돼지고기 굽고, 갖은 나물에 점심을 해다가 신선이 바둑을 두던 너른 바위 위에서 수십 인의 우인으로 더불어 발을 벗고 윗통을 벗어 젖히고 젓가락, 숟가락을 치우고 물에 씻어 가며 손가락으로 집어 먹는 일종의 원시 만찬회를 하고 사계에 전문가들이 노랫가락, 육자배기, 시조, 춘향가, "좋다 좋다"소리에 슬슬 넘어가고 이어 덩실덩실 춤을 춘다. "노세 젊어서 놀아 늙고 병들면 못 노나니 좋다 얼씨구나 절씨구" 조선 춤, 양(洋)춤, 일동은 한데 어우러져 춤을 춘다. 여기가 놀기 좋은 자하동(紫霞洞)이다.

가야산(伽倻山) 상봉(上峰) 행

우리 일행 10인은 점심을 한짐 해지우고 아침 일찍이 나섰다. 풀이 우거진 좁은 길로 가다가 길을 잃고 방황도 하고 노래도 부르고 한다. K여사의 떠들썩하는 소리로 떠들썩하다.

　가야산은 옛적 가라(伽羅) 연방의 요부(要部)로서 가라를 전음(轉音)하여 불교적으로 변칭한 것이다. 혹은 우두산(牛頭山), 중왕산(衆王山), 지항산(只恒山), 영산(靈山)이라고도 한다. 차(此) 산은 대덕산(大德山)의 기맥(岐脈)으로서 성주(星州), 고령(高靈), 거창(居昌), 합천(陜川) 4군 사이에 반용(盤聳)하여 산고(山高) 해발 4,719척이요, 면적이 3,328정보로 천연의 오엽송(五葉松), 적송(赤松), 단풍, 활엽수 등이 울창하고 기암괴석이 용립하여 명쾌기려(明快奇麗)한 산이다. 전면으로는 남산 제1봉이 중중(重重) 포위하고 있다. 특히 상봉 우비정(牛鼻井)과 백운성(白雲城) 하 관음석상은 탐승객의 목적지가 되어 있다. 얼음 깨다가 사이다 담궈 먹고 우비정 물로 상추쌈을 싸서 먹으니 그 진미 말할 수 없으며 먹고 난 후 다 각기 바위 위에 걸터앉아 목침돌이(여러 사람이 목침을 돌려 차례에 당한 사람이 옛이야기나 노래 따위를 하며 즐기는 놀이) 창가를 하니 개미허리가 되다시피 웃었다. 여름 해도 얼마 안 남아 돌아오는 길에 풀이 우거진 칠불암(七佛菴) 터를 찾았다. 이곳에는 1900년 전에 김수로왕의 8왕자 중 1왕자는 태자를 봉하고 7왕자가 여기에 와서 견성(見性) 득도하고 그 후 하동(河東) 쌍계사(雙溪寺 : 원문은 赫溪寺[혁계사])에서 결과(結果)하셨다 하니 쌍계사(雙溪寺) 칠불암이 7왕자의 결과한 곳이라 한다. 친척들이 보러오면 다 큰 절 즉, 해인사 앞에 영지(影池)가 있으니 7왕자가 이 영지에 비치어 보였다는 전설이 있다.

　우리 일행은 칠불암에 높이 올라 앉은 자, 우거진 수풀을 헤치고 옛날 그들의 기거하던 자리를 찾아보기도 하고 혹 우물을 찾아 물을 받아먹는 자, 기부를 거두어 절을 짓자는 등 의논이 자자하다. 다리를 질질 끌고 오는 자, 나는 선생에게 지팡이 한 끝을 쥐이고 끌려오니 우스운 소리 잘하는 Y가 "거기다 눈만 감았으면 되었소" 하여 일동은 웃었다. 여관에 돌아오니 해는 저물었고 왕복 40리 걸은 다리는 촌보를 옮길 수 없다. 저녁도 먹을락 말락 두고 몸살을 하였다.

불사(佛事)

　부처님 일을 불사(佛事)라 하나니 탄생 불사(4월 8일), 백종(百種 : 百中) 불사(7월 15일, 목련존자가 그 어머니를 지옥에서 극락세계로 천도한 날), 성도(成道 : 원문은 成過[성과]) 불사(12월 8일), 열반 불사(2월 12일)이니 그 중 4월 8일 불사를 성대히 거행한다. 해인사에서는 3월 그믐께쯤 되면 해인사에서 약 3마장 되는 데 땅을 몇 평씩 사서 전방을 차리나니 이 노점(露店)은 한 20여 호 되어 각처에서 갖은 각색 물건을 가져올 뿐 아니라 노점마다 새악씨의 노래 소리가 울려나오고 장구 소리가 울려 나온다. 큰 절 작은 절 중들, 여관객들, 저녁 후의 산책으로 적이 위안이 된다. 초하룻날부터 사람이 점점 많아져서 4월 7, 8일 간은 여관은 물론 만원이요 집집마다 방마루가 터져나간다. 4월 8일날은 수십만 명의 참배자가 오고가고 인산인해를 이룬다. 한번 볼 만한 경절(慶節)이다. 지금은 장경각 불사가 있으니 조선총독이 만원을 내서 팔만대장경을 복사하여 만주국 황제에게 헌상하는 것이다. 가야산 해인사라고 쓴 정문에 '금단방(禁斷傍)'이라고 크게 써붙이고 장경각 안에는 23조로 나누어 복사, 검열이 있고 총독부에서 내려온 기수(技手)들과 도감(都監)은 이것을 감독하고 있다. 2개월 넘어 동안 한다. 이 불사는 그 규모가 클 뿐 아니라 일화(日貨) 1원, 3원씩 받는 중, 속인들은 큰 벌이가 될 뿐, 한가하던 중들도 매일 8시간씩의 노동으로 바쁘지 않을 수 없고 생산능력이 없던 중들은 주머니 속에 돈소리가 나게 되어 어느 방면으로 생각하든지 대사(大事)라고 아니 볼 수 없다. 나도 몇 부인들과 동행하여 구경을 간 일이 있는데 한번 볼 만하였다. 이 불사가 끝나면 성대한 공양이 있고 염불이 있으리라고 한다.

토굴(土窟)생활

 해인사 경내에는 인가가 60여 호 있는데 이것을 토굴이라고 하여 중들은 크게 구별한다. 대개는 중들의 처가속들의 집이오, 그 외에는 속인의 집이다. 논마지기나 있든지 종무소(宗務所)에 사무원으로 월급이나 타든지 하면 근근이 생활을 유지하나 그렇지 않으면 중들의 삯바느질로 삯빨래로, 그 생활상태가 말이 아니다. 그러나 당국에서는 이 토굴을 정리시키라 한다.

종소리

 황혼의 종소리, 새벽 종소리, 우거진 숲 사이로 은은히 멀리 들려올 때 자연 머리가 숙여지고 새벽 잠이 깨인다. 무심하다. 저 종소리 어찌 그리 처량한지 내 수심을 돕는도다. 부지불각중에 밀레의 「만종(晩鐘)」 생각이 아니 날 수 없다. 임시로 불공 있을 때는 예외거니와 정기로는 매일 3차 예불이 있으니 이때마다 사방 큰 절, 작은 절에서는 땡땡 종을 울린다. 즉 오전 4시 아침 예불, 오전 11시 오정 예불, 오후 6시 저녁 예불이 있어 부처님 앞에는 가사장삼을 입은 부전 스님, 감원 스님이 목탁을 치며 능엄주천수(楞嚴呪千手) 다라니로 염불을 하고 이어 공양을 한다. 그 반찬이란 마늘도 안 넣은

김치의 푸른 채소뿐이다. 그러므로 그들의 얼굴은 맑은 빛이 도나 영양부족
으로 힘을 못 쓴다.

여관 생활

나는 해인사 지정 여관 홍도(紅濤 : 원문은 紀濤) 여관에 일객이 되었다. 이
여관은 해인사 내에 없지 못할 편리를 주는 유일무이한 여관으로 도회지에
서 보기 쉽지 못하게 설비가 구비하여 있다. 나는 일찍이 구미만유시 요세미
티 산중 여관에서 1주일 간 지내 본 일이 있는지라 자연 연상치 않을 수 없
다. 그 요세미티 여관은 전부 인도식 건물과 장치이었다. 집과 장식품만 보
아도 산중 생활에 싫증이 아니 날 만치 된데다 갖은 오락기관이며 댄스회,
경마회가 있어 한 시라도 심심한 때가 없나니 경마회란 것은 말을 조그만
나무로 만든 것을 각색으로 모자를 쓴 객중(客中) 미인들이 한 중년 부인이
번호를 부르면 말을 옮겨 놓는 것이다. 그러면 박수로 야단이요, 이기는 말
편 사람들은 돈을 타느라고 야단들이다. 이뿐 아니라 어여쁘고 젊은 미인들
은 여기저기서 불러내어 볼 만하다. 이러한 구경을 옛날에 한 나는 산중에
들어오니 더욱 회상이 되고 옛날이 그리워진다. 이런 여관은 언제나 그런 여
관과 같이 되나 싶다. 매일 3, 40명씩은 떠날 새 없고 산중이라 물론 봄과
겨울은 세월 없을 것이요 여름 피서로, 가을 단풍 구경으로 몇만 명씩 출입
이 있다. 더욱이 10여 명의 월박(月泊) 손님이 있을 때는 보기에도 눈살이
찌푸려질 만치 마루 끝에는 화로에 약탕관이 열을 지어 죽 늘어 놓였고 객
중에는 아직 펄펄 뛸만한 청년의 얼굴이 노랑꽃이 피고 기운이 척 늘어져
느른한 자로 자리를 펴고 늘 드러누운 자, 그 중에는 혈기 왕성하여 단조로
운 생활에 조바심을 치는 자, 어떻게 놀면 잘 놀까 하여 산중 암자마다 계곡
골짜기마다 매일 다니는 자, 3일에 한 번씩은 2층 오락실에서 이 장난꾼들
이 모여 정종을 마시고 비어(맥주)를 마신 끝에 밥주발 뚜껑을 놋젓가락으로
두드리며 장구를 치고 손뼉을 치고 발을 굴러 춤을 추다가 맨발로 마당까지
내려가 경둥경둥 뛴다. 나 외 몇 여자는 구경꾼이다. 이러므로 여관은 분잡
함과 식가(食價)가 비싼 관계상 조용히 수양하러 오는 사람들은 암자로 가고
더욱 묘령 여자들은 일부러 피하여 승방으로 간다. 실로 누구든지 여행을 오
면 기뻐서 잠이 아니 오는 듯하여 밤중까지 새벽부터 떠들어 옆 방 사람까
지 잠을 못 자게 한다. 하여간 홍도여관은 해인사로는 없지 못할 곳이요, 여
객의 피로한 다리를 쉬게 하고 곤한 몸을 잠들게 하는 천당이요 극락이다.

승려 생활

　해인사 재적 승려가 남 398인이요. 여 100인이다. 승려 생활이란 것은 진세를 벗어난 소위 물외(物外) 생활이나 단합과 규율로써 그 주(主)를 삼는 것이요, 승려는 즉 승가(僧珈)이며 승가는 곧 화합의 의(意)다. 생 부동(生不同), 성 부동(姓不同)의 각인 각씨(各氏)로서 세속 진애(塵埃)를 벗어나서 할애 사친(割愛捨親)하고, 출가 위승(出家爲僧)하여 입산 수도하는 이들의 일상 생활이 즉 승려생활이다.

　차등(此等) 각인 각씨가 입산 수도하여 혁범 성성(革凡成聖)을 목표로 도량(道場, 寺院[사원])에 투신하는 날이면 진세 애욕을 멀리 하고 불법 도량에서 길리우는 청풍납자(淸風納子)의 몸이 되나니 불타의 무상도법(無上道法)을 위하여 그들의 생활이 계속됨에 이화위주(以和爲主)하여 불분시비(不分是非)하여 이법위회(以法爲會)하여 호상부조(互相扶助)하니 이것이 곧 청렴탁생(淸兼度生)의 물외적(物外的) 화합법인 동시에 승려 생활의 근본적 주간(主幹)이 되는 것이다.

　승려 생활의 대강은 이러하거니와 그 생활질서를 유지하는 세칙의 청규법(淸規法) 내용에 있어서는 일반 사회, 대중 단체 생활에 비추어 훨씬 초월할 뿐, 그 발달된 규정은 전반적으로 사회 단체의 규범이 되는 점이 불소(不少)함이니 승려의 그날그날의 생활 일과를 소개하려면 승려라면 총칭이 되려니와 승려 중에도 개인 개인의 위인(爲人)의 자격에 따라 각 계단이 있다.

　불교 전체에 있어서는 선종(禪宗), 교종(敎宗)으로 분(分)하여 있으니 선종이란 것은 소위 사교입선(捨敎入禪)이라 하여 불타의 교리를 문자상을 통해서 그 일람해석(一覽解釋)한 후에 다시금 실제에 들어가 진리를 체득하는 즉, 이문자(離文字) 외에 실제 진여지리(眞如之理)를 체험하여 대오(大悟) 철저(徹底)를 목표하는 참선인을 말함이요, 교종이란 것은 불타의 일대(一代) 시교(時敎, 經典[경전]) 중 어느 것이든지 다 경전이면 교종에 속하나니 강사 혹은 승려로서 어느 경전이든지 전문으로 지송(持誦)하는 이는 통칭 교종(敎宗)이라 한다. 사원에서는 선종인과 교종인을 이판인(理判人), 사판인(事判人)이라 하니 즉 선종은 이판이요, 교종은 사판이라 구별한다. 그리하여 이 선교 양종을 통하여 각자 위인의 자격 여하에 따라서 대선사(大禪師), 대교사(大敎師), 선사, 대덕(大德), 중덕(中德), 대선(大禪), 사미(沙彌) 등의 계단이 있으며 이러한 자격을 양성함에는 각기 세칙의 청규법에 의하여 교양하고 있다.

　먼저 선종의 일상생활을 들어 간략히 말하면 그들의 생활은 모든 것이 규율적이다. 1년 12개월을 통하여 각찰(各刹) 선원에서는 결제(結制), 해제법(解制法)이 있어 하안거(夏安居) 동안거법(冬安居法)이 있다. 구(舊) 4월 15일부터 결제하여 7월 15일에 해제하니 그간 3개월 간은 전심 참선하니 이를 하안거라 하고, 10월 15일부터 결제하여 1월 15일에 해제하니 그간 3개월을 동안거라 한다. 안거 중 일상생활이란 매일 오전 3시면 필히 기침(起寢)하여 일제히 노소 없이 법당에 모여 불전에 향화를 사르고 예식을 마친 후 6시까지 면벽 관심(面壁觀心)하여 참선을 하고, 아침 공양을 하고(조반), 8시부터 10시까지, 오후도 역시 1시부터 3시까지, 6시부터 9시까지 참선을 하여, 이와 같이 대중 수십 명이 동일 규율 하에서 이와 같이 구순 안거(九旬安居)를 종료하는 날이 해제일이고 그 해제 후 다음 결제일까지 3개월 동안은 고행을 닦기 위하여 동거하던 선객(禪客)들이 각자 걸망(鉢囊 : 원문대로, 바랑)을 짊어지고 타처로 옮겨 도처선(到處線)을 따라 고행을 닦되 혹은 성읍(城邑) 부락에도 지나며 혹은 명산 대찰과 이름난 성지를 찾아서 신심을 맑히기도 하여 고행 중에서도 항상 도 닦는 것을 잊지 아니하고 화두를 참구(參究)하다가 결제일이 도래하면 여전히 각처의 선원으로 입방(入榜, 즉 名目[명목]을 드리는 것)하여 다시금 참선 공부를 시작하게 되는 것이다. 교종인의 생활은 보통 기침은 5시이고 기침 후 법당에 모여서 예식을 마친 다음에 각자 지송하는 경전을 외우고 6시 30분 경이면 조반을 먹는다. 조반 후는 각자 임무를 좇아서 종일 일과를 하게 되는데 그중 불법 중 대승경전을 연구하는 학인들은 조반 후 약간 휴게한 후에 타종(打鐘) 집합하여 논강을 시작하니 논강이라는 것은 일종의 경전을 연구하는 것인데 학인이 3인이면 3인, 4인이면 4인이 1일간 연구하기 위하여 과정을 정하되 불경 책장 수를 동일히 정하여 그날 일과로서 종일 각자 견해를 좇아서 연구한 것을 그 익일 조반 후에 논강하게 되나니 각기 견해가 동일할 때에는 아무 이동(異同)이 없지마는 만일 각기 연구한 견해가 다를 경우에는 조실(朝室, 선생) 화상에로 가서 판결을 하는 것이다. 이리하여 일대 시교를 연구하는 가운데서 대제사(大諸師), 대법사(大法師), 포교사(布敎師)가 생겨나는 것이다. 삼계 대성(三界大聖)인 석가모니의 법도량에서 청정(淸靜)한 몸으로 길들이는 승려 생활이란 참으로 신성한 가운데서 인천(人天)의 대법기(大法器)를 이루는 곳으로서 가히 부러워 아니할 수 없다.

현진건
<빈처>

1

"그것이 어째 없을까?"

아내가 장문을 열고 무엇을 찾더니 입안말로 중얼거린다.

"무엇이 없어?"

나는 우두커니 책상머리에 앉아서 책장만 뒤적뒤적하다가 물어 보았다.

"모본단 저고리가 하나 남았는데……."

"……"

나는 그만 묵묵하였다. 아내가 그것을 찾아 무엇 하려는 것을 앎이라. 오늘 밤에 옆집 할멈을 시켜 잡히려 하는 것이다.

이 2년 동안에 돈 한 푼 나는 데는 없고 그대로 주리면 시장할 줄 알아 기구(器具)와 의복을 전당국 창고(典當局倉庫)에 들이밀거나 고물상 한구석에 세워 두고 돈을 얻어 오는 수밖에 없었다. 지금 아내가 하나 남은 모본단 저고리를 찾는 것도 아침거리를 장만하려 함이라.

나는 입맛을 쩍쩍 다시고 폈던 책을 덮으며 후 - 한숨을 내쉬었다.

봄은 벌써 반이나 지났건마는 이슬을 실은 듯한 밤기운이 방구석으로부터 슬금슬금 기어나와 사람에게 안기고 비가 오는 까닭인지 밤은 아직 깊지 않건만 인적조차 끊어지고 온 천지가 빈 듯이 고요한데 투닥투닥 떨어지는 빗소리가 한없는 구슬픈 생각을 자아낸다.

"빌어먹을 것 되는 대로 되어라."

나는 점점 견딜 수 없어 두 손으로 흩어진 머리카락을 쓰다듬어 올리며 중얼거려 보았다. 이 말이 더욱 처량한 생각을 일으킨다. 나는 또 한번,

"후 -" 한숨을 내쉬며 왼팔을 베고 책상에 쓰러지며 눈을 감았다.

이 순간에 오늘 지낸 일이 불현듯 생각이 난다.

늦게야 점심을 마치고 내가 막 궐련[卷煙] 한 개를 피워 물 적에 한성은행(漢城銀行) 다니는 T가 공일이라고 놀러 왔었다.

친척은 다 멀지 않게 살아도 가난한 꼴을 보이기도 싫고 찾아갈 적마다 무엇을 뀌어 내라고 조르지도 아니하였건만 행여나 무슨 구차한 소리를 할까 봐서 미리 방패막이를 하고 눈살을 찌푸리는 듯하여 나는 발을 끊고 따라서 찾아오는 이도 없었다. 다만 이 T는 촌수가 가까운 까닭인지 자주 우리를 방문하였다.

그는 성실하고 공순하며 소소한 소사(小事)에 슬퍼하고 기뻐하는 인물이

70

었다. 동년배(同年輩)인 우리 둘은 늘 친척간에 비교(比較) 거리가 되었었다. 그리고 나의 평판이 항상 좋지 못했다.

"T는 돈을 알고 위인이 진실해서 그 애는 돈푼이나 모을 것이야! 그러나 K(내 이름)는 아무짝에도 못 쓸 놈이야. 그 잘난 언문(諺文) 섞어서 무어라고 끄적거려 놓고 제 주제에 무슨 조선에 유명한 문학가가 된다니! 시러베아들놈!"

이것이 그네들의 평판이었다. 내가 문학인지 무엇인지 하는 소리가 까닭 없이 그네들의 비위에 틀린 것이다. 더군다나 나는 그네들의 생일이나 혹은 대사(大事) 때에 돈 한푼 이렇다는 일이 없고 T는 소위 착실히 돈벌이를 하여 가지고 국수밥소래나 보조를 하는 까닭이다.

"얼마 아니 되어 T는 잘살 것이고 K는 거지가 될 것이니 두고 보아!"

오촌 당숙은 이런 말씀까지 하였다 한다. 입 밖에는 아니 내어도 친부모 친형제까지라도 심중(心中)으로는 다 이렇게 생각할 것이다. 그래도 부모는 달라서 화가 나시면, "네가 그리하다가는 말경(末境)에 비렁뱅이가 되고 말 것이야" 라고 꾸중은 하셔도, "사람이란 늦복 모르느리라" "그런 사람은 또 그렇게 되느니라" 하시는 것이 스스로 위로하는 말씀이고 또 며느리를 위로하는 말씀이었다. 이것을 보아도 하는 수 없는 놈이라고 단념(斷念)을 하시면서 그래도 잘되기를 바라시고 축원하시는 것을 알겠더라.

여하간 이만하면 T의 사람됨을 가히 알 수가 있다. 그러고 그가 우리집에 올 것 같으면 지어서 쾌활하게 웃으며 힘써 자미스러운 이야기를 하였다. 단둘이 고적(孤寂)하게 그날그날을 보내는 우리에게는 더할 수 없이 반가웠었다.

오늘도 그가 활발하게 집에 쑥 들어오더니 신문지에 싼 기름한 것을 '이것 봐라' 하는 듯이 마루 위에 올려놓고 분주히 구두끈을 끄른다.

"이것은 무엇인가!"

나는 물어 보았다.

"저 – 제 처의 양산(洋傘)이야요. 쓰던 것이 벌써 다 낡았고 또 살이 부러졌다나요."

그는 구두를 벗고 마루에 올라서며 나오는 웃음을 참지 못하여 벙글벙글하면서 대답을 한다. 그는 나의 아내를 보며 돌연히,

"아주머니 좀 구경하시렵니까?"

하더니 싼 종이와 집을 벗기고 양산을 펴 보인다. 흰 비단 바탕에 두어 가지 매화를 수놓은 양산이었다.

"검정이는 좋은 것이 많아도 너무 칙칙해 보이고…… 회색이나 누렁이는 하나도 그것이야 싶은 것이 없어서 이것을 산걸요."

그는 '이것보다 더 좋은 것을 살 수가 있나' 하는 뜻을 보이려고 애를 쓰며 이런 발명까지 한다.
"이것도 퍽 좋은데요."
이런 칭찬을 하면서 양산을 펴 들고 이리저리 홀린 듯이 들여다보고 있는 아내의 눈에는, '나도 이런 것을 하나 가졌으면' 하는 생각이 역력(歷歷)히 보인다.
나는 갑자기 불쾌한 생각이 와락 일어나서 방으로 들어오며 아내의 양산 보는 양을 빙그레 웃고 바라보고 있는 T에게,
"여보게, 방에 들어오게그려, 우리 이야기나 하세."
T는 따라 들어와 물가폭등에 대한 이야기며 자기의 월급이 오른 이야기며 주권(株券)을 몇 주 사두었더니 꽤 이익이 남았다든가 이번 각 은행 사무원 경기회(競技會)에서 자기가 우월한 성적을 얻었다든가 이런 것 저런 것 한참 이야기하다가 돌아갔었다.
T를 보내고 책상을 향하여 짓던 소설의 결미(結尾)를 생각하고 있을 즈음에,
"여보!"
아내의 떠는 목소리가 바로 내 귀 곁에서 들린다. 핏기 없는 얼굴에 살짝 붉은빛이 돌며 어느결에 내 곁에 바싹 다가 앉았더라.
"당신도 살 도리를 좀 하셔요."
"……"
나는 또 '시작하는구나' 하는 생각이 번개같이 머리에 번쩍이며 불쾌한 생각이 벌컥 일어난다. 그러나 무어라고 대답 할 말이 없이 묵묵히 있었다.
"우리도 남과 같이 살아 보아야지요!"
아내가 T의 양산에 단단히 자극(刺戟)을 받은 것이다. 예술가의 처 노릇을 하려는 독특(獨特)한 결심이 있는 그는 좀처럼 이런 소리를 입 밖에 내지 아니하였다. 그러나 무엇에 상당한 자극만 받으면 참고 참았던 이런 소리를 하게 되는 것이다. 나도 이런 소리를 들을 적마다 '그럴 만도 하다' 는 동정심이 없지 아니하나 심사가 어쩐지 좋지 못하였다. 이번에도 '그럴 만도 하다' 는 동정심이 없지 아니하되 또한 불쾌한 생각을 억제키 어려웠다. 잠깐 있다가 불쾌한 빛을 드러내며,

"급작스럽게 살 도리를 하라면 어찌할 수가 있소. 차차 될 때가 있겠지!"
"아이구, 차차란 말씀 그만두구려, 어느 천년에……."
아내의 얼굴에 붉은빛이 짙어지며 전에 없던 흥분한 어조로 이런 말까지 하였다. 자세히 보니 두 눈에 은은히 눈물이 괴었더라.
나는 잠시 멍멍하게 있었다. 성낸 불길이 치받쳐 올라온다. 나는 참을 수 없다.
"막벌이꾼한테 시집을 갈 것이지 누가 내게 시집을 오랬어! 저 따위가 예술가의 처가 다 뭐야!"
사나운 어조로 몰풍스럽게 소리를 꽥 질렀다.
"에그……!"
살짝 얼굴빛이 변해지며 어이없이 나를 보더니 고개가 점점 수그러지며 한 방울 두 방울 방울방울 눈물이 장판 위에 떨어진다.
나는 이런 일을 가슴에 그리며 그래도 내일 아침거리를 장만하려고 옷을 찾는 아내의 심중을 생각해 보니, 말할 수 없는 슬픈 생각이 가을 바람과 같이 설렁설렁 심골(心骨)을 분지르는 것 같다.
쓸쓸한 빗소리는 굵었다 가늘었다 의연(依然)히 적적한 밤공기에 더욱 처량히 들리고 그을음 앉은 등피(燈皮) 속에서 비추는 불빛은 구름에 가린 달빛처럼 우는 듯 조는 듯 구차(苟且)히 얻어 산 몇 권 양책(洋冊)의 표제(表題) 금자가 번쩍거린다.

2

장 앞에 초연히 서 있던 아내가 무엇이 생각났는지 고개를 끄덕끄덕하며 들릴 듯 말 듯 목 안의 소리로,
"으흐…… 옳지 참 그날……."
"찾았소!"
"아니야요, 벌써…… 저 인천(仁川) 사시는 형님이 오셨던 날……."
"……."
아내가 애써 찾던 그것도 벌써 전당포의 고운 먼지가 앉았구나! 종지 하나라도 차근차근 아랑곳하는 아내가 그것을 잡혔는지 아니 잡혔는지 모르는 것을 보면 빈곤(貧困)이 얼마나 그의 정신을 물어뜯었는지 가히 알겠다.
"……."

"……"

한참 동안 서로 아무 말이 없었다. 가슴이 어째 답답해지며 누구하고 싸움이나 좀 해보았으면 소리껏 고함이나 질러 보았으면 실컷 울어 보았으면 하는 일종 이상한 감정이 부글부글 피어 오르며, 전신에 이가 스멀스멀 기어다니는 듯 옷이 어째 몸에 끼여 견딜 수가 없다.

나는 이런 감정을 노골적으로 드러내며,

"점점 구차한 살림에 싫증이 나서 못 견디겠지?"

아내는 무엇을 생각하는지 모르게 정신을 잃고 섰다가 그 게슴츠레한 눈이 둥그래지며,

"네에? 어째서요?"

"무얼 그렇지!"

"싫은 생각은 조금도 없어요."

이렇게 말이 오락가락함을 따라 나는 흥분의 도(度)가 점점 짙어 간다. 그래서 아내가 떨리는 소리로,

"어째 그런 줄 아셔요?"

하고 반문할 적에,

"나를 숙맥(菽麥)으로 알우?"

라고, 격렬(激烈)하게 소리를 높였다.

아내는 살짝 분한 빛이 눈에 비치어 물끄러미 나를 들여다본다. 나는 괘씸하다는 듯이 흘겨보며,

"그러면 그걸 모를까! 오늘날까지 잘 참아 오더니 인제는 점점 기색이 달라지는걸 뭐! 물론 그럴 만도 하지마는!"

이런 말을 하는 내 가슴에는 지난 일이 활동사진 모양으로 얼른얼른 나타난다.

육 년 전에(그때 나는 십육세이고 저는 십팔 세였다) 우리가 결혼한 지 얼마 아니 되어 지식에 목마른 나는 지식의 바닷물을 얻어 마시려고 표연히 집을 떠났었다. 광풍(狂風)에 나부끼는 버들잎 모양으로 오늘은 지나(支那) 내일은 일본으로 굴러다니다가 금전의 탓으로 지식의 바닷물도 흠씬 마셔 보지도 못하고 반거들충이가 되어 집에 돌아오고 말았다. 내게 시집 올 때에는 방글방글 피려는 꽃봉오리 같던 아내가 어느결에 기울어 가는 꽃처럼 두 뺨에 선연(鮮妍)한 빛이 스러지고 이마에는 벌써 두어 금 가는 줄이 그리어졌다.

처가덕으로 집간도 장만하고 세간도 얻어 우리는 소위 살림을 하게 되었다. 처음에는 그럭저럭 지내었지마는 한푼 나는 데 없는 살림이라 한 달

가고 두 달 갈수록 점점 곤란해질 따름이었다. 나는 보수(報酬) 없는 독서와 가치 없는 창작으로 해가 지고 날이 새며 쌀이 있는지 나무가 있는지 망연케 몰랐다. 그래도 때때로 맛있는 반찬이 상에 오르고 입은 옷이 과히 추하지 아니함은 전혀 아내의 힘이었다. 전들 무슨 벌이가 있으리요, 부끄럼을 무릅쓰고 친가에 가서 눈치를 보아 가며 구차한 소리를 하여 가지고 얻어 온 것이었다. 그것도 한번 두번 말이지 장구한 세월에 어찌 늘 그럴 수가 있으랴! 말경에는 아내가 가져온 세간과 의복에 손을 대는 수밖에 없었다. 잡히고 파는 것도 나는 알은체도 아니 하였다. 그가 애를 쓰며 통명스러운 옆집 할멈에게 돈푼을 주고 시켰었다.

이런 고생을 하면서도 그는 나의 성공만 마음속으로 깊이깊이 믿고 빌었었다. 어느 때에는 내가 무엇을 짓다가 마음에 맞지 아니하여 쓰던 것을 집어던지고 화를 낼 적에,

"왜 마음을 조급하게 잡수셔요! 저는 꼭 당신의 이름이 세상에 빛날 날이 있을 줄 믿어요. 우리가 이렇게 고생을 하는 것이 장래에 잘 될 근본이야요."

하고 그는 스스로 흥분되어 눈물을 흘리며 나를 위로한 적도 있었다.

내가 외국으로 돌아다닐 때에 소위 신풍조(新風潮)에 띄어 까닭 없이 구식 여자가 싫어졌다. 그래서 나의 일찍이 장가 든 것을 매우 후회하였다. 어떤 남학생과 어떤 여학생이 서로 연애를 주고받고 한다는 이야기를 들을 적마다 공연히 가슴이 뛰놀며 부럽기도 하고 비감(悲感)스럽기도 하였었다.

그러나 낫살이 들어갈수록 그런 생각도 없어지고 집에 돌아와 아내를 겪어 보니 의외에 그에게 따뜻한 맛과 순결한 맛을 발견하였다. 그의 사랑이야말로 이기적 사랑이 아니고 헌신적(獻身的) 사랑이었다. 이런 줄을 점점 깨닫게 될 때에 내 마음이 얼마나 행복스러웠으랴! 밤이 깊도록 다듬이를 하다가 그만 옷 입은 채로 쓰러져 곤하게 자는 그의 파리한 얼굴을 들여다보며,

"아아, 나에게 위안을 주고 원조를 주는 천사여!"

하고 감격이 극하여 눈물을 흘린 일도 있었다.

내가 알다시피 내가 별로 천품은 없으나 어쨌든 무슨 저작가(著作家)로 몸을 세워 보았으면 하여 나날이 창작과 독서에 전심력을 바쳤다. 물론 아직 남에게 인정(認定)될 가치는 없는 것이다. 그 영향으로 자연 일상생활이 말유(末由)하게 되었다.

이런 곤란에 그는 근 이 년 견디어 왔건마는 나의 하는 일은 오히려 아무

보람이 없고 방 안에 놓였던 세간이 줄어 가고 장농에 찼던 옷이 거의 다 없어졌을 뿐이다.

 그 결과 그다지 견딜성 있던 저도 요사이 와서는 때때로 쓸데없는 탄식을 하게 되었다. 손잡이를 잡고 마루 끝에 우두커니 서서 하염없이 먼산만 바라보기도 하며 바느질을 하다 말고 실심(失心)한 사람 모양으로 멍멍히 앉았기도 하였다. 창경(窓鏡)으로 비치는 어스름한 햇빛에 나는 흔히 그의 눈물 머금은 근심 있는 눈을 발견하였다. 이럴 때에는 말할 수 없는 쓸쓸한 생각이 들며 일없이,

 "마누라!"

하고 부르면 그는 몸을 흠칫 하고 고개를 저리로 돌리어 치맛자락으로 눈물을 씻으며,

 "네에?"

하고 울음에 떨리는 가는 대답을 한다. 나는 등에 찬물을 끼얹는 듯 몸이 으쓱해지며 처량한 생각이 싸늘하게 가슴에 흘렀었다. 그렇지 않아도 자비(自卑)하기 쉬운 마음이 더욱 심해지며,

 '내가 무자격한 탓이다.'

하고 스스로 멸시를 하고 나니 더욱 견딜 수 없다.

 '그럴 만도 하다.'

는 동정심이 없지 아니하되 그래도 그만 불쾌한 생각이 일어나며,

 '계집이란 할 수 없어.'

혼자 이런 불평을 중얼거리었다.

 환등(幻燈) 모양으로 하나씩 둘씩 이런 일이 가슴에 나타나니 무어라고 말할 용기조차 없어졌다. 나의 유일의 신앙자(信仰者)이고 위로자이던 저까지 인제는 나를 아니 믿게 되고 말았다.

그는 마음속으로,

 '네가 육 년 동안 내 살을 깎고 저미었구나! 이 원수야!'

할 것이다. 이렇게 생각하매 그의 불 같던 사랑까지 엷어져 가는 것 같았다. 아니 흔적도 없이 사라지고 만 것 같았다. 나는 감상적으로 허둥허둥하며,

 "낸들 마누라를 고생시키고 싶어 시켰겠소! 비단옷도 해주고 싶고 좋은 양산도 사주고 싶어요! 그러길래 왼종일 쉬지 않고 공부를 아니 하우. 남 보기에는 편편히 노는 것 같아도 실상은 그렇지 안해! 본들 모른단 말이요."

 나는 점점 강한 가면(假面)을 벗고 약한 진상(眞相)을 드러내며 이와 같

은 가소로운 변명까지 하였다.

"왼 세상 사람이 다 나를 비소(誹笑)하고 모욕하여도 상관이 없지만 마누라까지 나를 아니 믿어 주면 어찌한단 말이요."

내 말에 스스로 자극이 되어 마침내,

"아아."

길이 탄식을 하고 그만 쓰러졌다. 이 순간에 고개를 숙이고 아마 하염없이 입술만 물어뜯고 있던 아내가 홀연,

"여보!"

울음 소리를 떨면서 무너지는 듯이 내 얼굴에 쓰러진다.

"용서……."

하고는 북받쳐 나오는 울음에 말이 막히고 불덩이 같은 두 뺨이 내 얼굴을 누르며 흑흑 느끼어 운다. 그의 두 눈으로 부터 샘솟듯 하는 눈물이 제 뺨과 내 뺨 사이를 따뜻하게 젖어 퍼진다.

내 눈에서도 눈물이 흘러내린다. 뒤숭숭하던 생각이 다 이 뜨거운 눈물에 봄눈 슬듯 스러지고 말았다.

한참 있다가 우리는 눈물을 씻었다. 내 속이 얼마큼 시원한 듯하였다.

"용서하여 주셔요! 그렇게 생각하실 줄은 몰랐어요."

이런 말을 하는 아내는 눈물에 불어오른 눈꺼풀을 아픈 듯이 꿈적거린다.

"암만 구차하기로니 싫증이야 날까요! 나는 한번 먹은 마음이 있는데……."

가만가만히 변명을 하는 아내의 눈물 흔적이 어룽어룽한 얼굴을 물끄러미 바라보며 겨우 심신이 가뜬하였다.

3

어제 일로 심신이 피곤하였던지 그 이튿날 늦게야 잠을 깨니 간밤에 오던 비는 어느결에 그치었고 명랑한 햇발이 미닫이에 높았더라. 아내가 다시금 장문을 열고 잡힐 것을 찾을 즈음에 누가 중문을 열고 들어온다. 우리는 누군가 하고 귀를 기울일 적에 밖에서,

"아씨!"

하는 소리가 들렸다.

아내는 급히 방문을 열고 나갔다. 그는 처가에서 부리는 할멈이었다. 오늘이 장인 생신이라고 어서 오라는 말을 전한다.

"오늘이야! 참 옳지, 오늘이 이월 열엿샛날이지, 나는 깜빡 잊었어!"

"원 아씨는 딱도 하십니다. 어쩌면 아버님 생신을 잊으신단 말씀이요. 아무리 살림이 자미가나시더래도……."

시큰둥한 할멈은 선웃음을 쳐가며 이런 소리를 한다.

가난한 살림에 골몰하느라고 자기 친부의 생신까지 잊었는가 하매 아내의 정지(情地)가 더욱 측은하였다.

"오늘이 본가 아버님 생신이라요. 어서 오시라는데……."

"어서 가구려……."

"당신도 가셔야지요. 우리 같이 가셔요."

하고 아내는 하염없이 얼굴을 붉힌다.

나는 처가에 가기가 매우 싫었었다. 그러나 아니 가는 것도 내 도리가 아닐 듯하여 하는 수 없이 두루마기를 입었다.

아내는 머뭇머뭇하며 양미간을 보일 듯 말 듯 찡그리다가 곁눈으로 살짝 나를 엿보더니 돌아서서 급히 장문을 연다.

'흥, 입을 옷이 없어서 망설거리는구나' 나도 슬쩍 돌아서며 생각하였다. 우리는 서로 등지고 섰건만 그래도 아내가 거의 다 빈 장 안을 들여다보며 입을 만한 옷이 없어 눈살을 찌푸린 양이 눈앞에 선연함을 어찌할 수가 없었다.

"자아, 가셔요."

무엇을 생각는지 모르게 정신을 잃고 섰다가 아내의 부르는 소리를 듣고 나는 기계적으로 고개를 돌리었다. 아내는 당목옷을 갈아입고 내 마음을 알았던지 나를 위로하는 듯이 방그레 웃는다. 나는 더욱 쓸쓸하였다.

우리집은 천변 배다리 곁에 있고 처가는 안국동에 있어 그 거리가 꽤 멀었다. 나는 천천히 가느라고 가고 아내는 속히 오느라고 오건마는 그는 늘 뒤떨어졌었다. 내가 한참 가다가 뒤를 돌아보면 그는 늘 멀리 떨어져 나를 따라오려고 애를 쓰며 주춤주춤 걸어온다. 길가에 다니는 어느 여자를 보아도 거의 다 비단옷을 입고 고운 신을 신었는데 아내만 당목옷을 허술하게 차리고 청목당혜로 타박타박 걸어오는 양이 나에게 얼마나 애연(哀然)한 생각을 일으켰는지!

한참 만에 나는 넓고 높은 처가 대문에 다다랐다. 내가 안으로 들어갈 적에 낯선 사람들이 나를 흘끔흘끔 본다. 그들의 눈에,

'이 사람이 누구인가. 아마 이 집 하인인가 보다.'

하는 경멸히 여기는 빛이 있는 것 같았다. 안 대청 가까이 들어오니 모두 내게 분분히 인사를 한다. 그 인사하는 소리가 내 귀에는 어째 비소하는 것 같기도 하고 모욕하는 것 같기도 하여 공연히 가슴이 두근거리고 얼굴

이 후끈거리었다.

 그 중에 제일 내게 친숙하게 인사하는 사람이 있다. 그는 아내보다 삼 년 맏이인 처형이었다. 내가 어려서 장가를 들었으므로 그때 그는 나를 못 견디게 시달렸다. 그때는 그가 싫기도 하고 밉기도 하더니 지금 와서는 그때 그러한 것이 도리어 우리를 무관하고 정답게 만들었다. 그는 인천 사는데 자기 남편이 기미(期米)를 하여 가지고 이번에 돈 십만원이나 착실히 땄다 한다. 그는 자기의 잘사는 것을 자랑하고자 함인지 비단을 내리감고 치감고 얼굴에 부유한 태(態)가 질질 흐른다. 그러나 분으로 숨기려고 애쓴 보람도 없이 눈 위에 퍼렇게 멍든 것이 내 눈에 띄었다.

 "왜 마누라는 어쩌고 혼자 오셔요!"

 그는 웃으며 이런 말을 하다가 중문편을 바라보더니,

 "그러면 그렇지! 동부인 아니하고 오실라구!"

혼자 주고받고 한다.

 나도 이 말을 듣고 슬쩍 돌아다보니 아내가 벌써 중문 안에 들어섰더라. 그 수척한 얼굴이 더욱 수척해 보이며 눈물 괸 듯한 눈이 하염없이 웃는다. 나는 유심히 그와 아내를 번갈아 보았다. 처음 보는 사람은 분간을 못 하리만큼 그들의 얼굴은 혹사(酷似)하다. 그런데 얼굴빛은 어쩌면 저렇게 틀리는지! 하나는 이글이글 만발한 꽃 같고 하나는 시들시들 마른 낙엽 같다. 아내를 형이라 하고, 처형을 아우라 하였으면 아무라도 속을 것이다. 또 한번 아내를 보며 말할 수 없는 쓸쓸한 생각이 다시금 가슴을 누른다.

 딴 음식은 별로 먹지도 아니하고 못 먹는 술을 넉 잔이나 마시었다. 그래도 바늘방석에 앉은 것처럼 앉아 견딜 수가 없다. 집에 가려고 나는 몸을 일으켰다. 골치가 띵 하며 내가 선 방바닥이 마치 폭풍에 도도(滔滔)하는 파도같이 높았다 낮았다 어질어질해서 곧 쓰러질 것 같다. 이 거동을 보고 장모가 황망(慌忙)히 일어서며,

 "술이 저렇게 취해 가지고 어데로 갈라구. 여기서 한잠 자고 가게."

 나는 손을 내저으며,

 "아니에요. 집에 가겠어요."

 취한 소리로 중얼거리었다.

 "저를 어쩌나!"

 장모는 걱정을 하시더니,

 "할멈! 어서 인력거 한 채 불러오게."

한다.

 취중에도 인력거를 태우지 말고 그 인력거 삯을 나를 주었으면 책 한 권

을 사보련만 하는 생각이 있었다. 인력거를 타고 얼마 아니 가서 그만 잠이 들고 말았다.

한참 자다가 잠을 깨어 보니 방 안에 벌써 남폿불이 키었는데 아내는 어느결에 왔는지 외로이 앉아 바느질을 하고 화로에서는 무엇이 끓는 소리가 보글보글하였다. 아내가 나의 잠 깬 것을 보더니 급히 화로에 얹은 것을 만져 보며,

"인제 그만 일어나 진지를 잡수셔요."

하고 부리나케 일어나 아랫목에 파묻어 둔 밥그릇을 꺼내어 미리 차려 둔 상에 얹어서 내 앞에 갖다 놓고 일변 화로를 당기어 더운 반찬을 집어 얹으며,

"자아 어서 일어나셔요."

나는 마지못하여 하는 듯이 부시시 일어났다. 머리가 오히려 아프며 목이 몹시 말라서 국과 물을 연해 들이켰다.

"물만 잡수셔서 어째요. 진지를 좀 잡수셔야지."

아내는 이런 근심을 하며 밥상머리에 앉아서 고기도 뜯어 주고 생선 뼈도 추려 주었다. 이것은 다 오늘 처가에서 가져 온 것이다. 나는 맛나게 밥 한 그릇을 다 먹었다. 내 밥상이 나매 아내가 밥을 먹기 시작한다. 그러면 지금껏 내 잠 깨기를 기다리고 밥을 먹지 아니하였구나 하고 오늘 처가에서 본 일을 생각하였다. 어제 일이 있은 후로 우리 사이에 무슨 벽이 생긴 듯하던 것이 그 벽이 점점 엷어져 가는 듯하며 가엾고 사랑스러운 생각이 일어났었다. 그래서 우리는 정답게 이런 이야기 저런 이야기를 하게 되었다. 우리의 이야기는 오늘 장인 생신 잔치로부터 처형 눈 위에 멍든 것에 옮겨 갔다.

처형의 남편이 이번 그 돈을 딴 뒤로는 주야 요리점과 기생집에 돌아다니더니 일전에 어떤 기생을 얻어 가지고 미쳐 날뛰며 집에만 들면 집안 사람을 들볶고 걸핏하면 처형을 친다 한다. 이번에도 별로 대단치 않은 일에 처형에게 밥상으로 냅다 갈겨 바로 눈 위에 그렇게 멍이 들었다 한다.

"그것 보아 돈푼이나 있으면 다 그런 것이야."

"정말 그래요. 없으면 없는 대로 살아도 의좋게 지내는 것이 행복이야요."

아내는 충심(衷心)으로 공명(共鳴)해 주었다.

이 말을 들으매 내 마음은 말할 수 없이 만족해지며 무슨 승리자나 된 듯이 득의양양하였다.

그리고 마음속으로,

‘옳다, 그렇다. 이렇게 지내는 것이 행복이다.’
하였다.

4

이틀 뒤 해 어스름에 처형은 우리집에 놀러 왔었다. 마침 내가 정신없이 무엇을 생각하고 있을 즈음에 쓸쓸하게 닫혀 있는 중문이 찌긋둥 하며 비단옷 소리가 사으락사으락 들리더니 아랫목은 내게 빼앗기고 웃목에 바느질을 하고 있던 아내가 문을 열고 나간다.

“아이고 형님 오셔요.”

아내의 인사하는 소리가 들리더니 처형이 계집 하인에게 무엇을 들리고 들어온다.

나도 반갑게 인사를 하였다.

“그날 매우 욕을 보셨지요. 못 잡숫는 술을 무슨 짝에 그렇게 잡수셔요.”

그는 이런 인사를 하다가 급작스럽게 계집 하인이 든 것을 빼앗더니 그 속에서 신문지로 싼 것을 끄집어내어 아내를 주며,

“내 신 사는데 네 신도 한 켤레 샀다. 그날 청목당혜를……”

말을 하려다가 나를 곁눈으로 흘끗 보고 그만 입을 닫친다.

“그것을 왜 또 사셨어요.”

해쓱한 얼굴에 꽃물을 들이며 아내가 치사하는 것도 들은 체 만 체하고 처형은 또 이야기를 시작한다.

“올 적에 사랑양반을 졸라서 돈 백 원을 얻었겠지. 그래서 오늘 종로에 나와서 옷감도 바꾸고 신도 사고…….”

그는 자랑과 기쁨의 빛이 얼굴에 퍼지며 싼 보를 끌러,

“이런 것이야!”

하고 우리 앞에 펼쳐 놓는다.

자세히는 모르나 여하간 값 많은 품 좋은 비단일 듯하다. 무늬 없는 것, 무늬 있는 것, 회색 옥색 초록색 분홍색이 갖가지로 윤이 흐르며 색색이 빛이 나서 나는 한참 황홀하였다. 무슨 칭찬을 해야 되겠다 싶어서,

“참 좋은 것인데요.”

이런 말을 하다가 나는 또 쓸쓸한 생각이 일어난다. 저것을 보는 아내의 심중이 어떠할까? 하는 의문이 문득 일어남이라.

“모다 좋은 것만 골라 샀습니다그려.”

아내는 인사를 차리느라고 이런 칭찬은 하나마 별로 부러워하는 기색이
없다.
　나는 적이 의외의 감이 있었다.
　처형은 자기 남편의 흉을 보기 시작하였다. 그 밉살스럽다는 둥 그 추근
추근하다는 둥 말끝마다 자기 남편의 불미한 점을 들다가 문득 이야기를
끊고 일어선다.
　"왜 벌써 가시려고 하셔요. 모처럼 오셨다가 반찬은 없어도 저녁이나 잡
수셔요."
하고 아내가 만류를 하니,
　"아니 곧 가야지. 오늘 저녁 차로 떠날 것이니까 가서 짐을 매어야지.
아직 차 시간이 멀었어? 아니 그래도 정거장에 일찍이 나가야지 만일 기차
를 놓치면 오죽 기다리실라구. 벌써 오늘 저녁 차로 간다고 편지까지 했는
데……."
　재삼 만류함도 돌아보지 아니하고 그는 홀홀히 나간다. 우리는 그를 보내
고 방에 들어왔다.
　나는 웃으며 아내에게,
　"그까짓 것이 기다리는데 그다지 급급히 갈 것이 무엇이야."
　아내는 하염없이 웃을 뿐이었다.
　"그래도 옷감 바꿀 돈을 주었으니 기다리는 것이 애처롭기는 하겠지."
　밉살스러우니 추근추근하니 하여도 물질의 만족만 얻으면 그것으로 위로
하고 기뻐하는 그의 생활이 참 가련하다 하였다.
　"참, 그런가 보아요."
　아내도 웃으며 내 말을 받는다. 이때에 처형이 사준 신이 그의 눈에 띄었
는지 (혹은 나를 꺼려 보고 싶은 것을 참았는지 모르나) 그것을 집어 들고
조심조심 펴보려다가 말고 머뭇머뭇한다. 그 속에 그를 해케 할 무슨 위험
품이나 든 것 같이.
　"어서 펴보구려."
　아내는 이 말을 듣더니,
　'작히 좋으랴.'
하는 듯이 활발하게 싼 신문지를 헤친다.
　"퍽 이쁜걸요."
　그는 근일에 드문 기쁜 소리를 치며 방바닥 위에 사뿐 내려놓고 버선을
당기며 곱게 신어 본다.
　"어쩌면 이렇게 맞어요!"

연해연방 감탄사를 부르짖는 그의 얼굴에 흔연한 희색이 넘쳐흐른다.

"……"

묵묵히 아내의 기뻐하는 양을 보고 있는 나는 또다시,

'여자란 할 수 없어!'

하는 생각이 들며,

'조심하였을 따름이다!'

하매 밤빛 같은 검은 그림자가 가슴을 어둡게 하였다.

그러면 아까 처형의 옷감을 볼 적에도 물론 마음속으로는 부러워하였을 것이다. 다만 표면에 드러내지 않았을 따름이다. 겨우,

"어서 펴보구려."

하는 한마디에 가슴에 숨겼던 생각을 속임 없이 나타내는구나 하였다. 내가 무엇을 생각하고 있는지 저는 모르고 새신 신은 발을 조금 쳐들며,

"신 모양이 어때요."

"매우 이뻐!"

겉으로는 좋은 듯이 대답을 하였으나 마음은 쓸쓸하였다. 내가 제게 신 한 켤레를 사주지 못하여 남에게 얻은 것으로 만족하고 기뻐하는도다…….

웬일인지 이번에는 그만 불쾌한 생각이 일어나지 아니하였다. 처형이 동서(同壻)를 밉다거니 무엇이니 하면서도 기차를 놓치면 남편이 기다릴까 염려하여 급히 가던 것이 생각난다. 그것을 미루어 아내의 심사도 알 수가 있다. 부득이한 경우라 하릴없이 정신적 행복에만 만족하려고 애를 쓰지마는 기실(其實) 부족한 것이다. 다만 참을 따름이다. 그것은 내가 생각해야 된다. 이런 생각을 하니 전날 아내에게 그런 말을 한 것이 후회가 난다.

'어느 때라도 제 은공을 갚아 줄 날이 있겠지!'

나는 마음을 좀 너그럽게 먹고 이런 생각을 하며 아내를 보았다.

"나도 어서 출세를 하여 비단신 한 켤레쯤은 사주게 되었으면 좋으련만……"

아내가 이런 말을 듣기는 참 처음이다.

"네에?"

아내는 제 귀를 못 미더워하는 듯이 의아(疑訝)한 눈으로 나를 보더니 얼굴에 살짝 열기가 오르며,

"얼마 안 되어 그렇게 될 것이야요!"

라고 힘있게 말하였다.

"정말 그럴 것 같소?"

나는 약간 흥분하여 반문하였다.

“그러문요, 그렇고말고요.”
 아직 아무도 인정해 주지 않은 무명작가인 나를 다만 저 하나가 깊이깊이 인정해 준다. 그러기에 그 강한 물질에 대한 본능적 요구도 참아 가며 오늘날까지 몹시 눈살을 찌푸리지 아니하고 나를 도와 준 것이다.
 ‘아아, 나에게 위안을 주고 원조를 주는 천사여!’
 마음속으로 이렇게 부르짖으며 두 팔로 덥썩 아내의 허리를 잡아 내 가슴에 바싹 안았다. 그 다음 순간에는 뜨거운 두 입술이…….
 그의 눈에도 나의 눈에도 그렁그렁한 눈물이 물끓듯 넘쳐흐른다.

이상
〈산촌여정〉

— 성천 기행 중의 몇 절

1

　향기로운 MJB의 미각을 잊어버린 지도 20여 일이나 됩니다. 이 곳에는 신문도 잘 아니 오고 체전부(遞傳夫)는 이따금 하드롱 빛 소식을 가져옵니다. 거기는 누에고치와 옥수수의 사연이 적혀 있습니다. 마을 사람들은 멀리 떨어져 사는 일가 때문에 수심이 생겼나 봅니다. 나도 도회에 남기고 온 일이 걱정이 됩니다.

　건너편 팔봉산에는 노루와 멧돼지가 있답니다. 그리고 기우제 지내던 개골창까지 내려와서 가재를 잡아먹는 곰을 본 사람도 있습니다. 동물원에서밖에 볼 수 없는 짐승, 산에 있는 짐승들을 사로잡아다가 동물원에 갖다 가둔 것이 아니라, 동물원에 있는 짐승들을 이런 산에다 내어 놓아준 것만 같은 착각을 자꾸만 느낍니다. 밤이 되면 달도 없는 그믐 칠야에 팔봉산도 사람이 침소로 들어가듯이 어둠 속으로 아주 없어져 버립니다.

　그러나 공기는 수정처럼 맑아서 별빛만으로라도 넉넉히 좋아하는 「누가복음」도 읽을 수 있을 것 같습니다. 그리고 또 참 별이 도회에서보다 갑절이나 더 많이 나옵니다. 하도 조용한 것이 처음으로 별들의 운행하는 기척이 들리는 것도 같습니다.

　객주집 방에는 석유 등잔을 켜 놓습니다. 그 도회지의 석간(夕刊)과 같은 그윽한 내음새가 소년 시대의 꿈을 부릅니다. 정형! 그런 석유 등잔 밑에서 밤이 이슥하도록 '호까'(연초갑지(煙草匣紙)) 붙이던 생각이 납니다. 배짱이가 한 마리 등잔에 올라앉아서 그 연둣빛 색채로 혼곤한 내 꿈에 마치 영어 'T' 자를 쓰고 건너 긋듯이 유다른 기억에다는 군데군데 언더라인을 하여 놓습니다. 슬퍼하는 것처럼 고개를 숙이고 도회의 여차장이 차표 찍는 소리 같은 그 성악을 가만히 듣습니다. 그러면 그것이 또 이발소 가위 소리와도 같아집니다. 나는 눈까지 감고 가만히 또 자세히 들어 봅니다.

　그리고 비망록을 꺼내어 머루빛 잉크로 산촌의 시정을 기초합니다.

　그저께신문을찢어버린
　때묻은흰나비
　봉선화는아름다운애인의귀처럼생기고
　귀에보이는지난날의기사

85

얼마 있으면 목이 마릅니다. 자리물 — 심해처럼 가라앉은 냉수를 마십니다. 석영질 광석 냄새가 나면서 폐부에 한난계(寒暖計) 같은 길을 느낍니다. 나는 백지 위에 그 싸늘한 곡선을 그리라면 그릴 수도 있을 것 같습니다.

청석 얹은 지붕에 별빛이 내려쬐면 한겨울에 장독 터지는 것 같은 소리가 납니다. 벌레 소리가 요란합니다. 가을이 이런 시간에 엽서 한 장에 적을 만큼씩 오는 까닭입니다. 이런 때 참 무슨 재조로 광음을 헤아리겠습니까? 맥박 소리가 이 방 안을 방채 시계로 만들어 버리고 장침과 단침의 나사못이 돌아가느라고 양쪽 눈이 번갈아 간질간질합니다. 코로 기계 기름 냄새가 드나듭니다. 석유 등잔 밑에서 졸음이 오는 기분입니다.

파라마운트 회사 상표처럼 생긴 도회 소녀가 나오는 꿈을 조금 꿉니다. 그러다가 어느 도회에 남겨 두고 온 가난한 식구들을 꿈에 봅니다. 그들은 포로들의 사진처럼 나란히 늘어섭니다. 그리고 내게 걱정을 시킵니다. 그러면 그만 잠이 깨어 버립니다.

죽어 버릴까 그런 생각을 하여 봅니다. 벽 못에 걸린 다 해진 내 저고리를 쳐다봅니다. 서도천리(西道千里)를 나를 따라 여기 와 있습니다그려!

2

등잔 심지를 돋우고 불을 켠 다음 비망록에 철필로 군청빛 '모'를 심어 갑니다. 불행한 인구(人口)가 그 위에 하나하나 탄생합니다.
조밀한 인구가…….

내일은 진종일 화초만 보고 놀리라, 탈지면에다 알코올을 묻혀서 온갖 근심을 문지르리라, 이런 생각을 먹습니다. 너무도 꿈자리가 뒤숭숭하여서 그러는 것입니다. 화초가 피어 만발하는 꿈 그라비어 원색판 꿈 그림 책을 보듯이 즐겁게 꿈을 꾸고 싶습니다. 그러면 간단한 설명을 위하여 상쾌한 시를 지어서 7포인트 활자로 배치하는 것도 좋습니다.

도회에 화려한 고향이 있습니다. 활엽수만으로 된 산이 고향의 시각을 가려 버린 이 산촌에 팔봉산 허리를 넘는 철골 전신주가 소식의 제목만을 부호로 전하는 것 같습니다.

아침에 별에 시달려서 마당이 부스럭거리면 그 소리에 잠을 깹니다. 하루라는 짐이 마당에 가득한 가운데 새빨간 잠자리가 병균처럼 활동합니다. 끄지 않고 잔 석유 등잔에 불이 그저 켜진 채 소실된 밤의 흔적이 낡은 조끼

단추처럼 남아 있습니다. 작야(昨夜)를 방문할 수 있는 요비링입니다. 지난
밤의 체온을 방 안에 내던진 채 마당에 나서면 마당 한 모퉁이에는 화단이
있습니다. 불타 오르는 듯한 맨드라미 꽃 그리고 봉선화.
 지하에서 빨아 올리는 이 화초들의 정열에 호흡이 더워 오는 것 같습니다.
여기 처녀 손톱 끝에 물들일 봉선화 중에는 흰 것도 섞였습니다. 흰 봉선화
도 붉게 물들까…… 조금 이상스러울 것 없이 흰 봉선화는 꼭두서니 빛으로
곱게 물듭니다.

 수수깡 울타리에 오렌지 빛 여주가 열렸습니다. 당콩 넝쿨과 어우러져서
세피아 빛을 배경으로 하는 일폭의 병풍입니다. 이 끝으로는 호박 넝쿨 그
소박하면서도 대담한 호박꽃에 스파르타 식 꿀벌이 한 마리 앉아 있습니다.
농황색에 반영되어 세실 B. 데밀의 영화처럼 화려하며 황금색으로 치사(侈
奢)합니다. 귀를 기울이면 르네상스 응접실에서 들리는 선풍기 소리가 납니
다.
 야채 사라다에 놓이는 아스파라거스 입사귀 같은 또 무슨 화초가 있습니
다. 객주집 아해에게 물어 봅니다. '기상꽃' – 기생화(妓生花)란 말입니
다.
 무슨 꽃이 피나 – 진홍 비단꽃이 핀답니다.
 선조(先祖)가 지정하지 아니한 조셋트 치마에 웨스트민스터 궐련을 감아
놓은 것 같은 도회의 기생의 아름다움을 연상하여 봅니다. 박하보다도 훈훈
한 리그레추잉껌 냄새 두꺼운 장부를 넘기는 듯한 그 입맛 다시는 소리 –
그러나 아마 여기 필 기생꽃은 분명히 혜원(蕙園) 그림에서 보는 것 같은
– 혹은 우리가 소년 시대에 보던 떨떨 인력거에 홍일산(紅日傘) 받은 지금
은 지난날의 삽화인 기생일 것 같습니다.

 청등호박이 열렸습니다. 호박 고자리에 무 시루떡…… 그 훅훅 끼치는 구
수한 김에 좇아서 증조할아버지의 시골뜨기 망령들은 정월 초하룻날 한식날
오시는 것입니다. 그러나 저 국가 백년의 기반을 생각게 하는 넓적하고도
묵직한 안정감과 침착한 색채는 럭비구를 안고 뛰는 이 제너레이션의 젊은
용사의 굵직한 팔뚝을 기다리는 것도 같습니다.

 유자가 익으면 껍질이 벌어지면서 속이 비어져 나온답니다. 하나를 따서
실 끝에 매어서 방에다가 걸어 둡니다. 물방울져 떨어지는 풍염한 미각 밑
에서 연필같이 수척하여 가는 이 몸에 조금씩 조금씩 살이 오르는 것 같습

니다. 그러나 이 야채도 과실도 아닌 유머러스한 용적에 향기가 없습니다.
다만 세숫비누에 한 겹씩 한 겹씩 해소되는 내 도회의 육향(肉香)이 방 안
에 배회할 뿐입니다.

3
 팔봉산 올라가는 초경 입구 모퉁이에 최○○ 송덕비와 또 ○○○○ 아무개
의 영세불망비가 항공우편 포스트처럼 서 있습니다. 듣자니 그들은 다 아직
도 생존하여 계시다 합니다. 우습지 않습니까?

 교회가 보고 싶었습니다. 그래서 예루살렘 성역을 수만 리 떨어져 있는 이
마을의 농민들까지도 사랑하는 신 앞에서 회개하고 싶었습니다. 발길이 찬
송가 소리 나는 곳으로 갑니다. 포플러 나무 밑에 염소 한 마리를 매어 놓
았습니다. 구식으로 수염이 났습니다. 나는 그 앞에 가서 그 총명한 동공을
들여다봅니다. 셀룰로이드로 만든 정교한 구슬을 오블라토로 싼 것같이 맑
고 투명하고 깨끗하고 아름답습니다. 도색(桃色) 눈자위가 움직이면서 내
삼정(三停)과 오악(五岳)이 고르지 못한 빈상을 업신여기는 중입니다.
 옥수수밭은 일대 관병식(觀兵式)입니다. 바람이 불면 갑주(甲冑) 부딪치는
소리가 우수수 납니다. 카민 빛 꼬꼬마가 뒤로 휘면서 너울거립니다. 팔봉
산에서 총소리가 들렸습니다. 장엄한 예포 소리가 분명합니다. 그러나 그것
은 내 곁에서 소조(小鳥)의 간을 떨어뜨린 공기총 소리였습니다. 그러면 옥
수수밭에서 백, 황, 흑, 회, 또 백, 가지각색의 개가 퍽 여러 마리 열을 지
어서 걸어 나옵니다. 센슈얼한 계절의 흥분이 코사크 관병식을 한층 더 화
려하게 합니다.
 산삼이 풀어져 흐르는 시내 징검다리 위에는 백채(白菜) 씻은 자취가 있습
니다. 풋김치의 청신한 미각이 안약 '스마일'을 연상시킵니다. 나는 그
화성암으로 반들반들한 징검다리 위에 삐뚜러진 N자로 쪼그리고 앉았노라
면 시야에 물동이를 이고 주저하는 두 젊은 새악시가 있습니다. 나는 미안
해서 일어나기는 났으면서도 일부러 마주 보면서 그리로 걸어갑니다. 스칩
니다. 하드롱 빛 피부에서 푸성귀 냄새가 납니다. 코코아 빛 입술은 머루와
다래로 젖었습니다. 나를 아니 보는 동공에는 정제된 창공이 간쓰메가 되어
있습니다.
 M백화점 미소노 화장품 스위트 걸이 신은 양말은 이 새악시들의 피부색과
똑같은 소맥(小麥) 빛이었습니다. 삐뚜름히 붙인 초유선형 모자, 고양이 배
에 파스너를 장치한 가뿐한 핸드백 ― 이렇게 도회의 참신하다는 여성들을

연상하여 봅니다. 그리고 새벽 아스팔트를 구르는 창백한 공장 소녀들의 회충과 같은 손가락을 연상하여 봅니다. 그 온갖 계급의 도회 여인들 연약한 피부 위에는 그네들의 빈부를 묻지 않고 온갖 육중한 지문을 느끼지 않습니다.

4

그러나 가난하나마 무명같이 튼튼한 피부 위에 오점이 없고 '추잉껌' '초콜릿' 대신에 응어리는 빼어 먹고 달짝지근한 꽈리를 불며 숭굴숭굴한 이 시골 새악시들을 더 나는 끔찍이 알고 싶습니다. 축복하여 주고 싶습니다. 교회는 보이지 않습니다. 도회인의 교활한 시선이 수줍어서 수풀 사이로 숨어 버리고 종소리의 여운만이 근처에 냄새처럼 남아서 배회하고 있습니다. 혹 그것은 안식을 잃은 내 혼이 들은 바 환청에 지나지 않았는지도 모릅니다.

조밭 한복판에 높은 뽕나무가 있습니다. 뽕 따는 새악시가 전공부(電工夫)처럼 높이 나무 위에 올랐습니다. 순백의 가장 탐스러운 과실이 열렸습니다. 둘이서는 나무에 오르고 하나가 나무 밑에서 다랭이를 채우고 있습니다. 한두 잎만 따도 다랭이가 철철 넘는 민요의 무대면입니다.

조 이삭은 다 말라 죽었습니다. 코르크처럼 가벼운 이삭이 근심스럽게 고개를 숙였습니다. 오 - 비야 좀 오려무나, 해면처럼 물을 빨아들이고 싶어 죽겠습니다. 그러나 하늘은 금(禁)한 듯이 구름이 없고 푸르고 맑고 또 부숭부숭하니 깊지 못한 뿌리의 SOS가 암반 아래를 흐르는 지하수에 다다르겠습니까?

두 소년이 고무신을 벗어 들고 시냇물에 발을 잠가 고기를 잡습니다. 지상의 원한이 스며 흐르는 정맥 - 그 불길하고 독한 물에 어떤 어족이 살고 있는지 - 시내는 대지의 신열을 뚫고 벌판 기울어진 방향으로 흐르고 있습니다. 그것은 가을의 풍설(風說)입니다.

가을이 올 터인데 와도 좋으냐고 쏘근쏘근하지 않습니까? 조 이삭이 초례청 신부가 절할 때 나는 소리같이 부수수 구깁니다. 노회한 바람이 조 잎새에게 난숙(爛熟)을 최촉(催促)하는 것입니다. 그러나 조의 마음은 푸르고 초조하고 어립니다.

조밭을 어지러뜨린 자는 누구냐? 기왕 안 될 조이거늘, 그런 마음으로 그랬나요? 몹시 어지러뜨려 놓았습니다. 누에, 호호(戶戶)에 누에가 있습니다. 조 이삭보다도 굵직한 누에가 삽시간에 뽕잎을 먹습니다. 이 건강한 미각은 왕후와 같이 존경스러우며 치사(侈奢)스럽습니다. 새악시들은 뽕 심부름하는 것으로 몸의 마지막 광영을 삼습니다. 그러나 뽕이 떨어졌습니다. 온갖 폐백이 동이 난 것과 같이 새악시들의 정열은 허둥지둥하는 것입니다.
 야음을 타서 새악시들은 경장(輕裝)으로 나섭니다. 얼굴의 홍조가 가리키는 방향으로……. 뽕나무에 우승배가 놓여 있습니다. 그리로만 가면 되는 것입니다. 조밭을 짓밟습니다. 자외선에 맛있게 그을은 새악시들의 발이 그대로 조 이삭을 무찌르고 스크럼입니다. 그리하여 하늘에 닿을 지성이 천고마비 잠실 안에 있는 성스러운 귀족 가축들을 살찌게 하는 것입니다. 콜레트 부인의 「빈묘(牝猫)」를 생각게 하는 말캉말캉한 로맨스입니다.

5
 간이학교 곁집 길가에서 들여다 보이는 방에 틀이 떠들고 있습니다. 편발(編髮) 처녀가 맨발로 기계를 건드리고 있습니다. 그러면 기계는 허리를 스치는 가느다란 실이 간지럽다는 듯이 깔깔깔깔 대소하는 것입니다. 웃으며 지근대며 명산(名産) ○○명주가 짜여 나오니 열댓자 수건이 성묘갈 때 입을 때때를 만들고 시집살이 설움을 씻어 주고 또 꿈과 꿈을 말소하는 쓰레받기도 되고…… 이렇게 실없는 내 환희입니다.
 담배가게 곁방 안에는 오늘 황혼을 미리 가져다 놓았습니다. 침침한 몇 갤런의 공기 속에 생생한 침엽수가 울창합니다. 황혼에만 사는 이민 같은 이국 초목에는 순백의 갸름한 열매가 무수히 열렸습니다. 고치 – 귀화한 마리아들이 최신 지혜의 과실을 단려(端麗)한 맵시로 따고 있습니다. 그 아들의 불행한 최후를 슬퍼하며 크리스마스트리를 헐어 들어가는 '피에타' 화폭 전도(全圖)입니다.
 학교 마당에는 코스모스가 피어 있고 생도들은 글을 배우고 있습니다. 그들은 열심히 간단한 산술을 놓아 그들의 정직과 순박을 지혜와 교활로 환산하고 있습니다. 탄식할 이식산(利息算)이 아니겠습니까? 족보를 찢어 버린 것과 같은 흰 나비가 두어 마리 백묵 냄새 나는 화단 위에서 번복이 무상합니다. 또 연식 테니스 공의 마개 뽑는 소리가 음향의 흔적이 되어서는 등고선의 각점 모양으로 남아있는 것 같습니다. 이 마당에서 오늘 밤에 금융조합 선전 활동사진회가 열립니다. 활동사진? 세기의 총아, 온갖 예술 위에 군림하는 넘버 제8예술의 승리. 그 고답적이고도 탕아적인 매력을 무엇에다 비하겠습니까? 그러나 이곳 주민들은 활동사진에 대하여 한낱 동화적인 꿈을 가진 채 있습니다. 그림이 움직일 수 있는 이것은 참 홍모(紅毛) 오랑캐의 요술을 배워 가지고 온 것 같으면서도 같지 않은 동포의 부러운 재간입니다.

　활동사진을 보고 난 다음에 맛보는 담백한 허무. 장주(莊周)의 호접몽이 이러하였을 것입니다. 나의 동글납작한 머리가 그대로 카메라가 되어 피곤한 더블 렌즈로나마 몇 번이나 이 옥수수 무르익어가는 초추(初秋)의 정경을 촬영하였으며 영사하였던가. 플래시백으로 흐르는 엷은 애수, 도회에 남아 있는 몇 고독한 팬에게 보내는 단장(斷腸)의 스틸이다.

6

　밤이 되었습니다. 초열흘 가까운 달이 초저녁이 조금 지나면 나옵니다. 마당에 멍석을 펴고 전설 같은 시민이 모여듭니다. 축음기 앞에서 고개를 갸웃거리는 북극 펭귄 새들이나 무엇이 다르겠습니까? 짧고도 기다란 인생을 적어 내려갈 편전지(便箋紙) — 스크린이 박모(薄暮) 속에서 바이오그래피의 예비 표정입니다. 내가 있는 건너편 객주집에 든 도회풍 여인도 왔나 봅니다. 사투리의 합음이 마당 안에서 들립니다.
　시작입니다. 부산 잔교(棧橋)가 나타납니다. 평양 모란봉입니다. 압록강 철교가 역사적으로 돌아갑니다. 박수와 갈채. 태서(泰西)의 명감독이 바야흐로 안색이 없습니다. 10분 휴게시간에 조합이사의 통역부(通譯附) 연설이 있었습니다.
　달은 구름 속에 있습니다. ‘금연’이라는 느낌입니다. 연설하는 이사 얼굴에 전등의 ‘스포트’도 비쳤습니다. 산천초목이 다 경동할 일입니다. 전등, 이곳 촌민들은 ○○행 자동차 헤드라이트 외에 전등을 본 일이 없습니다. 그 눈이 부시게 밝은 광선 속에서 창백한 이사는 강단(降壇)하였습니다. 우매한 백성들은 이 이사의 웅변에 한 사람도 박수 치지 않았습니다. 물론 나도 그 우매한 백성 중의 하나일 수밖에 없었습니다만……
　밤 11시나 지나서 영화감상의 밤은 해피엔드였습니다. 조합원들과 영사기사는 이 촌 유일의 음식점에서 위로회를 열었습니다. 나는 객사로 돌아와서 죽어 가는 등잔 심지를 돋우고 독서를 시작하였습니다. 그것은 이웃방에 묵고 계신 노신사께서 내 나타(懶惰)와 우울을 훈계하는 뜻으로 빌려 주신 고다 로한 박사의 지은 바 「인(人)의 도(道)」라는 진서(珍書)입니다. 개가 멀리서 끊일 사이 없이 이어 짖어 댑니다. 그윽한 하이칼라 방향(芳香)을 못 잊어 군중은 아직도 헤어지지 않았나 봅니다.
　구름이 걷히고 달이 나왔습니다. 벌레가 무답회(舞踏會)의 창문을 열어 놓은 것처럼 와짝 요란스럽습니다. 알지 못하는 노방(路傍)의 인(人)을 사모하는 도회인적인 향수가 있습니다. 신간잡지의 표지와 같이 신선한 여인들 — ‘넥타이’와 동갑인 신사들 그리고 창백한 여러 동무들 — 나를 기다리지 않는 고향 — 도회에 내 나체의 말씀을 번안하여 보내 주고 싶습니다. 잠 — 성경을 채자(採字)하다가 엎질러 버린 인쇄직공이 아무렇게나 주워 담은 지리멸렬한 활자의 꿈. 나도 갈갈이 찢어진 사도가 되어서 세 번 아니라 열 번이라도 굶는 가족을 모른다고 그럽니다.

근심이 나를 제한 세상보다 큽니다. 내가 갑문(閘門)을 열면 폐허가 된 이 육신으로 근심의 호수가 스며들어 옵니다. 그러나 나는 나의 마조히스트 병마개를 아직 뽑지는 않습니다. 근심은 나를 싸고 돌며 그러는 동안에 이 육신은 풍마우세(風磨雨洗)로 다 말라 없어지고 말 것입니다.

밤의 슬픈 공기를 원고지 위에 깔고 창백한 동무에게 편지를 씁니다. 그 속에는 자신의 부고(訃告)도 동봉하여 있습니다.

채만식
〈소망〉

남아거든 모름지기 말복날 동복을 떨쳐 입고서 종로 네거리 한복판에
가 버티고 서서 볼지니…… 외상진 싸전가게 앞을 활보해 볼지니……

아이, 저녁이구 뭣이구 하두 맘이 뒤숭숭해서 밥 생각두 없구……
팬찮아요, 시방 더우 같은 건 약관걸.
응. 글쎄, 그애 아버지 말이우. 대체 어떡하면 좋아! 생각허면 고만.
냉면? 싫여, 나는 아직 아무것두 먹구 싶잖어. 그만두구서 뭣 과일집(果實
汁)이나 시언하게 한 대접 타 주. 언니는 저녁 잡섰수? 이 집 저녁허구는
괘 일렀구려.
아저씨는 왕진 나가섰나 보지? 인력거가 없구, 들어오면서 들여다보니깐
진찰실에도 안 기실 제는……
옳아, 영락없어. 그 아저씨가 진찰실에두 왕진두 안 나가시구서, 언니허구
마주 안 붙어앉었을 때가 있다가는 큰일나라구?
원 눈두 삐뚤어졌지. 우리 언니 저 아씨가 어디가 이뿐 디가 있다구 그래
애! 시굴뚜기는 헐 수 없어. 이따 저 누구냐 '쏴알'? 읽은 지가 하두 오
래 돼서 다아 잊었네, 뭣이냐 보바리이 부인 남편 말이야……
허는 소리 좀 봐요. 늙어가는 동생더러 망할 년이 뭐야? 하하하.
내가 웃기는 웃는다마는, 남의 정신이지 내 정신은 하나두 아니야.
양복장 새루 마쳤다더니, 벌써 들여왔구려. 아담스럽게 이뿌우.
제엔장! 나는 더러 와서 언니네가 모두 이렇게 재미나게 사는 걸 본다치
면, 새앰이 나구 속이 상해 죽겠어.
무얼? 양복장을 하나 사주겠다구? 언니두 참! 누가 그까짓 양복장 말이우?
그런 건 백날 없어두 좋아. 낡으나따나 한 개 있으면 고만이지 머.
가난해서 좀 고생허구 그러는 건 아무렇지두 않어요.
글쎄 다 같은 한 아버지 딸에 한 어머니 태 속에서 생겨나 가지굴랑, 꼭같
이 자라구, 꼭같이 공부허구, 그랬으면서두 언니는 이렇게 안존허게 아무
근심 없이 사는데, 나는 해필 그이 때문에 육장 애가 밭구 맘이 불안하니,
그런 고루잖을 디가 어디며, 생각하면 화가 더럭더럭 난다니깐.
구식 여자들이 걸핏하면 팔자니 사주니 하는 게 아마 그런 소린가 봐.
아닌게아니라, 미신이라도 좋으니, 오늘 같아서는 어디 무꾸리라두 가서
해보구 싶읍디다.
그러나마 참 사람이라두 변변치 못했을세 말이지, 아, 유식하겠다, 기개

93

좋겠다, 무엇 굽힐 게 있수? 부모 유산 넉넉히 못 타구 난 거야 어디 그이 탓이우? 돈이야 부자질 안할 바에 기를 쓰구 모아서는 무얼해.
애개개!
그이는 이 집 아저씨더러 하등동물이란다우. 병자 고름 긁어서 돈이나 모을 줄 알지, 세상이 곤두서건 인간이 돼지가 되건 감각두 못허구, 거저 맛있는 음식에 좋은 옷, 편안한 집에서 호박 같은 마나님이나 이뻐허구, 그런 것밖에는 아무것두 모른다구, 하하하. 언니두 그런 줄은 잘 아는구려?
참, 결혼을 하면 남편 성질을 닮는다는데, 그게 정말인가 봐? 우리가 어려서는 언니가 되려 신경질루 감정이 섬세허구 잔 결벽이 유난스럽구 했는데, 그리구 나는 털펭이구, 안 그랬수? 그랬는데, 시방은 꼭 반대니.
아뭏든 나두 언니처럼 의사허구 결혼이나 했드라면 시방쯤 언니 부러워 않구서 엄벙덤벙 아무 근심걱정 없이 살아갔을 거야.
네에, 옳습니다. 이번에는 내가 언니한테 졌읍니다. 가치(價値)는 어디루 갔든지 간에 당장 언니가 날보담 팔자가 좋구, 그걸 내가 한편으루 부러워하는 게 사실은 사실이니깐요.
그러나저러나 대체 어떡허면 좋수? 이 일을……
나 혼자서 두루두루 생각다 못해 이 집 아저씨허구나 상의를 좀 해볼까 허구서, 부르르 오기는 왔어두, 상의를 하자면, 그새 통히 토설을 않던 속사정을 다아 자상하게 언니한테랑 아저씨한테랑 설파를 해야 하겠구, 그랬다가 그런 줄을 그이가 알든지 헐 양이면, 성미에 생벼락이 내릴 테구, 멀쩡한 사람 가져다 미친 놈 만들려구 헌다구.
그래서 섬뻑 엄두가 나진 않지만, 그래두 어떡허우. 증세가 좀처럼 심상털 않어 뵈구, 그러니깐 무슨 도리를 좀 차리기는 차려야지만 할 것 같은데.
이 집 아저씨 동창이든지 친구든지 누구 신경과(神經科) 전문하는 이 없나 모르겠어.
신경쇠약이냐구?
그렇지, 신경쇠약은 신경쇠약이지, 머. 그런데 시방은, 오늘버틈은 암만해두 여니 우리가 생각하는 신경쇠약에서 한 고패를 넘을 기미야.
언니네는 시굴서 올라온 지 얼마 안 되구, 또 내가 이것저것 털어놓구 설파를 안했구 해서 모르기두 했겠지만, 실상 나두 그새까지는 좀 심한 신경쇠약이거니, 신경쇠약으루 저만큼 심하니깐 더 도질 리야 없구 차차 나어가겠거니, 일변 걱정은 하면서두 한편으루는 낙관을 허구 있었더라우.
아, 그랬는데, 글쎄 오늘은, 아까 즘심나절이야. 사람이 사뭇 십 년 감수를 했구려. 시방두 가끔 이렇게 가슴이 울렁거리군 하는걸. 내 온 참 어떻게 생각하면 어처구니가 없기두 허구.

아까 그게 그리니까 두시가 조꼼 못 돼서야. 부엌에서 무얼 좀 허구 있는 참인데, 뚜벅뚜벅 구두 소리가 나요.

무심결에 돌려다봤지. 봤더니, 웬 시꺼먼 양복쟁이야, 첨에는 몰라봤어. 그래 웬 사람인가 허구 자세 보니깐, 그이겠지! 그이가 쇠통 글쎄 겨울 양복을 꺼내 입었어요. 이 삼복중에 겨울 양복을.

저를 어쩌니, 가 아니라, 머 정신이 아찔하더라니깐.

그게 제정신 지닌 사람이 할 짓이우? 하얀 아사양복을 싹 빨아 대려서 양복장에다가 걸어준 걸 두어두구는, 이 삼복 염천에 생판 겨울 양복이 어디 당한 거유. 겨울 양복허구두 그나마 머, 홈스 팡이라든지, 그 손꾸락같이 올 굵구 시꺼무레한 거, 게다가 맥고모자며 흰 구두까지 멀쩡한 걸 놓아두구서 겨울 모자에 검정 구두에 넥타이, 와이샤쓰꺼정 언뜻 봐두 죄다 겨울 거구려.

그러니, 그렇잖어두 늘 맘이 조마조마하던 참인데, 문득 그 광경을 당허니, 얼마나 놀랬겠수? 내가 말이야.

그냥 가슴이 더럭 내려앉구, 어쩔 줄을 모르겠어. 팔다리허며 입술이 사시나무 떨리듯 떨리구.

아이머니, 저이가아! 이 소리 한마디를 죽어가는 소리루 겨우 입술만 달싹거리구는 넋이 나간 년매니루 멍하니 섰느라니깐, 그이 좀 보구려! 마당에가 우뚝 선 채 나를 마주 뻐언히 바라다보더니, 아 혼자서 벌씸허구 웃겠지! 웃어요 글쎄.

작년 가을 이짝 도무지 웃는 일이라구는 없던 사람이, 근 일 년 만에 웃는구려. 전에 혹시 무슨 유쾌한 일이 있든지 허면, 벌씸허구 웃던, 꼭 그런 웃음 쩨야.

일변 반갑기두 허구, 그리면서두 가슴이 더 두군거려쌓는군. 그럴 게 아니우? 일 년 짝이나 웃덜 않던 사람이 갑자기 웃으니, 여편네 된 맘에 웃는 그것만은 반가워두 저이가 영영 상성이 된 게 아닌가 해서 말이야.

어떻다구 맘을 진정헐 수가 없구, 눈물이 좌르르 쏟아지는 것을, 그제서야 횡나케 마당으루 쫓아나가서 두 팔을 덥쑥 잡었대지만, 목이 미어 말이 나오우? 그이는 내가 사색이 질려가지구는 —— 내 얼굴이 다아 죽었을 게 아니겠수? 그래가지구는 당황해하다가, 끝내 울구 달려나오니깐 첨에는 성가신 듯기 이맛살을 찌푸리드니, 용히 재갸 채림새가 생각이 나든가 봐. 실끔 아랫도리를 한번 내려다보더니, 좀 점직하다는 속인지, 피쓱 웃어요. 그 웃는 데 사람이 애가 더 밭더라니깐.

"왜 그래? 여름에 동복을 좀 입었기루서니, 왜 죽는 시늉이야?"

혀를 끌끄을 차면서 얼굴 기색허며, 말 소리허며 아주 천연스럽구 전대루지, 죄꿈두 공허(空虛)헌 데가 없어요. 사람이 실성을 허면은 어덴지 말하는 음성이며 태도허며 건숭이구 공허해 보이잖우?

"천민! 속물! 세상이 곤두서는 데는 태평이면서, 옷 좀 거꾸루 입은 건 저대지 야단이야."

속물이랏 소리는 노상 듣는 독설(毒舌)이구, 나는 그이 눈을 주의해 보느라구 경황중에두 정신이 없지. 저 뭣이냐, 사람이 영 미치구 나면 눈자가 틀린다구 않수?

그런데 암만 찬찬히 파구 보아야 전대루 정기가 돌구 밝지, 머 아무렇지두 않어.

그래두 그걸루 어디 안심이 되우?

그래 팔을 잡아 흔들면서, 아이 여보오, 부르니까

"왜 그래 글쎄!"

하면서, 보풀스럽게 톡 쏘아 부딪는 것까지두 여전해요.

"대체, 이 모양을 허구서 어디를 나갔다가 오시우?"

분명 어디를 나갔다가 오는 참이야. 얼굴이 버얼겋게 익구, 땀을 흠뻑 흘리는 게. 탈은 거기 가 붙었어, 탈은.

아아니, 그이가 글쎄 갑작스리 의관을 —— 동복은 동복이라두 —— 단정하게 채리구서는 출입을 허다께. 그게 사람이 기색을 헐 노릇이 아니우? 이건 천지가 개벽을 했다면 모르지만.

그이가 작년 초가을에 신문사를 그만두던 그날버틈서 인해 일 년 짝을 굴속 같은 그 건넌방에만 처박혀 누워서는, 통히 출입이라고 하는 법이 없구, 산보가 다 뭐야. 기껏해야 화동(花洞) 사는 서씨(徐氏)라는 친구나 닷새에 한번쯤, 열흘에 한번쯤 찾어가는 게 고작이더라우.

그리구는 허는 일이라는 게 책 디리파기, 신문 잡지 뒤치기, 그렇잖으면 끄윽 드러누워서, 웃지두 않구, 아야기두 않구, 입 따악 봉허구서는, 맘 내켜야 겨우 마지못해 묻는 말대답이나 허구, 그리다가는 더럭 짜징이 나가지굴랑 날 몰아세기나 허구, 그럴 때만은 여전한 웅변이지. 그러니 나만 죽어 날밖에.

아, 아무데두 맨 데가 없는 몸이겠다, 조옴 좋수? 집 뒤 바루 중앙학교 후원으루 해서 조금만 가머는 삼청동이요, 푸울이 있겠다, 마침 태호 녀석이 유치원두 쉬는 때라, 동무가 없어서 어린것이 심심해 못견디기두 허구 허니 기직이나 한 닢 들구 그애 손목이나 잡구, 매일 거기라두 가서 물에두 들어가 놀구, 물에 지치거든 그늘 좋은 솔밭으루 나와 누워서 독서두 허구, 그러느라면 몸에두 좋구, 더우두 잊구, 또 아는 사람두 만나구 새루 사귀는 사람두 생기구 해서, 어우렁더우렁 만사 다아 잊구 지낼 게 아니겠수? 그런 걸 글쎄, 내가 혀가 닳두룩 말을 해두 안 들어요. 뎁다 날더러, 신경이 둔한 속물이 돼서, 자꾸만 보기 싫은 인간들허구 섭쓸려, 돼지처럼 엄벙덤벙 지내란다구 독설이나 뱁구.

그뿐인가 머. 언니두 알 테지만, 집에서 어머니가 지난 첫여름버틈 벌써 네 번째나 편지를 하셨다우. 아이아범이 올에는 아무데두 맨 데가 없다면서 예가 바루 해변이겠다, 넉넉진 못하지만 느이들이 서울서 지내느니보담야 다만 성한 생선 한 토막을 먹어두 나을 테니 집일라컨 예서 서울 속내 잘 알구 착실한 여인네 하나가 마침 있으니깐 올려보내서, 한여름 동안 집을 봐주게 하께시니, 부디 어린 놈 데리구 세 식구 다 내려와서 이 여름 덥잖게 지나라구, 제일에 내가 어린 놈이 보구 싶어 못하겠다구, 그리구 요 전 번 네 번째 하신 편지에는 혹시 여비라두 없어서 못 내려가는 줄 아시구서 내려오겠다면, 집 보아줄 사람 올려보내는 편에 돈을 얼마간 보낼 테니, 곧 기별허라구까지 하셨구려.

사우 이뻐할사 장모라구, 그게 다아 딸이나 외손주놈보담두 실상 알구 보면 그 알뜰한 사우양반 생각허시구, 그러시는 거 아니우?

그러니 말이우. 그렇게 살뜰스럽게 오래지 않는다구 하더래두, 딴 비발 써 가면서 남들은 위정 피서두 갈라더냐. 거봐요! 언니네는 갈 맘이 꿀안같어 두 못 가잖우. 그러니 글쎄 선뜻 내려갔으면 오죽 좋수?

그러나마 처가래야 처남인들 하나나 있으니, 어려운 생각이며 편안찮은 맘이 나겠수? 장인 장모 단 두 분이겠다, 참말이지 재갸 본가집보담두 더 임의롭구 호강받이루 지낼 건데.

내가 얼마를 졸랐다구. 그래두 영 도래질이야. 그리구는 헌닷 소리가, 나를 목을 베어 봐라, 단 한 발이라두 서울서 물러서나, 이리는구려!

대체 무엇이 그대지 서울이 탐탁해서 죽어두 안 떠날 테냐구 캘라치면, 네까짓 것 하등동물이, 동아줄 신경이, 설명을 해준다구 알아들으면 제법이게? 설명해서 알 테면 설명해주기 전에 알아챌 일이지, 이리면서 몰아세요.

그리구두 졸리다 졸리다 못하면, 임자나 태호 데리구 가겠거든 가래는 거야. 웬만하거든 아주 영영 가버리라구. 시방, 세상이 통채루 사개가 벙그러지는 판인데, 부부구 자식이구 가정이구 그런 건 다아 고담(古談) 같대나. 내 어디서 온.

왜 혼자라두 안 가느냐구 말이지? 언니두 그런 말 마시우.

허기야 참, 몇번 별르기두 했더라우.

그래두 차마 훌쩍 못 떠나가겠읍디다! 그런 살람을 여기다가 띄어놔 두구서, 나 혼자 가다게 될 말이우? 것두 신경이 노말한 사람이면 몰라. 그렇지만 병인인걸, 병인을 혼자 남의 손에 맡겨두구서야 어디.

에구 무척! 언니는 아저씨라면 들입다 깨진 뚱딴지 위하듯 위하면서, 하하하, 내가 그이 물이 들어서 자꾸만 이렇게 입이 걸쭉해가나 봐.

신문사 나온 거? 머 누구 동료나 손위 사람허구 다투거나 의견 충돌이 생겼던 것두 아니구, 거저 불시루 그 날 그 자리서 사직원을 써서는 편집국장 앞에다가 내놓구 나왔다는 걸. 그게 벌써 신경이 심상찮어진 표적이 아니우?

신문사서두 어디루 보구, 어떻게 생각했든지 첨에는 편지가 오구, 두째번은 정치부장이 오구, 세째번에는 사장의 전갈이라구 편집국장이 명함을 적어보내구, 도루 사에 나오라는 권면이야.

그래두 번번이 몸이 건강털 못해서 일 감당을 못하겠다는 핑계만 대지, 종시 움쩍을 안했더라우.

남들은 다같이 대학을 마치구 나와서두 삼사 년씩 취직을 못해 쩔쩔 매는 세상에, 그해 동경서 나오던 멀루 신문사에를 들어갔구, 인해 오년이나 말썽 없이 있어왔으니깐, 그만하면 신문사 인심두 얻구 또 사장두 자별하게 대접을 했답디다. 그런 것을 헌신짝 벗어 내던지듯 내던지구는 사람마저 저 지경이 됐으니…… 허기는 눈동자가 옳게 박힌 놈은 이 짓 못해 먹겠다구, 그 무렵에 바싹 더 침울해허기는 했었지만서두.

생활비?

머 거저, 작년 가을 겨울 두 철을 신문사서 나온 퇴직금 한 삼백 원 되는 걸루 그럭저럭 지냈구, 올 봄으루 첫여름은 시댁에서 두 번인가 백 원씩 보낸 걸루 지내는 시늉은 했지만.

시댁두 별수는 없구, 막냇 시아재가 작년버틈 금광을 해요. 그리 우난 건 아니지만, 동기간이 객지서 어려이 지낸다구 가끔 돈 백 원씩 그렇게 띠어 보내군 했는데, 그 뒤에 광이 팔리기루 됐다나 봐. 팔리기만 하면은 몇만 원 생길 텐데, 매매에 걸려가지구는 두 달 장간이나 오늘 내일 밀려나려오기만 허구, 돈이 들어오덜 않는대나 봐. 그걸 바라고 있다가, 우리두 고슴도치 오이 지듯 빚을 다뿍 짊어진걸.

그렇지만 괜찮아요. 영 몰리면 집은 우리 것이니깐 팔아서 빚두 가리구 한동안 먹구 살 거리만 냉기구서 시외루 오막살이나 한 채 얻어 나앉지. 그런 것은 나두 뱃심 유해졌다우. 의식주 같은 건 근심하지 말구서, 돼가는 대루 살아가기루.

 정말이지 그런 건 죄꼼두 걱정두 안되구, 위협두 느끼잖어요. 거저 그이만 몸을 도루 일으켜가지구, 생화야 있든지 없든지, 남처럼 활달하게 나돌아다니구 허기만 해주었으면, 머 내가 어디 가서 빨래품을 팔아다가 사흘에 한 끼씩 먹구 살아두 좋아요.

 흰말이 아니라우. 진정이야. 그런데 글쎄, 아유, 답답해! 아, 밖에 나가서 돌아다니구, 머 삼청동 풀에를 다니구, 그런 것두 외려 열두째야. 내 참!
……

 언니두 와서 봤으니깐 알 테지만, 우리 집 건넌방이라는 게 그게 방이우? 여름 한철은 도무지 사람이 거처를 못해요. 앞문이 정서향으루 나놔서 오정만 지나면 그 더운 불볕이 쨍쨍 들이쬐지요. 게다가 처마 끝 함석 채양에는 후꾼후꾼 더운 기운이 숨이 막히게 우리지요. 북창 하나 없구 겨우 마루루 샛문이 한쪽 났다는 게 바람 한 점 드나들덜 않지요. 머 방 속이 아니라, 영락없는 한징가마 속이야. 날더러는 단 십 분을 들앉어 있으래두 죽으면 죽었지 못해. 어느 미쟁이녀석이 고따우루 소견머리 없이두 집을 지어놨는지.

 그런 걸 글쎄 그이는 꼬박 그 속에서 배겨내는군. 가을이나 겨울이나 또 봄철은 외려 괜찮아요. 아 이건, 이 삼복중에 그 뜸가마 속에서 끄윽 들박혀 있으니, 더웁긴들 오죽허며 여니 사람두 더위에 너무 부대끼면은 신경이 약해져서 못쓰는 법인데, 이건 가뜩이나 뭣한 사람이 그 지경을 허구 있다게, 멀쩡한 자살이 아니우?

 제에발 마루루라두 나와서 누웠으라구, 경을 읽어두 안 들어요. 마룬들 그대지 신통헐꼬만서두, 그래두 건넌방보담은 더얼 허구, 또 안방은 앞뒷문으루 맞바람이 쳐서 제법 시언하다우.

 단 두 내외에 어린 놈 하나겠다. 남의 식구라구는 없으니, 아녈말루 활씬 벗구는 여기저기 시언한 자리루 골라눕던 못허우?

 성가시구 다아 힘이나 드는 노릇이라면, 그두 몰라. 누웠던 자리에서 몸 한번만 뒤치면 마루루 나와지구, 또 한 번만 뒤치면 안방 뒷문치루 옮아 누워지구 하는 걸, 웬 고집이며 무슨 도섭으루다가 고걸 꼼지락거릴랴구 않구서, 생판 뜸가마 속에만 늘어붙어설랑 육장으루 그 고생이우?

 가슴이 지레 터지구, 내가 얼마나 폭폭 하겠수? 사뭇 살이 내려요.

 허기야 사람이 전에두 고집이 세구 신경질이 돼서, 편성이구, 허기는 했지만, 시방 저러는 건 고집두 편성두 아니구서, 거저 나무토막이구 돌덩어리라니깐! 그러니 병이지, 병이 아닌 담에야 어디 그럴 법이 있수.

병원? 진찰?

홍! 그런 말만 내보우. 생사람 하나 죽구 말지 안돼요. 안되구, 아까 이야기하다가 말았지만, 여기 아저씨가 누구 잘 아는 이루 신경과 전문의사가 있으면 미리 짜구서, 그런 눈치 저런 눈치 뵐 게 아니라, 놀러 온 양으루 어물쩌억허구, 좀 보아 달래야지, 내 억척으루는 천하없어두 병원에는 데리구 가는 장사는 없어요.

이거 봐요, 글쎄, 오늘은 이런 재주를 다아 부려보잖었겠수?

오정이 조곰 못돼서야. 태호 벙어리를 털으니깐, 제법 일원짜리두 두장이나 나오구, 죄다 해서 한 오륙 원은 돼요. 옳다구나, 태호허구두 구누를 해 가지구서는 모자가 건넌방으루 —— 그 양반이 농성(籠城)을 허구 있는 그 한징가마 속이었다 —— 글러루 처억 쳐들어갔구려.

들어가설랑, 아 날두 이렇게 몹시 더웁구 이애두 벌써 며칠째 어디를 가자구 조르구 허니깐, 우리 가서 수박두 먹을 겸, 풀에두 들어갈 겸, 안양(安養)이나 잠깐 갔다가 오자구. 듣자니 사람두 그리 많지두 않구, 조용한 자리두 얼마든지 있다더라구. 머 있는 소리 없는 소리 주어 보태가면서 은근히 추실르지를 안했다구요. 태호는 태호대루 내가 외워준 말을 강한다는 게 '안양' 먹으러 '수박' 가자구 조르구 앉었구.

첨에는 대답도 안해요. 그래두 자꾸만 앉어서 조르니깐, 겨우 한닷 소리가, 태호 데리구 갔다 오구려, 이러는군!

그러면서 슬며시 돌아눕는데, 글쎄 잠뱅이만 입구 알몸으루 누웠던 등어리가 땀이 어떻게두 지독으루 났든지, 방바닥이 홍그은해요. 오죽해서 내가 걸레를 집어다가 닦았으니. 천주학이라구는!

일 글른 줄 알면서두, 그리지 말구 같이 갑시다. 당신두 같이 가서 소풍두 허구 그래야 좋지, 우리 둘이만 무슨 재미루다가 가겠수. 자, 어서 일어나서 우선 냉수루 저 땀두 좀 씻구, 그리라구 비선허듯 애기 달래듯 하니깐

"재미?"

암말두 않구, 한참 있다가, 따잡듯 시비조야.

"재미라……? 게 임자네 재미 보자구 나는 고통을 받아야 하나?"

"그런 억짓 소릴라컨 내지두 마시우!"

나두 그제서는 속에서 부애가 치밀다 못해 대구 쏠밖에.

"원, 놀러가는 게 어쩌니 고통이며, 당신 말대루 설령 고통이 된다구 합시다. 당신 좀 고통받구서, 머 나는 둘째야, 저 어린 것 하루 실컷 즐겁게 해주면, 그게 못할 일이우?"

"그것두 천하사를 도모하는 노릇이라면……"

"에구! 거저……"

"………"

"글쎄, 여보!"

"………"

"당신 이러다가 아녈말루 죽기나 하면 어떡허자구 그러시우?"

"헐 수 없겠지. 인간 목숨이 소중하다는 것두 요새는 전설 같아서 까마득 허이!"

"드끄러워요! 내가 어디 가서 기두 맥두 없이 죽어버려야, 당신이 정신을 좀 채릴려나 보우."

"얄망거리지 않는 여편네는 넉넉 만큼 값이 있어, 아닌게아니라, 아씨의 그 다변은 좀 성가셔!"

"그렇다면은, 아무래두 나는 죽어야 하겠구려? 당신 성가시지 않게, 또 정신을 버쩍 좀 차리게. 소원이라면 죽어 드리리다."

"나를 위해서……? 죽는다……?"

"빈말이 아니라, 두구 봐요."

"남을 위해서 내가 죽는 것두 개주검일 경우가 많아! 제일차 세계대전 후에, 아메리카 녀석들이 무얼루 오늘날 번영을 횡재했게! 귀곡성(鬼哭聲)이 이천만이 합창을 하잖나! 억울하다구. 생때 같던 장정 이천만 명!"

"아이구 답답이야! 이 답답. 제에발덕분 하느라구 저기 마루나 안방으루 라두 좀 나가서 누워요. 제에발."

"그만 입 다물지 못해? 이 하등동물 같으니라고."

소리를 버럭 지르면서 되사리구 일어나 앉어요, 화가 나설랑.

"이 동물아! 내가 이렇게 꼼짝 않구서 쳐박혀만 있으니깐, 아무 내력 없이 그러는 줄 알아? 나는 이게 싸움이야, 이래 뵈두. 더위가 나를 볶으니까, 누가 못견디나 보자구 맞겨누는 싸움이야 싸움!"

내 원, 어처구니가 없어서.

더 옥신각신해야 되려 그이 신경에만 해롭겠어서 벌떡 일어나 나와 버렸지. 속두 상허구, 허는 깐으루는 재야 말대루 태호나 데리구 안양이라두 곤 가겠어. 그렇지만, 어디 그럴 수가 있어야지. 내가 애를 푹신 삭히구 말았지.

그러자 마침 생각하니깐 오늘이 말복이야. 그래, 온 여름 내내, 그 생지옥에 처박혀 있으면서, 연계 한 마리두 못 얻어먹구 꼬치꼬치 야윈 게 애차랍기두 허구, 또 태호두 며칠 설사 끝에 눈이 빠아꼼하구, 에라 남대문장에나 가서 연계를 두어 마리 사다가 삶어 주리라구, 태호를 앞세우구 나섰지.

  그이더러두 장에 가서 닭 사가지구 오마구, 좋은 말루 말을 허구 나가려니깐, 되부르더니, 내려가는 길에 싸전가게 주인더러 재갸가 엊그제 시굴서 올라오기는 했는데, 일이 여의치가 못했다구, 미안한 대루 이 달 팔월 그믐꺼정만 더 참어달라구 일르라는군. 그런 걸 봐두 정신 말짱하잖우?

  대놓구 먹던 아랫거리 싸전에 묵은 외상값이 한 이십 원 돼요. 그걸 지난 봄부터 몇번 밀어오다가 유월 그믐껜가는 재갸가 돈을 마련하러 시굴을 내려가니, 수히 올라와서 셈을 막어주마구 그랬다는군. 그래 놓구는 칠월 그믐을 문두름히 넹겼는데, 글쎄, 그이 하는 짓을 좀 봐요. 시굴 내려갈 줄루 거짓말을 하구서는, 그담부텀은 그 앞으루 지내다니기가 안됐으니깐, 화동 서씨네 집을 갈 때면은 곧장 내려와서 가회동으루 넘어가덜 못하구서는, 위정 중앙학교 뒤루 길을 피해 비잉빙 돌아다니는구려! 애초에 시굴이니 뭣이니 할 게 아니라, 그대루 이럭저럭 한동안 밀어가다가, 생기는 날 갚어 줄 것이지, 또 그래놓구서, 그 앞을 얼찐 못할 건 무엇이며, 사람이 고렇게 소심허다구는! 그런 걸 보면 천하 졸장부야.

  그래 아무려나, 시키는 대루 싸전엘 들러서 말을 그대루 이르구는, 전차를 타구 남대문까지 가서, 연계를 세 마리를, 털 뜯구 속낸 걸로 사가지구 그리구 돌아보니깐, 한시가 조끔 못됐더군. 아마 한 시간 남짓했나 봐. 그런데 집에를 당도하니깐, 그이가 어디루 가구 없어요. 집은 텅 비어놓구 대문만 지쳐두구서.

  그저 짐작에, 화동 서씨네 집에나 갔나보다구 심상하게 여기구서, 별 치의두 안했지. 늘 동저구리 바람으루 시간 대중 없이 주루루 가군 하니깐.

  그랬지. 누가 글쎄 동복을 지성으루 ㄲ내 입구, 그 야단을 떨었을 줄이야 꿈엔들 생각했수?

  그랬는데, 그래 시방 부랴부랴 닭을 삶는다, 또 그이가 칼국수를 좋아허길래 밀가루를 반죽해가지구 늘여서, 썰어서, 삶어 건져놓는다, 양념을 장만한다, 거진거진 다아 돼가는 판에, 마침 들어오기는 때맞추어 들어왔다는 게, 쇠통 그 모양을 해가지구 처억 들어서지를 않는다구요!

  하마 조끔 뭣했으면 내가 미칠 뻔했다우, 허겁이 아니라. 시댁두 시댁이지만 집에서 만약 어머니가 아시면, 기절을 하셨지.

  그래 겨우 정신을 채려가지구, 그 얼뚱애기를 데려다가 마룻전에 걸터앉히구서, 모자를 벗기구, 저구리를 벗기구, 조끼를 벗기구, 부채질을 해주구 하면서 대체 어디를 갔다가 오느냐구 제쳐 물으니깐, 종로! 종로를 갔다 온대요. 자그만치 종로를.

  나는 기가 막혀서 울다가 웃었구려.

젊은이 망녕은 참나무 몽둥이루 곤친다는데, 이건 몽둥이질을 하잔 말두 안 나구. 아닌게아니라, 국수를 늘리느라구 거기 마루에 놓아둔 방망이가 돌려다보입디다!

"아아니 여보, 말쑥한 여름 양복은 두어두구서 무슨 내력으루 이걸 끄내 입구, 종로는 또 무엇하러 가신단 말이요?"

"속 모르는 소리 말아. 이걸 떠억 입구 이걸 푸욱 눌러 쓰구, 저 이글이글한 불볕에! 어때? 온갖 인간들이 더우에 항복하는 백기(白旗) 대신 최저한도루다가 엷구 시언헌 옷을 입구서 그리구서두 허어덕허덕 쩔매구 다니는 종로 한복판에 가 당당하게 겨울옷을 입구서 처억 버티구 섰는 맛이라니! 그게 어떻게 통쾌했는데!"

연설조루 팔을 내저으면서 마구 기염을 토하겠지.

"남들이 보구 웃잖습디까?"

"그까짓 속충(俗蟲)들이 뭘 알아서? 어허허 그 친구 토옹쾌허다! 이 소리 한번 치는 놈 없구, 모두 피쏙피쏙 웃기 아니면 넋나간 놈처럼 멍허니 입을 벌이구는 치어다보구 섰지."

보니깐 그 두꺼운 양복 밖으루 땀이 뱃겠지. 얼마나 더웠어!

"그리구 참, 내 올라오면서 싸전가게 앞으루 지내 와봤는데……"

"무어랍디까?"

"그저, 안녕히 다녀오셨느냐구. 그런데 말이야, 그 앞을 지내오면서, 가만히 생각하니까, 썩 유쾌하겠지!"

"진작 그러실 거지."

"응, 길을 피해서 돌지두 말구, 맘을 터억 놓구서, 고개를 들구서 팔을 커다랗게 치면서 그 앞을 어엿하게 지내왔단 말이야, 아주 당당히. 그래! 그게 해방이란 거야, 해방! 해방은 유쾌한 거야!"

사뭇 우줄거리는데 얼굴은 보니깐, 그새처럼 침울하기는 침울해두, 말소리는 애기같이 명랑하겠지!

재갸 말대루 통쾌하구 유쾌하구 한 덕분인지 모르겠어두, 닭국에다가 국수를 말어 주니깐, 큰 바리루 하나를 다 먹구 또 주발루 반이나 먹더군.

그러니 말이유. 그게 요행 병을 돌려서 그러는 거라면, 오죽 기쁠 일이우. 그렇지만 불행히 병이 도져가는 증조라면 그 일을 장차 어떡헌단 말이우?

혈통? 없어요. 시방 당대구 선대구, 그런 일은 없어요. 아니야, 내가 글쎄, 그이허구 결혼한 지가 칠 년인데, 그이 학부 마칠 동안 삼 년허구 취직한 뒤에 살림 시작하기 전 이 년허구, 오 년이나 시댁에서 지냈는걸 아무런들 그이 집안에 정신병 혈통이 있는지 없는지 몰랐겠수?

옳아, 언니 시방 하는 말이 맞었어. 나두 실상 그렇게 짐작은 했다우. 그러니 말이지, 사내 대장부가 어찌 그대지 못났수? 이건 과천(果川)서 뺨맞구, 서울 와서 눈 흘기기 아니우? 제엔장맞을, 차라리 뛰쳐나서서 냅다 한바탕…… 응? 그럴 것이지, 그렇잖우?

그러구저러구 간에 시방 나루서는 병(病) 시초나 또 뿌렁구나 그게 문제가 아니야.

다못 그이가 정말루 못쓰게 신경 고쟁이 생겼느냐, 요행 일시적이냐. 만약에 중한 고장이라면은 어떻게 해야만 그걸 나수어주겠느냐, 이것뿐이지 그밖에는 아무것두 내가 참견할 게 아니야. 날더러 그이를 이해(理解)를 못한다구? 딴전을 보구 있네! 그게 어디 이해(理解)를 못허는 거유?

마침맞게 아저씨가 들어오시는군.

내친 걸음이니 아무리나 같이 앉어서 상의를 좀 해보구……

1. 난데없는 업둥이 (마나님 시점)

옛날 저 강원도에 있었던 일입니다.

강원도라 하면 산 많고 물이 깨끗한 산골입니다. 말하자면 험하고 끔찍끔찍한 산들이 줄레줄레 어깨를 맞대고 그 사이로 맑은 샘은 곳곳이 흘러 있어 매우 아름다운 경치를 가진 산골입니다.

장수꼴이라는 조그마한 동리에 늙은 두 양주가 살고 있었습니다.

그들은 마음이 정직하여 남의 물건을 탐내는 법이 없었습니다. 그리고 개새끼 한번 때려보지 않았드니만치 그렇게 마음이 착하였습니다.

그러나 웬 일인지 늘 가난합니다. 그건 그렇다 하고 그들 사이에 자식이라도 하나 있었으면 오작이나 좋겠습니까. 참말이지 그들에게는 가난한것보다도 자식을 못가진 이것이 다만 하나의 큰 슬픔이었습니다.

그러자 하루는 마나님이 신기한 꿈을 꾸었습니다. 자기가 누어 있는 옆 자리에서 곧 커다란 청용 한마리가 온몸에 용을 쓰며 올라가는 꿈이었습니다. 눈을 무섭게 부라리고는 천정을 뚫고 올라가는 그 모양이 참으로 징글징글 하여보입니다. 거진거진 다 빠져나가다 때마침 고 밑에 놓였던 벌겋게 핀 화롯불로 말미암아 애를 씁니다. 인젠 꽁지만 빠져나가면 고만 일텐데 불이 뜨거워 그걸 못합니다. 나종에는 이응, 하고 야릇한 소리를 내지르며 다시 한번 꽁지에 모지름을 쓸 때 정신이 고만 아찔하여 그대로 깼습니다.

별 꿈도 다 많습니다. 청용은 무엇이며 또 이글이글끓는 그 화로는 무슨 의밀가요. 그건 그렇다치고 다빠져나간 몸에 하필 꽁지만 걸리어 애를 키우는건 무엇일런지-

마나님은 하도 괴상히 생각하고 그 이야기를 영감님에게 하였습니다.

이걸 듣고는 영감님마저 눈을 둥그렇게 떴습니다.

그리고 얼마 있더니 손으로 무릎을 탁 치며

"허 불싸! 좋긴 좋구면서도-"

하고 입맛을 다십니다. 그 눈치가 매우 실망한 모양입니다.

"그게 바루 태몽이 아닌가?"

"태몽이라니 그게 무슨 소리유?"

하고 마나님이 되짚어 물으니까

"아들 날 꿈이란 말이지-"

"아들을 낳다니? 낼 모레 죽을것들이 무슨 아들인구!"

"허 그러게 말이야- 누가 좀 더 일찌기 꾸지 말랐든가!"

하고 영감님은 슬픈 낮으로 한숨을 휘 돌립니다.

이럴지음에 싸리문께서 꿩가리 치는 소리가 들려옵니다.

마나님은 좁쌀 한쪽박을 퍼 들고 나오며 또한 희안한 생각이 듭니다. 여지껏 이렇게 간구한 오막살이를 바라고 동냥하러 온 중이 없었습니다. 그런데 오늘은 이게 웬일입니까. 다 쓸어진 싸리문 앞에 서서 중이 꿩가리를 두드릴수 있으니 별일도 다 많습니다.

마나님은 좁쌀을 그 바랑에 쏟아주며

"입쌀이 있었으면 갖다 드리겠는데 우리도 장 이 좁쌀만 먹어요."

하고 저윽히 미안쩍어 합니다. 모처럼 멀리 찾아온 손님을 좁쌀로 대접하여서는 안 될 말입니다. 동냥을 주고도 그 자리에 그냥 우두머니 서서 마음이 썩 편치않습니다. 그래서 논밭길로 휘돌아 내려가는 중의 뒷모양을 이윽히 바라보고 서 있습니다.

하기는 중도 별 중을 다 봅니다. 좁쌀이건 쌀이건 남이 동냥을 주면 고맙다는 인사가 있어야 할게 아닙니까. 두발이 허옇게 센 깻긋한 노승으로써 남의 물건을 묵묵히 받아가다니 그건 좀 섭섭한 일이라 안할 수 없습니다.

그러나 더욱 이상한것은 그 담 날 똑 고맘 때 중하내 또 왔습니다. 이번에는 마나님이 좁쌀 한쪽박을 퍼들고 나가보니 바로 어제 왔던 그 노승이 아니겠습니까. 그리고 어제와 한가지로 묵묵히 동냥을 받아가지고는 그대로 돌아서고마는 것입니다.

어쩌면 사람이 이렇게도 무뚝뚝할수가 있습니까. 고마운것은 집어치고 부드럽게 인사 한 마디만 있어도 좋겠습니다. 허나 마나님은 눈쌀 하나 찌프리는 법 없이 도리어 예까지 멀리 찾아온것만 기쁜 일이라 생각하였습니다.

그러다 셋째번 날에는 짜장 놀라지 않을수 없습니다. 똑 고맘 때 바로 고 중이 또 찾아오지 않았겠습니까. 마나님은 동냥을 아무 군말 없이 퍼다주며 얼떨떨한 눈으로 그 얼굴을 뻔히 쳐다보았습니다.

그제서야 그 무겁던 중의 입이 비로서 열립니다.

"마나님! 내 관상을 좀 할줄 아는데 좀 봐드릴까요?"

하고 무심코 마나님을 멀뚱히 바라봅니다.

마나님은 너무도 반가워서 주름 잡힌 얼굴을 싱긋벙긋하며

"네! 어디 은제 죽겠나 좀 봐주슈."

"아닙니다 돌아가실 날짜를 말씀해드리는것이 아니라 앞으로 장차 찾아올 운복을 말씀해드리겠습니다."

"인제는 거반 다 살고 난 늙은이가 또 무슨 복이 남았겠어요?"

여기에는 아무 대답도 하려하지 않고 노승은 고 옆 괴때기 위에 가 덜썩 주저앉습니다. 그리고 허리에 찬 엽낭을 뒤적대더니 강한 돗베기와 조그만 책 한권을 꺼내듭니다. 돗베기 밑으로 그 책을 바짝 드려대고 하는말이

"마나님! 당신은 참으로 착하신 어른입니다. 그런데 불행히도 전생에 지은 죄가 있어 지금 이 고생을 하는것입니다."

하고 중은 한 손으로 허연 수염을 쓰다듬어 내리더니

"그러나 인제는 그 전죄를 다 고생으로 때셨습니다. 인제 앞으로는 복이 돌아옵니다. 우선 애기를 가지시게 될것입니다."

"아니 이대도록 호호 늙은이가 무슨 애를 가진단 말씀이유?"

하고 망측스럽단듯이 눈을 깜짝깜짝하다가 그래도 마음에 솔깃한것이 있어

"그래 우리같은 늙은이에게도 삼신께서 애를 즐지해주슈?"

"그런것이 아니라 현재 마나님에게 아이가 있습니다. 그런데 다만 마나님 눈에 보이지만 않을 뿐입니다."

"네, 애가 지금 있어요?"

하고 마나님은 눈을 횡댕그러히 굴리지 않을 수 없었습니다. 노승의 하는 말이 그게 온 무슨 소린지 도시 영문을 모릅니다.

"그럼 어째서 내 눈에는 보이지를 않습니까.?"

"네 차차 보십니다. 인제 내 보여드리지요."

노승은 이렇게 말을 하더니 등 뒤에 졌던 바랑을 끄릅니다. 그걸 무릎앞에 놓고 뒤적거리다 고대 좁쌀을 쏟아넣던 그 속에서 자그마한 보따리 하나를 끄냅니다. 그리고 다시 그 보따리를 끄를 때 주인마나님은 얼마나 놀랐겠습니까.

집집으로 돌며 동냥을 얻어 넣고서 다니던 그 보따립니다. 그 속에서 천만 뜻밖에도 말간 눈을 가진 애기가 나옵니다. 인제 낳은지 삼칠일이나 될는지 말는지 그렇게 나긋나긋한 귀동잡니다.

"마나님! 이 애기가 바루 당신의 아들입니다."

"네?"

하고 마나님은 얻어맞은 사람같이 얼떨떨하였습니다. 그러나 우선 애기를 보니 반갑습니다. 두 손을 내밀어 자기 품으로 덥썩 잡아채가며

"정말 나 주슈?"

하고 눈에 눈물이 글썽글썽했습니다.

"아니요. 드리는것이 아니라 바루 당신의 아들입니다. 그러나 혹시 요담에 와 다시 찾아갈 날이 있을지도 모릅니다. "

노승은 이렇게 몇마디 남기고는 휘적휘적 산모롱이로 사라집니다. 물론 이쪽에서 이것저것 캐물어도 아무 대답도 하야주는 법이 없었습니다.

2. 행복된 가정 (마나님 시점)

마나님은 애기를 품에 안고서 허둥지둥 뛰어들어갑니다.

"여보! 영감!"

하고는 숨이차 한참을 진정하다가 그 자초지정을 저저히 설명합니다. 그리고 분명히 들었는데 노승의 말이

"이 애가 정말 내 아들이랍디다."

"뭐? 우리 아들이야?"

하고 영감님 역 좋은지만지 눈을 커다랗게 뜨고는 싸리문 밖으로 뛰어나옵니다. 아무리 생각하여도 심상치는 않는 중입니다. 직접 만나보고 치사의 말을 깍듯이 하여야 될겝니다.

그러나 동리를 샅샅치뒤져보아도 노승의 그림자는 가뭇도 없습니다. 다시 집으로 터덜터덜 돌아와서는

" 아 아 자꾸만 만지지 말아."

하고는 다시 한번 애기를 품에 안아보았읍니다. 과연 귀엽고도 깨끗한 애깁니다. 어쩌면 이렇게 살결이 희고 눈매가 맑습니까. 혹시 이것이 꿈이나 아닐지 모릅니다.

영감님은 손으로 눈을 비비고나서 다시 드려다 보았습니다마는 이것이 결코 꿈은 아닐듯 싶습니다. 그러면 그 노승은 무엇일가. 또는 어째서 자기네에게 이 애기를 맡기고 간것일 가. 아무리 궁리하여도 그 속은 참으로 알수가 없습니다.

그러나 하여튼 애기를 얻은것만 기쁠뿐입니다. 그들은 애기를 가운데에 두고서 해가 가는 줄도 모릅니다.

이렇게 하여 얻은 것이 즉 두포입니다.

그들은 날마다 애기를 키우는걸로 그 날 그 날의 소일을 삼았습니다. 애기에게 젖이 있었 으면 얼마나 좋겠습니까. 나이가 이미 늙어서 마나님은 아무리 젖을 짜보아도 나오지를 않 습니다. 하릴없이 조를 끓이어 암죽으로 먹일때마다 가엾은 생각이 안 날수 없었습니다. 그래서 때때로 영감님이 애기를 안고서 동리로 나갑니다. 왜냐면 애기 있는 집으로 돌아다 니며 그 젖을 조금씩 얻어먹이고 하는 것입니다.

이렇게 제구가 없어 젖구걸을 다니건만 애기는 잘두 자랍니다. 주접한번 끼는 법 없이 돋 아나는 풀싹처럼 무럭무럭 잘두 자랍니다.

그리고 세상에는 이상한 애기도 다 있습니다. 열살이 넘어서자 그 힘이 어른 한사람을 넉 넉히 당합니다. 뿐만 아니라 얼굴 생김이 늠늠한 맹호같아서 보는 사람으로 하여금 머리를 숙이게 하는것입니다. 겸하여 늙은 부모에게 대한 그 효성에도 놀랍지 않을수가 없었습니 다.

동리 어른들은 그 애를 다들 좋아하였습니다. 그리고 자기네끼리 모이면

"저 두포가 보통 아이는 아니야!"

하고 은근히 수군거리고 하였습니다.

늙은 아버지와 어머니는 그를 극진히 사랑하였습니다. 그리고 나날이 달라가는 그 행동을 유심히 밝히어보고 있었습니다.

"필연 이 애가 보통 사람은 아닌거야."

"남들두 이상히 여기는 눈칩니다."

이렇게 늙은 두 양주는 두포의 장래를 매우 흥미있게 바라보고 있었습니다.

3. 놀라운 재복 (도둑놈 칠태 시점)

두포는 무럭무럭 잘두 자랍니다. 물론 병 한번 앓는 법 없이 깔끗하게 자라갑니다.

늙은 아버지와 어머니는 너무도 기뻐서 어쩔줄을 모릅니다. 나날이 달라가는 두포를 보는 것이 진품 그들의 행복이었습니다. 아들을 아침에 산으로 내보내면 저녁나절에는 싸리문 밖에가 두 양주가 서서, 아들 돌아오기를 기다리는것이 하루하루의 그들의 일이었습니다.

그분 아니라, 두포가 들어오자 집안이 차차 늘지를 않겠습니까. 산밑에 놓였던 그 오막살 이 초가집은 어디로 갔는지, 인제는 그림자도 보이지 않습니다. 그리고 그 자리에가 고래 등같은 커다란 기와집이 넓직이 놓여있습니다. 동리에서만 제일갈뿐 아니라, 이 세상에서 으뜸이리라고, 다들 우러러보고 하였습니다.

그러나 어떻게 하여 이토록 부자가 되었는지, 그걸 아는 사람은 하나도 없었읍다. 그래, 어 떤이는 사람들이 워낙이 착하여 하느님이 도와주신거라고 생각하였습니다. 혹은 두포의 재주가 좋아 그런거라고 생각하는 이도 있었습니다.

"재주? 무슨 재주가 좋아, 빌어먹을 여석의 거! 도적질이지."

이렇게 뒤로 애매한 소리를 하며 돌아다니는 사람도 있었습니다. 물론 이것은 두포를 원수같이 미워하는 요 건너 사는 칠태입니다.

칠태라는 사람은 동네에서 꼽아주는 장사로, 무섭기가 맹호같은 청년입니다. 그런데 마음이 번디 불량하여 남의 물건을 들어다놓고, 제것같이 먹고 지내는 도적입니다. 이렇게 엄청난 짓을 하여도 동리에서는 아무도 그를 나무래는 사람이 없습니다. 왜냐면 너무도 힘이 세이므로 팬스리 잘못 덤볐다간 이쪽이 그 손에 맞아죽을지 모릅니다.

그리하여 칠태는 제 힘을 자시하고, 한번은 두포의 집 뒷담을 넘었습니다. 이집 뒷광에 있는 쌀과 돈, 갖은 보물이 탐이 납니다.

그러나, 열고 들어가 후려내오면 고만입니다. 누구하나 말릴 사람은 없으리라고, 마음놓고 광문의 자물쇠를 비틀어봅니다. 이때 이것이 웬 일입니까

"이놈아"

하고 벽력처럼 무서운 소리가 나자, 등어리에가 철퇴가 떨어지는지 몹시도 아파옵니다. 정신이 아찔하여 앞으로 쓸어지려 할 때, 이번에는 그 육중한 몸둥아리가 공중으로 치올려뜨지 않겠습니까. 그러나 다시 떨어졌을 때에는 거지반 얼이 다 빠지고 말았습니다.

허지만 힘꼴이나 쓴다는 장사가 요까진것쯤에 맥을 못 추려서야 말이 됩니까. 기를 바짝 쓰고서 눈을 떠보니 별일도 다 많습니다. 칠태의 그 무거운 몸둥아리가 두포의 두 팔에가 어린애 같이 안겨 있지 않겠습니까. 그리고, 집안에서 시작된 일이 어떻게 되어 여기가 대문밖입니까. 이건 참으로 알수 없는 귀신의 노름입니다.

그러자, 두포는 칠태의 몸둥아리를 번쩍 처들어 무슨, 헌겁떼기와 같이 풀밭으로 내던졌습니다. 그리고 그는 두손을 바짓자락에 쓱 문대며,

"이놈! 다시 그래봐라. 이번엔 허릴 끊어놀테니."

하고는 집으로 들어가버립니다. 그 태도가 마치 칠태같은 것쯤은 골백다섯이 와도 다- 우습다냥 싶습니다.

이걸 가만히 바라보니, 기가 막히지 않을수 없습니다. 제깐에는 장사라고 뽑내고 다녔더니, 인제 열댓밖에 안된 아이놈에게 이 욕을 당해야 옳습니까.

그건 그렇다 하고, 대관절 어떻해서 공중으로 날아 대문 밖으로 나왔겠습니까. 아무리 생각하여도 두포의 재주에는 놀라지 않을 수가 없었습니다. 광문 앞에서 필연, 두포가 칠태의 몸을 번쩍 들어 공중으로 팽개친것이 분명합니다. 그래놓고는 그 몸이 대문 밖 밭고랑에가 떨어지기 전에 날쌔게 뛰어 나가서 두 손으로 받은 것이 아니겠습니까. 그렇지만 않았다면 칠태는 땅바닥에 그대로 떨어져서 전병같이 되고 말았을 것입니다. 이건 도저히 사람의 일같지가 않았습니다.

칠태는 도깨비에 씨인듯이 등줄기에가 소름이 쭉 내끼쳤습니다 . 그리고 속으로 썩 무서운 결심을 품었습니다.

"흐응! 네가 힘만으로는 안될라! 어디 보자."

이렇게 생각하고, 칠태는 도끼를 꽁문이에 차고서 매일같이 산으로 돌아다녔습니다. 왜냐면 두포가 아침에 산으로 올라가면, 하루 온종일 두포의 그림자를 보는 사람이 없었습니다. 겨우 저녁 때 자기 집으로 들어가는 뒷모양밖에는 더 보지 못합니다.

"그러면 두포는 매일 어디서 해를 지우나?"

이것이 온 동리 사람의 의심스런 점이었습니다.

그러나, 칠태는 제대로 이렇게 생각하였다. 제놈이 허긴 뭘해 아마 산속 깊이 도적의 소굴 있어서 매일 거기가 하루 하루를 지내고 오는 것이라고. 그러니까 산으로 돌아다니면 은제 든가 네 놈을 만날것이다. 만나기만 하면 대뜸 달겨들어 해골을 두쪽 내겠다고 결심했던 것입니다.

칠태는 보름동안이나 낮 밤을 무릅쓰고 산을 뒤졌습니다 . 산이란 산은 샅샅이 통 뒤져본 폭입니다.

그러나 이게 웬 일인가. 두포의 발자국조차 찾아 볼 길이 없습니다.

4. 칠태의 복수 (도둑놈 칠태 시점)

그러자 하루는 해가 서산을 넘는 석양이었습니다

칠태는 하루 온종일 산을 헤매다가 기운없이 내려오려니까, 저 맞은쪽 산골짜기에서 사람 의 그림자가 힐끗합니다. 그는 부지중에 몸을 뒤로 걷으며 가만히 노려보았습니다. 그리고 는 너무도 기뻐서는 몸이 부들부들 떨리었습니다.

이날까지 그렇게도 눈을 까두집고 찾아다니던 두포, 두포, 흐응! 네가 바로 두포구나 이놈 어디 내도끼를 한번 받아보아라.

칠태는 숲 속으로 몸을 숨기어 두포의 뒤를 밟았습니다. 그러나 두포에게로 차차 가차이 올쑤록 눈을 크게 뜨지 않을 수 없었습니다. 왜냐면 두포의 양 어깨 위에는, 커다란 호랑이 두 마리가 얹혀있지를 않겠습니까. 이걸 보면 필연 두포가 주먹으로 때려잡아가지고 내려 오는 것이 분명합니다.

칠태는 따라가던 다리가 멈칫하여 장승같이 서있습니다. 아무리 도끼를 가졌대도 두포에 게 잘못 덤비었단 제 목숨이 어찌 될지 모릅니다. 이럴가, 저럴가, 망설이고 섰을 때, 때마 침 두포가 어느 바위에 걸터앉아서 신의 들매를 고칩니다. 꾸부리고 있는 그 뒷모양을 보 고는 칠태는 다시 용기를 내었습니다. 이깐 놈 거, 뒤로 살살 기어가서 도끼로 내려만 찍으 면 고만이다. 이렇게 결심을 먹고 산 잔등이에 엎드려 소리없이 기어올라갑니다.

등 뒤에서 칠태의 머리가 살며시 올라올 때에도 두포는 그걸 모른다. 다만 허리를 구부리 고 신들매만 열심히 고치고 있었습니다. 칠태는, 허리를 펴고 꽁문이에서 도끼를 꺼냈습니 다. 그리고 때는 이때라고 온몸에 용을 써가지고 두포의 목덜미를 내려찍었습니다.

워낙에 정성드려 내려찍은 도끼라, 칠태는 저도 어떻게 된 영문을 모릅니다. 확실히 두포 의 몸이 도낏날에 두쪽이 난걸 이 눈으로 보았는데, 다시 살펴보니, 두포의 몸은 간곳이 없 습니다. 다만 바위에가 도낏날에 부딛는 탁소리와 함께 불이 번쩍나고 말았을 그뿐입니다. 그리고 불똥이 튀는 바람에 칠태의 왼눈 한짝은 이내 멀어버리고 말았습니다. 참으로 이상 두스러운 일입니다. 사람의 몸이 어떻게 바위로 변하는 수가 있습니까.

칠태는 두포에게 속은 것이 몹씨도 분하였습니다. 허나 어째볼수 없는 노릇이라, 아픈 눈 을 손등으로 비비며 터덜터덜 산을 내려옵니다.

그리고 가만히 생각하여보니, 두포가 보통사람이 아닌것을 인제 깨닫게 됩니다. 우선 두포 의 늙은 부모를 보아도 알것입니다. 그들은 벌써 죽을 때가 지난 사람들입니다. 그렇건만 두포가 가끔 산에서 뜯어오는 약풀을 먹고는, 늘 싱싱하게 있는 것이 아닙니까. 이것말고 라도 동리 사람들 중에서도 금새 죽으려고 깔딱깔딱하던 사람이 두포에게 그 풀을얻어먹 고 살아난 사람이 한 둘이 아닙니다.

이것만 보더라도 두포에게는 엄청난 술법이 있음을 알것입니다.

칠태는 여기에서 다시 생각하였습니다. 제 아무리 두포를 죽이려고 따라다닌대두, 결국은 제 몸만 손해이다. 이번에는 달리 묘한 꾀를 쓰지 않으면 안될것입니다.

칠태는 동리로 내려와 전보다도 몇갑절 더크게 도둑질을 하였습니다. 그리고 뒤로 돌아다니며 하는 소리가,

"그 두포란 놈이 누군가 햇더니, 알고보니 도적단의 괴수더구면."

하고 여러가지로 거짓말을 꾸미었습니다.

동리사람들은 처음에 반신반의하여 귓등으로 넘겼습니다. 마는 열 번 찍어 안 넘어가는 나무가 없다고, 나중에는 솔깃히 듣고 말았습니다.

그리고 동리에서는 여기 저기서,

"아, 그 두포가 큰 도적이래지?"

"그럴거야, 그치 않으면 그 고래등같은 큰 기와집이 어서 생기나? 그리고 아침에 나가면, 그림자도 볼수 없지 않어?"

"그래, 두포가 확실히 도적놈이야. 요즘 동리에서 매일같이 도적을 맞는걸 보더라도 알쪼지 뭐."

하고는 두포에게 대한 험구덕이 대구 쏟아집니다.

그리하여 모든 사람이 모이어 회의를 하였습니다. 그리고 두포네를 이 동리에서 쫓아내거나, 그렇지 않으면 죽여 없애기로 결정하였습니다.

우선 두포를 향하여 동리에서 멀리 나가달라고 명령하였습니다.

그때 두포 대답이,

"아무 죄두 없는 사람을 내쫓는 법이 어디 있습니까?"

하고는 빙긋이 웃을뿐이다. 그리고 며칠이 지나도 나가주지를 않습니다.

동리 사람은 그러면 인젠 하릴없으니, 우선 두포부터 잡아다 죽이자고 의론이 돌았습니다.

그래, 어느날 아침, 일찌기 장정 한 삼십명이 모이어 두포의 집으로 몰리어갔습니다.

5. 두포를 잡으려다가 (마을 사람 + 도둑놈 칠태 시점)

아직 해도 퍼지지 않은 이른 아침입니다.

동리 사람들은 두포네 대문깐에 몰려들었습니다. 그들 중에 가장 힘센 사람은 굵은 밧줄을 메고, 또 더러는 육모방망이까지 메고 왔습니다. 두포가 순순히 잡히면 모르거니와 만일에 거역하는 나달에는 함부로 두들겨 죽일 작정입니다.

우선 그들은 대문밖에 서서,

"두포 나오너라. 잠찮고 묶여야지. 그렇지 않으면 느 부모까지 해가 돌아가리라."

하고, 커다랗게 호령하였습니다.

두포는 손 등으로 눈을 비비며 나온다. 그런데 웬 영문인지 몰라 떨떠름이 그들을 바라봅니다.

그때 동리 사람 삼십명은 한꺼번에 와짝 달겨들어 두포를 사로잡았습니다. 어떤 사람은 팔을 뒤로 꺾고, 또 어떤 사람은 목아지를 밧줄로 얽어다립니다.

이렇게 두포를 얽었을 때, 두포는 조금도 놀라는 기색이 없습니다. 그냥 묶는대로 맡겨두고, 뻔히 바라보고있을따름입니다.

그들은 뜻밖에 두포를 쉽사리 잡은것이 신이 납니다. 인제는 저 산 속으로 끌어다 죽이기만 하면 고만입니다. 제 아무리 장비 같은 재주라도 이판에서 빠져나지는 못할것입니다. 그들은 마치 개를 끌어다리듯이 두포를 함부로 끌어다렸습니다.

이때 묵묵히 섰던 두포가 두 어깨에 힘을 주니, 몸을 몇고팽이로 칭칭 얽었던 굵은 밧줄이 툭툭 나갑니다. 그 모양이 마치 무슨 실나부랭이 끊는 듯이 어렵지 않게 벗어납니다.

동리 사람들은 이걸 보고서 눈들을 커다랗게 떴습니다. 어찌나 놀랐는지 이마에 땀까지 난 사람도 있었습니다. 대체 이 놈이 사람인가, 귀신인가. 아무리 뜯어보아야 입, 코에 눈 두짝 갖기는 매일반이렸만 이게 대체 어떻게 된 놈인가.

이렇게들 얼이 빠져서 멀거니 서있을 때, 두포가 두팔을 쩍 버리고 몰아냅니다. 하니까 자빠지는 놈에, 엎어지는 놈, 혹은 달아나는 놈, 그 꼴들이 가관입니다. 그들은 이렇게 두포에게 욕만 당하고 왔습니다.

다시 생각하면, 이것은 동리의 수치입니다. 인제 불과 열다섯밖에 안 된 아이 놈에게 동리 어른이 욕을 본것입니다. 이거야 될 말이냐고, 그들은 다시 모여서 새 계획을 쓰기로 하였습니다. 이 새 계획이라는건, 두포는 영영 잡을 수 없다, 하니까 이번에는 그 집에다 불을 질러 세 식구를 태워버리자는 음모이었습니다.

하루는 밤이 깊어서입니다.

그들은 제각기 지게에 나무를 한짐씩을 지고 나섰습니다. 이 나무는 두포의 집을 에워싸고 그 위에 불을 지를 것입니다. 그러면 이 불이 두포의 집으로 차츰차츰 번져들어가, 나중에는 두포네 세 식구를 씨도없이 태울것입니다.

그래 그들은 소리 없이 자꾸만 자꾸만 나무를 겨다 쌉니다. 얼마를 그런뒤, 이제는 너희들이, 빠져 나올래도 빠져 나올 도리가 없을것이다. 하고 생각하는데 사방에서 일제히 불을 질렀습니다.

워낙이 잘 마른 나무라 불이 닿기가 무섭게 활활 타오릅니다. 나중에는 화광이 충천하여 온동네가 불이 된것 같습니다.

그들은 멀찍암치 서서 두포의 집으로 불이 번져들기를 지켜보고 있었습니다.

"인젠 별수 없이 다 타 죽었네."

"그렇지, 제 아무리 뾰죽한 재주라도 이 불 속에서 살아날수는 없을것일세."

이렇게들 서로 비웃는 소리로 주고 받고 하였습니다. 그런 동안에 불길은 점점 내려쏠리며 집을 향하여 먹어들어갑니다. 인제 한식경 좀 있으면 불길은 완전히 처마끝을 핥고들겝니다.

그들은 아기자기한 재미를 가지고 구경하고 서있습니다. 그러나 불길이 두포네 집 처마 끝을 막 핥고들 때, 이게 웬 조화니까. 달이 밝던 하늘에가 일진광풍이 일며, 콩알같은 빗방울이 무데기로 쏟아집니다. 그런지 얼마 못가서 두포의 집으로 거반 다 타들어왔던 불길이 차차 꺼지기 시작합니다.

그들은 하도 놀라서 꿀먹은 벙어리가 되었습니다. 마른 하늘에 벼락이 있다더니, 이게 바루 그게 아닌가. 그들은 은근히 겁을 집어먹고 떨고 서있습니다.

"이건 필시 하늘이 낸 사람이지 보통사람은 아닌걸세."

"그래 그래 애매한 사람을 죽이려 드니까 마른하늘에 생벼락이 안 내릴가."

하고, 한 사람이 눈살을 찌푸릴 때 고 옆에 서있던 칠태가 펄꺽 뜁니다.

"천벌은 무슨 천벌이야. 도둑놈을 잡아내는데 천벌인가?"

하고, 괜스리 골을 냅니다.

그러나 칠태는 제 아무리 골을 내도 인제는 딴 도리가 없습니다. 동리 사람들은 하나 둘 시납으로 없어지고, 비는 쭉쭉 내립니다.

6. 이상한 노승 (도둑놈 칠태 시점)

칠태는 두포 때문에 눈 한짝이 먼것이, 생각하면 할쑤록 분합니다. 몸이 열파가 날지라도 이 원수야 어찌 갚지 않겠는가 마음대로 된다면 당장 달겨들어 두포의 머리라도 깨물어 먹고 싶은 이판입니다. 칠태는 매일과 같이 두포의 뒤를 밟았습니다. 언제든지 좋은 기회만 있으면 해치우려는 계획입니다

그러나 어쩐 일인지 중도에서 두포를 잃고 읽고 하였습니다. 어느 때에는 두포의 걸음을 못 따라 놓치기도 하고, 또 어느 때에는 두 눈을 똑바로 뜨고도 목전에 두포가 어디로 갔는지 정신 없이 두포를 잃어버리기도 합니다.

이렇게 하여 칠태는 근 한달 동안이나 허송세월로 보냈습니다.

그러자 하루는 묘하게도 산 속에서 두포를 만났습니다. 이날은 별루히 두포를 찾을 생각도 없었습니다. 다만 나무를 할 생각으로 산 속으로 들어간 것입니다. 그러나 몸이 피곤하여 어느 나무뿌리에 쭈그리고 앉아서 졸고 있을 때입니다.

칠태가 앉아있는 곳에서 한 이십여간 떨어져 커다란 바위가 누워있습니다. 험상스리 집채같은 바윈데 그 복판에가 잦나무 한주가 박혀있습니다. 그런데 잠결에 어렴푸시 보자니까, 그 바위가 움즉움즉 놀지를 않겠습니까. 에? 이게 웬일인가. 이렇게 큰바위가 설마 놀리는 없을텐데-

칠태는 졸린 눈을 비비고, 다시 한번 똑똑히 보았습니다. 아무리 몇번 고쳐보아도 분명히 바위는 놉니다.

그제서야 칠태는 심상치 않은 일임을 알고 숲속으로 몸을 숨기었습니다. 그리고 눈을 똑바로 뜨고는 그 바위를 노려보고 있었습니다. 조금 있더니, 집채같은 그 바위가 한복판이 툭 터지며 그와 동시에 용마를 탄 장수 하나가 나옵니다. 장수는 사방을 둘레둘레 훑어보더니 공중을 향하여 쏜살같이 없어졌습니다.

이때 칠태가 놀랜것은 그 장수의 겨드랑이에 달린 날개쪽지였습니다. 눈이 부시게 번쩍번쩍하는 날개를 쭉 펴자, 용마와 함께 날아간 장수. 그리고 더욱 놀란것은 그 장수의 얼굴이 어쩌면 그렇게 두포의 얼굴과 똑같은지 모릅니다. 혹은 이것이 정말 두포가 아닐가, 또는 제가 잠결에 잘 못 보지나 않았는가, 하고 두루두루 의심하여봅니다. 그러나 조금만 더 지켜만 보면 다 알것입니다. 오늘 하루해를 여기서 다 지우더라도, 확실히 알고 가리라고 눈을 까두집고는 지키고 앉았습니다.

이렇게 하여 대낮부터 앉았는 칠태는 해가 서산에 질려는것도 모릅니다. 그러다 장수와 용마가 다시 나타났을 때에는 칠태는 정신없이 그 관상을 뜯어봅니다. 그러나 아무리 뜯어보아도 그것은 분명히 두포의 얼굴입니다.

장수는 그 먼젓번 나오던 바위로 용마를 탄채 들어갑니다. 그러니까 쭉 갈라졌던 바위가 다시 여며져 먼젓번 놓였던대로 고대로 놓입니다. 그리고 조금있더니 그 바위 저쪽에서 정말 두포가 걸어 나옵니다. 그리고 그뒤에 노인 한분이 지팡이를 껠며 따라나옵니다. 그 모습이 십오년 전 바랑에서 두포를 꺼내던 바로 그 노승의 모습입니다.

노인은 두포를 껠고서 고 아래 시새 밭으로 내려오더니, 둘이 서서 무어라고 이야기가 벌어집니다. 노인은 지팡이로 땅을 그어 무엇을 가르쳐주기도 하고 두포의 머리를 손으로 쓰다듬으며 무어라고 중얼거리기도 합니다. 그럴때마다 두포는 두 손을 앞으로 모으고 공손히들습니다.

칠태는 열심으로 그들의 얘기를 엿들고져 애를 썼습니다. 그러나 너무 사이가 떠, 한마디도 제대로들을수가 없습니다. 저 노인은 무언데, 저렇게 두포를 사랑하는가, 아무리 궁리하여보아도 알수 없는 일입니다.

그러자 두포가 노인 앞에 엎드리어 절을 하고나니, 노인은 그 자리에서 간 곳이 없습니다. 그제서야 두포는 산 아래를 향하여 내려오기 시작합니다.

칠태는 두포의 뒤를 멀찌기 따라오며 이 궁리 저 궁리 하여봅니다. 또 쫓아가 도끼로 찍어볼까 그러다 만약에 저번처럼 눈 한짝이 마저 먼다면 어찌 할겐가. 그러다 사내자식이 그걸 무서워해서야 될 말이냐-

칠태는 또 도끼를 뽑아들고는 살금살금 쫓아갑니다. 어느 으슥한 곳에 따라가 싹도 없이 찍여 죽일 작정입니다.

두포와 칠태의 사이는 차차 접근하여옵니다. 결국에는 너댓걸음 밖에 안될만치 칠태는 바짝 붙었습니다. 이만하면 도끼를 들어 찍어도 실패는 없을것입니다.

두포가 굵은 소나무를 휘돌아들 때, 칠태는 도끼를 번쩍 들기가 무섭게

"이놈아! 내 도끼를 받아라"

하고, 기운이 있는대로 머리께를 내려찍었습니다. 그와 동시에 칠태는 어그머니, 소리와 함께 땅바닥에 가 나둥그러지고 말았습니다.

왜냐면, 도끼를 내려찍고 보니 두포는 금새 간 곳이 없습니다. 그리고 도끼를 허공을 힘차게 내려와 칠태의 정강이를 퍽 찍고 말았던 것입니다. 다리에서 시펄건 선혈이 샘같이 콸콸 쏟아집니다.

그리하여 칠태는 그 다리를 두 손으로 부등켜 안고는,

"사람 살리우-"

하고, 산이 쩡쩡 울리도록 소리를 드리질렀습니다. 그러나 워낙에 깊은 산속이라 아무도 찾아와 주지를 않았습니다.

7. 이상한 지팽이 (도둑놈 칠태 시점)

아무리 사람 살리라는 소리를 쳐도 그 소리를 이 산골짜기 저 산봉우리 받아 올릴뿐, 대답하고 나오는 사람은 없습니다.

정말 칠태는 큰일 났습니다. 해는 저물어 점점 어두어가고, 도끼에 찍힌 상처에서는 쉴새 없이 피가 흐릅니다. 저절로 눈물이 펑펑 쏟아지도록 아프다. 하지만 칠태는 아픈 생각보다는 이러다가 고만 두포 이놈의 원수도 갚지 못하고 어찌되지 않을가 하여 눈물이 났습니

다.

그나 그뿐이겠는가, 벌써 사방은 컴컴하고 거츠른 바람이 첩첩한 수목을 쏴아 쏴아. 그리고 이따금씩 어흐웅 어흐웅 하고 산이 울리는 무서운 짐승 우는 소리가 들립니다. 아마 호랑이인듯싶습니다. 그 소리는 칠태가 있는 곳으로 점점 가까이 옵니다. 바루 호랑입니다. 엄청나게 큰 대호가 소나무 숲사이에서 눈을 번쩍번쩍 칠태를 노리고 다가옵니다.

꼼짝 못하고 칠태는 이 깊은 산 속에서 아무도 모르게 호랑이 밥이 되고 말가봅니다 걸음을 옮기자니 발하나 움직일수 없고 팔 하나 들수 없는 칠태입니다. 아무리 기운이 장하다기로 이 지경으로 어떻게 호랑이같은 사나운 맹수를 당해낼수 있겠습니까.

그래도 칠태는 사람을 불러 구원을 청해보는수밖에 없습니다 .

"사람 살류, 사람 살류."

그리고

"아무도 사람없수."

그러자 어디선지

"칠태야."

하고, 자기를 부르는 소리가 났습니다. 두포의 음성입니다. 그러나 이상한 일도 많습니다. 부르는 소리만 나고 두포도 아무도 모양을 볼수는 없습니다.

두리번 두리번, 사방을 돌아보는 칠태의 눈에 이것은 또 무슨 변입니까. 금방 호랑이가 있던 자리에 호랑이는 간데가 없고 뜻하지 않은 백발노승이 긴 지팽이에 몸을 실리고 섰습니다.

칠태는 그 노승에게 무수히 절을 하며 이런 말로 빌었습니다.

"산에서 나무를 하러왔다가 못 된 도적을 만나 이 모양이 되었습니다. 제발 저를 이 마을 아래까지만 갈수 있게 해주십시오."

그러나 노승은 잠잠히 듣고만 섰습니다. 그러더니 문득 입을 열어

"무애한 사람에게 해를 입히려 하면 도리어 자신이 해를 입게되는줄을 깨달을수있을가?"

하고, 노승은 엄한 얼굴로 칠태를 내려다봅니다. 하지만 칠태는 무슨 뜻으로 하는 말인지도 깨닫지 못하고서 그저

"그럴줄 알다말구요, 알다뿐이겠습니까."

"그렇다면 이후로는 마음을 고치어 행실을 착하게 갖을수 있을가?"

"네 고치고 말구요, 백번이래도 고치겠습니다."

하고, 칠태는 엎드리어 맹세를 하는 것이로되 그 속은 그저 어떻게 이 자리를 모면할 생각밖에는 없습니다. 노승은 또 한번

"다시 나쁜 일을 범하는 때는 네 몸에 큰 해가 미칠줄을 명심할 수 있을가?"

하고, 칠태에게 단단히 맹세를 받은 후

" 이것을 붙잡고 나를 따라 오너라."

하고, 노승은 지팽이를 들어 칠태에게 내밀었습니다.

참 이상한 지팽이도 다 있습니다. 칠태가 그 지팽이 끝을 쥐자 금새로 지금 까지 아픈 다리가 씻은듯, 났고 몸이 가벼웁게 공중을 날듯싶습니다.

아마 노승도 이 지팽이 까닭인가 봅니다. 허리가 굽고 한 노인의 걸음이라고는 할수 없습니다. 빠르기가 젊은 사람 이상입니다. 그렇게 바위를 뛰어넘고 내를 건너뛰고, 칠태는 노승에게 이끌려 그 험한 산길을 언제 다리를 다쳤드냐 싶게, 내려갑니다.

어느덧 칠태가 사는 마을 어구에 이르러 노승은 걸음을 멈추었습니다.

그러더니 또 한번

"애매한 사람에게 해를 입히려다가는 먼저 네 몸에 해가 돌아갈것을 명심해라."

하는, 말을 남기자마자, 노승은 온데 간데가 없이 칠태의 눈앞에서 연기처럼 사라졌습니다.

세상에 이상한 노인도 다 보겠습니다. 칠태는 사람의 일같지가 않아, 정말 여기가 자기가 사는 마을 어구인가 아닌가, 눈을 비비며 사방을 돌아본다. 틀림없는 마을 어구, 돌다리 앞입니다.

그런데 이것이 웬일일까. 돌아서 걸음을 옮기려 하자 갑자기 발 하나를 들수가 없이 아픕니다. 조금전까지도 멀쩡하던 다리가 금새로 아까 산에서처럼 피가 철철 흐르고 그럽니다.

고만 칠태는 땅바닥에 주저앉고 말았습니다. 그리고,

"사람 살류, 사람 살류."

하고 , 큰소리로 마을을 향해 외쳤습니다.

마을 사람들은 무슨 일이나 났나, 하고 이집 저집에서 모여나와 칠태를 가운데로 둘러싸고는

"어떻게 된 일이야, 어떻게 된 일이야."

하고 모두들 눈이 둥그래서 궁금해합니다. 그러자 칠태는,

"두포, 그 도적놈이."

하고, 산에서 자기가 노루 사냥을 하는데 두포란 놈이 숨어 있다가 불시에 돌로 때리어 이렇게 다리를 못 쓰게 해놓고 자기가 잡은 노루를 도적질해 갔노라고 꾸며대고는, 정말 그런것처럼 칠태는 이를 북북갈았습니다.

동네 사람들은 모두 칠태를 가엾이 여기어 쳇쳇 혀끝을 차며 두포를 나쁜 놈이라고 하였습니다. 그리고 칠태를 자기집으로 업어다 주었습니다.

8. 엉뚱한 음해 (도둑놈 칠태 시점)

마을에는 괴상한 일이 생겼습니다. 밤이면 마을 이집 저집에 까닭 모를 불이 났습니다. 그것도 하루 이틀이 아니고 날마다 밤이되면 정해논 일처럼 "불야. 불야."소리가 나고, 한 두 집은 으레 재가 되어버리고 합니다.

이러다가 마을의 성한 집이라고는 한채도 남아나지 않을가봅니다. 마을 사람들은 무슨 까닭으로 밤마다 불이나는것인지 몰라 서루 눈들이 커다래서 걱정입니다.

그리고 어찌해야 좋을지 그 도리를 아는 사람은 없습니다. 다만 누구는 "분명 이것은 산화지. 산화야." 하고, 산에 정성으로 제를 지내지 않은 탓으로 그렇다 하고, 지금으로 곧 산제를 지내도록 하자고 서두르기도 합니다. 그러면 또 한 사람은

"산화가 뭔가. 도깨비 장난일세. 도깨비 장난야 ."

하고, 정말 도깨비 장난인걸 자기 눈으로 보기나 한것처럼 말하며, 시루떡을 해놓고 빌어 보거나 그렇지 않으면 판수를 불러다가 경을 읽게 하여 도깨비들을 내쫓거나 하는 수밖에 도리가 없다고 주장입니다.

이렇게들 각기 자기 말이 옳다고 떠드는 판에 칠태가 썩 나섰습니다. 그리고

"산화는 다 뭐고 도깨비 장난은 다 뭔가?"

하고, 자기는 다 알고있다는 얼굴을 하는 것입니다.

"그럼 산화가 아니면 뭔가?"

"그럼 도깨비 장난이 아니면 뭔가?"

하고, 사람들은 몸이달아 칠태 앞으로 다가서며 묻습니다.

"그래 자네들은 산화나 도깨비 생각만 하고, 두포란 놈, 생각은 못하나?"

하고, 칠태는 그걸 모르고 딴 소리만 하는것이 가깝하다는듯이 화를 벌컥냅니다.

그리고 두포가 자기 집에 불을 논 앙갚음으로 밤마다 마을로 내려와 불을 놓은것이라고 하고, 그 증거는 보아라, 전일 두포 집으로 불을 노러거던 사람의 집에만 불이 나지 않았느냐 합니다.

따는 그렇게 생각하고 보면, 두포 집으로 불을 노러가던 사람의 집은 모조리 해를 입었다. 마을 사람들은

"아, 저런 죽일 놈 보아라."

하고, 아주 두포의 짓인것이 판명난것처럼 주먹을 쥐며 분해합니다.

그러나 실상은 칠태의 짓입니다. 칠태가 밤이면 나와 절룩절룩 처마 밑에 불을 지르던 것 입니다. 그 이상한 지팽이를 가진 노승이 다짐하던 말이 무서웁기도 하련만 웬체 마음이 나쁜 칠태라 그런 말쯤 명심할 사람이 아닙니다. 머리에는 어떻하면 눈 하나를 멀게하고 다리까지 못쓰게 한 두포 이 놈의 원수를 갚아보나 하는 생각뿐입니다. 하지만 기운으로나 재주로나 도저히 두포 와 맞겨눌수는 없으니까 이렇게 뒤로 다니며 불을 놓고 하고는 죄를 두포에게 들씌웁니다. 그러면 마을 사람들은 두포를 가만두지 않을테니까 칠태는 가만있 어도 원수를 갚게되리라는 생각입니다. 그속을 모르는 마을 사람들은 두포를 다 죽일놈 벼 르듯 합니다.

"저 놈을 어떡헐가."

하고, 모이면 공론이 이것입니다.

그러나 한 사람도 어떻게 할 도리를 말하는 사람은 없습니다. 두포의 그 엄청난 기운과 재 주 앞에 섯불리 하였다는 도리어 큰 코를 다치지나 않을가, 은근히 겁들이 났습니다.

그래서 이런 때에도 "어떻했으면 좋은가."

하고, 칠태의 지혜를 빌어보는수밖에 없습니다.

칠태는 그것을 기대리었던 같이 사람들을 한 곳으로 모이게 하고 수군수군 무슨 짜위를 하 였습니다.

그리고 사람들은 얼굴에 자신 있는 웃음을 지으며 각각 자기 집으로 돌아가 괭이, 부삽, 넉 가래, 같은 연장을 들고 나왔습니다. 날이 저물자 그 사람들은 마을 옆으로 흐르는 큰 냇가 로 모이더니 말 없이 그 내 중간을 막기 시작합니다. 떼를 뜯어다가 덮고, 돌을 들어다가 누르고, 흙을 퍼다가 펴고, 그러는대로 냇물이 점점 모이기 시작합니다. 날이 밝을 임시에 는 그 큰 내의 물이 호수와 같이 넘쳤습니다.

이제 일은 다 되었습니다. 산밑, 두포 집 편을 향한 뚝 중간을 탁 끊어 놓았다. 물은 폭포와 같이 무서운 기세로 두포 집을 향해 몰려갑니다.

마을 사람들은 언덕 위에 올라서서 그 장한 모습을 매우 통쾌한 얼굴로 보고들 섰습니다. 인제 바루 눈 깜작할 동안이면 물은 두포 집을 단숨에 문질러버릴것입니다. 제 아무리 재주가 뛰어난 두포기로 이번엔 꼼짝 못하리라. 그런데 이게 웬일일까. 물끝이 두포집 근처에 이르자 마치 거기 큰 웅덍이가 뚫리듯이 물이 자자집니다. 마침내 물은 냇바닥이 들어나도록 자자지고 말았습니다.

하두 어이가 없어서 마을 사람들은 서루 얼굴을 쳐다보다가는 한사람 두사람 슬슬 돌아가고 언덕 위에는 칠태 홀로 벌린 입을 다물지 못하고 섰습니다.

그러나 이것으로 고만둘 칠태가 아닙니다. 밤이 되면 칠태는 더욱 심하게 마을로 다니며 도적질을 하고 불을 놓고 합니다. 점점 거츠러져 이웃 마을이나 또 먼 마을에까지 다니며 그런 짓을 계속한다. 그럴수록 두포를 원망하는 사람이 많아지고 그를 없새버리려는 마음이 커갔습니다.

마침내 관가에서도 그 일을 매우 염려하여 누구든지 두포를 잡는 사람이면 상을 준다는 광고를 동네 동네에 내돌렸습다.

9. 칠태의 최후 (도둑놈 칠태 시점)

마을 사람들은 둘만 모여도 두포 이야기로 수군수군합니다

두포를 잡는 사람에게는 후한 상금을 준다는 광고가 붙은 마을 어구 게시판 앞에는 몇날이 지나도록 사람이 떠날새가 없이 모여서서 그 광고를 읽고 또 남이 읽는 소리를 듣고 합니다.

그러기는 하나 한사람도 두포를 잡아보겠다는 생각조차 못합니다. 무슨 힘으로 두포의 그 놀라운 술법과 재주를 당할 엄두를 먹겠습니까.

"두포는 하늘이 낸 사람인걸. 우리네 같은 사람이 감히 잡을수 있나."

"그렇지 그래. 그 술법 부리는 것 좀 봐. 그게 어디 사람의 짓야. 신의 조화지."

하고, 모두들 머리를 내겼습니다.

그러나 칠태는 여전히 큰소리입니다.

"술법은 제깐놈이 무슨 술법을 부린다고 그러는거여. 다 우연히 그렇게 된걸가지고,"

그리고 칠태는 벌컥 불쾌한 음성으로 좌우를 돌아보며,

"그래 당신들은 왼 마을 왼 군이 두포놈으로 해서 재밭이 되어버려도 가만히들 보고만 있을테여."

하고, 연해 마을 사람들로 하여금 두포를 잡으려는 욕심을 도둘 일이 생기었습니다.

그때 마침 나라 조정에서 무슨 벼슬인지 벼슬하는 사람들이 손수 수레를 타고 팔도를 돌며 어떤 사람 하나를 찾았습니다.

그 수레가 이 마을에서 멀지 않은 읍에도 나타나서 이런 소문을 냈습니다.

누구든지 이러이러하게 생긴 사람을 인도해오는 사람에게는 많은 재물로 대접할뿐더러 높은 벼슬까지 내린다는것입니다.

그런데 이상한것은 그 찾는 사람의 모습이 바루 두포의 생긴 모습과 한판같이 흡사한것입니다. 나이가 같은 열다섯이고, 얼굴 모습이 그렇고, 더욱이 이마에 검정 사마귀가 있는것까지 같습니다. 어쩌면 이렇게 두포를 눈앞에 놓고 말하는듯이 같을수가 있을가. 의심할것 없는 두포입니다.

대체 두포의 내력이 어떻한 사람이길래 나라 조정에서 일개 소년을 많은 상금을 걸어서까지 찾을가.

그것은 여차하고, 자아 두포를 잡기만 하면 관가에서 주는 상금은 말고도 나라의 벼슬까지 얻게 될것이니 그게 얼마입니까. 가난하고 지체 없던 사람이라도 곧 팔자를 고치게 될것입니다.

여기에 눈이 어두워 더러 큰 소리를 하는 사람도 있습니다.

"두포란 놈이 정 아무리 술법이 용하다기로 열다섯 먹은 아이놈 아니냐, 아이놈 하나를 당하지 못한데선."

하고, 팔을 걷어붙이기는 마을에서 팔팔하다는 젊은 패들입니다. 그리고 나이 많은 사람들은

"술법을 부리는 놈을 잡으려면 역시 술법을 부려잡아야 하는거여 ."

하고 그 술법을 자기는 알고 있다는듯싶은 얼굴을 하기도 합니다.

그러나 정작 자신있게 나서는 사람은 하나도 없습니다. 무엇보다도 섯불리하였다가 도리어 큰 화를 입지나 않을가 하는 여기가 두려웠습니다. 어떻게 그런변 없이 깜짝같이 올개미를 씰 묘책이 없을가, 하고 그 궁리에 모두들 눈들이 컴컴해질 지경이었습니다.

그 중에도 칠태는 더욱이 궁리가 많습니다. 그로 보면 이번이 두번 얻지 못할 기회입니다. 이번에 두포를 잡으면 눈 한짝 다리 하나를 병신 만든 원수를 갚게되기는 물론, 제물과 공명을 아울러 얻게 될것이 생각만 해도 회가 동합니다.

(어떻하면 두포 이놈을 내 손으로 묶을 수 있을가.)

그러나 칠태는 자기 재주로는 도저히 두포의 그 술법 그 기운을 당해낼 게제가 못 됩니다. 그게 어디 사람의 일일세 말이지. 어떻게 인력으로 마른 하늘에 갑자기 비를 만들고 그 숫한 물을 금새 땅 밑으로 슴이게 합니까. 이건 사람의 힘이 아니다. 반드시 두포로 하여금 사람 이상의 그 힘을 갖게한 무슨 비밀이 있을 것입니다. 여기까지 생각을 하다가 문득 칠태는

" 옳다. 그렇다."

하고 무릎을 탁치며 일어섰습니다.

그 날부터 칠태는 두포의 뒤를 밟아 그의 행적을 살핍니다 . 두포는 매일 하는 일이 날이 밝으면 집을 나가 산으로 갑니다. 칠태는 몸을 풀잎으로 옷을 해 가리고 슬슬 그 뒤를 밟습니다. 두포가 가진 그 알수 없는 비밀을 밝히려는것입니다.

그런데 이상하다. 아무리 눈을 밝혀 뒤를 밟아도 어떻게 중도에서 두포를 잃고 잃고 합니다. 그리고 번번히 잃게되는 곳이 노송 나무가 선 바위가 있는 근처입니다. 마치 그 바위 근처에 이르러서는 두포의 모양이 무슨 연기처럼 스르르 사라지는 것같습니다.

사실 그렇다. 두포는 바위 근처에 이르러서는 자기 몸을 아무의 눈에도 보이지 않게 변하는것입니다.

그 다음부터는 칠태는 근처 풀섶에 몸을 숨기고 앉아 그 바위를 지킵니다.

그러자 전일 칠태가 보던 똑같은 현상이 일어났습니다. 두포가 그 바위 앞에 이르러 무어라고 진언 한마디를 외이자, 집채같은 바위가 움질움질 놀더니 한가운데가 쩍 열립니다.

그리고 두포가 들어가고 바위가 전대로 닫아졌다가는 얼마후 다시 열릴 때에는 새하얀 용마를 탄 장수가 나타나 눈부시게 흰날개를 치며 공중으로 사라집니다. 놀랍습니다. 그 용마를 탄 장수가 바루 두포입니다.

아무래도 조화는 이 바위에 있나봅니다. 그러지 않아도 전부터 병 가진 사람이 빌면 병이 떨어지고, 아이 없는 사람이 아이를 빌면 태기가 있게되고 하는 신통한 바위입니다. 그러면 그렇지, 같은 이목구비를 가진 사람으로 어떻게 그런 조화를 부리겠습니까.

이제야 칠태는 두포의 그 비밀을 깨달은듯이 고개를 끄덕끄덕, 아주 히색이 만면해서 산아래로 내려갔습니다.

아마 칠태는 무슨 끔찍한 흉계가 있나봅니다. 칠태는 그 길로 산 아래 자기 집으로 가더니 부엌으로 광으로 기웃거리며, 쇠망치, 정, 또는 납덩이, 남비, 숯덩이 이런것을 끄집어 내온다. 그걸 망태에 담아 걸머지더니 역시 히색이 만면해서 집을 나섭니다. 그리고 두포가 자기 집에 돌아와 있는 기색을 살피고는 곧 산으로 치달았습니다.

마침내 바위가 있는 곳에 이르자 망태를 내려놓고 칠태는 망치와 정을 꺼내듭니다. 그리고 잠시 사방을 돌라보며 무엇을 조심하는듯 주저하더니 이내 바위 한복판에 정을 대고 망치를 들어 뚜드르기 시작합니다.

그러면서도 무척 겁이 나나봅니다. 연해 칠태는 두리번두리번 사방을 돌라보며 합니다. 아무도 없다. 다만 정을 따리는 망치 소리만 산골자기에 울릴따름입니다.

그래도 마을에서는 장사라는 이름을 듣는 칠태입니다. 더구나 힘을 모아 내리치는 망치는 볼 동안에 한치 두치 정뿌리를 바위에 박습니다. 점점 정은 깊이 들어갑니다. 세치 네치 한 자에서 또 두자 길이로, 그리고 한 옆에는 시뻘겋게 숯불을 달아놓고는 납덩이를 끓입니다.

마침내 서너자 길이의 구멍이 바위에 뚫리자 칠태는 매우 만족한 웃음을 한번 허허허 웃습니다. 그리고

"네놈이, 인제두"

하고, 벌써 두포를 잡기나 하듯싶은 기쁜 얼굴로 이글이글 끓는 납을 그 구멍에 주루루 붓는 것입니다 .

그러나 칠태의 얼굴은 금새로 새파랗게 질리고 말았습니다. 그 끓는 납을 바위 뚫린 구멍에 붓자마자, 갑자기 천지가 문어지는 굉장한 소리로 바위와 아울러 땅이 요동을 합니다. 그나 그뿐입니까. 맞은편 산이 그대로 칠태를 향하고 물러오며 덮어내립니다. 그제야 칠태는 자기가 천벌을 입은 줄을 깨닫고

" 아아, 하느님 제 죄를 용서하십시사."

하고, 비는것이나 이미 쏟아져내리는 돌 밑에 묻히고 말았습니다.

10. 두포의 내력 (마을 사람 + 노승 시점)

마을 사람들은 아무리 두포를 잡을 궁리를해도 도리가 없습니다. 모두 답답한 얼굴을 하고 만나면 서로,

자네 어떻게 해볼 도리좀 없겠나.“

하고들 묻습니다. 마는, 한사람도 신통한 대답이 없습니다. 그러다가 한 자가 무릎을 탁 치며,

“옳다. 이럭하면 좋겠네.”

하고, 여러 사람을 한 곳으로 모이게 하였습니다. 그리고,

“뭐 별수 없네. 두포 놈의 늙은 부모를 잡아다가 두도록하세. 그러면 두포 그놈이 제 애비 에미에게는 효성이 지극한 놈이니까 우리가 애써 잡으려고 하지 않아도 제 스스로 무릎을 꿇고 기어들걸세.”

그 말이 과연 옳습니다. 가뜩이나 부모에게 효성스런 두포가 자기로 말미암아 연만하신 아버지 어머니가 옥에 가치어 고생을 하는 것을 알고는 가만히 있지않을것이 물론입니다.

마을 사람들은 그 생각이 옳다고 모두들 찬성입니다. 그리고 당장에 일을 치러버릴 생각으로 앞을 다토아 두포집을 향해 몰려갑니다.

그러나 두포 집 근처에 이르러서는 호기있게 앞서가던 사람들이 문득 걸음을 멈춥니다. 먼저 두포가 헤방을 하지나 않을가 걱정이 되는 까닭이다. 마는 그들은 그 일로 오래 주저하지 않았습니다.

누구 생일 잔치에 청하거나 하는듯이 노인 내외를 슬며시 불러내도 워낙이 착한 노인들이라 응치 않을 리없을것입니다.

마을 사람들은 더욱 신이나서 두포 집으로 웃줄거리며 갑니다. 마침내 두포집 문전에까지 이르렀습니다.

그런데 그 집 밖앝 마당에 어떤 소년 하나가 제기를 차고 있습니다. 그 모습이 너무도 두포와 같애 마을 사람들은 무춤하였습니다. 그러나 얼굴 모습은 두포와 같애도 표정이나 하는 행동은 두포가 아닙니다. 제기를 차다 말고 자기 둘레로 모여드는 마을 사람들의 얼굴을 이사람 저사람 쳐다보는 눈은 예사 열다섯이나 그만 나이의 소년의 겁을 먹은 상입니다. 전에 보던 그 용맹스럽고 호탕한 기상은 조금도 없고 귀엽게 자라난 얌전하고 조심성 있는 글방 도련님으로밖에 보이질 않는다. 어떻게 이 소년을 그처럼 놀라운 기운과 술법을 부리던 두포라고 하겠습니까.

마을 사람은 하두 이상스러워서 한참 아래 위를 훑어보다가 이렇게 물었습니다.

“넌 뉘 집에 사는 아인데 여기서 노니?”

“저는 이집에 사는 아이예요.”

“그럼 이름은 뭐냐 ?”

“이름은 두포라고 합니다.”

“뭐, 두포.?”

하고 마을 사람들은 놀라 한걸음 뒤로 물러났습다. 두포라는 그 이름보다는 어쩌면 두포가 이처럼 변했을까싶어 더 한칭 놀라웁니다. 딴 사람이 아니고 이 소년이 바루 두포일진대 그의 늙은 부모를 갖다 가둘건 뭐 있고, 두려워할건 뭐 있겠는가. 그대로 손목을 이끌어간데도 순순히 따라올상싶습니다.

도대체 이 착하고 약해보이는 소년이 무슨죄 같은것을 범했을가도 싶습니다. 그리고 어른 된 체면에 이어린 소년에게 손을 대는것부터 어색한 생각이나서 마을 사람들은 서루 벙벙히 얼굴만 바라보고섰습니다 . 그러다가 그 중에 두포를 잡아 상을 탈 욕심으로 한 자가 앞

으로 나서며 이렇게 딱 얼렀습니다.

"네 놈이 바루 두포라지."

" 네 지가 바루 두포올시다."

"그럼 네 이놈 네 죄를 모를가."

"지가 무슨 죄를 졌다고 그러십니까."

"네 죄를 몰라. 모르면 가르켜 줄테니 이걸받아라."

하고, 그 사람은 굵은 밧줄을 꺼내들며 막 얽으러 덤비었습니다.

이러할 때, 건너편 큰 길에서 앞에 많은 나졸을 거느린 수레가 이곳을 향하고 옵니다. 나라 조정에서 내려와 읍에 머물고있던 일행임이 분명합니다. 아마 두포를 잡으러 오는 것이겠지. 마을 사람들은 두포를 남기고는 양편으로 쩍 갈라섰습니다.

수레가 그 집어구에 이르자 멈추고는 그 안에서 호화로운 예복을 차린 벼슬하는 사람이 내려와 두포가 있는 앞으로 옵니다. 그러더니 신하가 임금에게 하는 법식으로 공손히 절을 합니다. 그리고 어리둥절하는 두포를 부축여 뒤에 또 한채 있는 빈수레에 오르기를 권합니다.

죄인으로 다시리기는사려 임금이나 그런 사람으로 모십니다. 마을 사람들은 너무도 뜻밖에 일에 놀라 버린 입을 다물지 못합니다.

그러나 더욱 놀라기는 그 집 양주입니다. 어떤 영문은 모르면서 그저 지금까지 친아들로 여기고 살던 두포를 잃은 줄만 알고 얼굴에 울음을 지으며 벼슬하는 사람의 옷깃에 매달리어 두포를 자기네들 곁에 그대로 두어주기를 애원합니다.

그러나 언제 왔는지 긴 지팽이를 짚은 노승, 십오년 전에 그들 노인 양주를 찾아와 두포를 맡기고 가던 그 노승이 나타나 그들을 반가히 맞았습니다.

"으지없는 갓난아기를 오늘날 이만큼 장성하시게 하긴 오로지 그대들의 공로요."

하고 노승은 치사의 말을 하고는

"그대에게 십오년 전에 맡기고 간 아기는 바루 이 나라의 태자이시던거요. 이제야 역신을 물리치고 국토가 바루 잡혀서 다시 등극하게 되었으니 기뻐는 할지언정 아예 섭섭해하지는 마시오."

하고 그대로 두포와 떨어지기를 섭섭해하는 노인 양주를 위로하였습니다.

그렇습니다. 지금으로부터 십오년 전 당시 나라 임금께서 믿고 사랑하시던 신하 한 사람이 뱃심을 품고 난을 일으켜 나라 대궐까지 처들어왔습니다. 그런 위태로운 중에서 그 때 정승벼슬로 있던 지금 노승이 어린 태자를 품에 품고 겨우 난을 벗어나 태자를 기를만한 사람을 물색했던것입니다. 그러다가 강원도 산골에 극히 가난하고 착하게 사는 노인 양주를 매우 믿음직하게 여기어 아이를 맡기었습니다. 그리고 자기는 머지 않은 산 속에 머물러 있어 난이 가라앉기를 기다리는 한편 태자로 하여금 일후 영주가 되시기에 합당한 모든것을 가르치던 것입니다. 그러다가 오늘날 역신을 물리치고 나라가 바루 잡히며 비로써 태자는 임금으로 등극하시게 되기는 하였으나, 그러나 노승은 매우 섭섭한 얼굴을 합니다.

그것은 한 달포동안만 더 도를 닦았다면 태자로 하여금 하늘 아래에 제일 으뜸가는 군주가 되시게 되는것을 고만 칠태로 말미암아 십년의 공이 수포로 돌아가고 말았으니 왜 아니 그렇겠습니까.

만약에 칠태가 그 바위에 납을 끓여붙지만 않았더면 두포는 어깨가 날개가 돋친 장수로 온갖 도술을 부릴수 있겠으니 그런 임금이 다스리는 나라의 장래가 어떠할것은 길게 말할 필요도 없습니다.

그러나 좋습니다. 태자는 그런 놀라운 기운과 술법을 잃어버린 대신으로 끝 없이 착한 마음과 덕기를 갖출수있어 이만해도 성군이 되기에 넉넉합니다.

다만 죄송스럽기는 마을 사람들입니다. 그런것을 모르고 칠태의 꼬임에 빠져 외람되게도 태자를 해코저 하였으니 그 죄가 얼마입니까. 백번 죽어도 모자라겠다고 모두들 업드리어 울면서 빌었습니다.

그러나 너그러우신 태자는 노엽게 알기는 사려 모든것을 용서하시고 또 그 마을에는 십년 동안 나라에 받히는 세금을 면제해주시고 수레는 마을을 떠났습니다.

그후 두 양주는 태자가 물리고 간 그 집과 재산을 지니며 오래 부귀와 수를 누리었습니다.

지금도 강원도에는 그 바위가 그대로 남아있어, 일러 장수 바위라고 합니다.

갖 도술을 부릴수 있겠으니 그런 임금이 다스리는 나라의 장래가 어떠할것은 길게 말할 필요도 없습니다.

그러나 좋습니다. 태자는 그런 놀라운 기운과 술법을 잃어버린 대신으로 끝 없이 착한 마음과 덕기를 갖출수있어 이만해도 성군이 되기에 넉넉합니다.

다만 죄송스럽기는 마을 사람들입니다. 그런것을 모르고 칠태의 꼬임에 빠져 외람되게도 태자를 해코저 하였으니 그 죄가 얼마입니까. 백번 죽어도 모자라겠다고 모두들 엎드리어 울면서 빌었습니다.

그러나 너그러우신 태자는 노엽게 알기는 사려 모든것을 용서하시고 또 그 마을에는 십년 동안 나라에 받히는 세금을 면제해주시고 수레는 마을을 떠났습니다.

그후 두 양주는 태자가 물리고 간 그 집과 재산을 지니며 오래 부귀와 수를 누리었습니다.

지금도 강원도에는 그 바위가 그대로 남아있어, 일러 장수 바위라고 합니다.

이광수
〈연분〉

 여러분은 연분이란 말을 믿습니까. 아마 새로운 교육을 받으신 이들은 연분이라면 미신이라고 비웃으시겠지요. 나도 그러한 미신은 비웃어 버리고 싶습니다. 그러나 세상에는 연분이라고 밖에 더 생각할 수 없는 일이 많이 있습니다. 내가 지금 말씀하려는 내 생애의 일분도 연분이라고 밖에는 더 생각할 수 없는 일입니다.

 불가의 말을 빌면 인생의 모든 일이 다 인과라 합니다. 지금 내가 여러분께 이야기를 하는 것이나, 또 하고 많은 사람들 중에서 특별히 여러분만이 내 이야기를 듣는 것이 다 모두 인연이라 합니다. 몇 만년 몇 십만년 몇 천겁 몇 억천 겁 소위 몇 천억 아승지겁(阿僧祇劫)전부터 쌓은 인이 맺혀서 오늘날의 과를 이룬 것이라고 합니다. 과연 가만히 인생의 여러 가지 일을 생각하면 모두 인연이라고 밖에 할 수 없읍니다. 더우기 나 같은 사람 모양으로 파란 많고 기구한 일생을 보내는 사람은 가만히 생각하면 내 일생이 다 알 수 없는 무슨 신비한 인연으로만 된 것 같읍니다. 나는 이 인생의 향기라는 조그마한 책이 그중에서 몇 가지를 뽑아 이야기도 하겠지마는 지금 이야기하려는 것은 내가 당한 인연 중에도 가장 신비한 인연입니다.

 인연 중에 남녀의 결합에 관한 것을 연분이라고 부르는 듯하므로 나는 이 이야기를 연분이라고 이름을 지은 것입니다. 여러분께서 이 이야기를 다 읽고 나면 아시려니와 도리어 「첫사랑」이라고 이름 짓는 것이 마땅할는지 모릅니다마는, 위에 말한 이유로 이렇게 이름을 지은 것입니다.

 열 다섯 ― 그렇습니다. 내가 열 다섯 살 적 일이라고 기억합니다. 나는 동경으로 공부를 갔다가 (그때는 조선에는 오늘날 모양으로 학교가 없었던 옛날입니다.) 무슨 사정이 있어 잠깐 고향으로 돌아 왔을 적 일입니다. 아시는 바와 같이 나는 부모도 다 돌아 가시고 집이라고 부를 곳이 없으므로 혹은 친척의 집으로, 혹은 친구의 집으로, 혹은 이삼 일, 혹은 사오일씩 묵으며 돌아 다녔읍니다. 그러다가 S라고 하는 내 고모님 댁에 가서 정월 한 보름 명절을 쉬게 되었읍니다.

 고모님 댁에는 사내 아이는 어린 것 하나 밖에 없으나, 딸은 커다란 것이 셋이나 되고, 또 그 집이 이 동네에서는 제일 잘 살고 큰 집이므로 동네 색시들이 많이 모여들어서 열 사흗날 밤부터는 잔치집 모양으로 웅성웅성하였읍니다. 꽃 같은 처녀들이 모두 다홍치마나 분홍치마를 입고 치렁치렁 땋아 늘인 전판 같은 머리에는 구자판과 진주를 단 댕기를 드리고, 하얀 버선에 새 신들을 신고 모두 빨갛게 얼굴이 흥분이 되어 무어라고들 지껄이면서

125

안마당과 뒤 울안에서 웃고 뛰는 것이, 외롭게 자란 내게는 말할 수 없이 기뻤읍니다. 나는 마치 오랫동안 찬 바람을 쏘이고 얼다가 훈훈한 방에 들어 온 사람과 같이, 스스로 졸리는 것같이 마음이 즐거웠읍니다. 내가 뒤 울안 담에 비스듬히 기대어서 아가씨들이 뛰노는 것을 볼 때에 나를 처음 보는 아가씨들은 이따금 힐끗힐끗 나를 치어다 보고는 수줍은 듯이 달아났으나, 장난에 흥이 나고 내 낯도 점점 익어감에 따라 뛰어 지나가는 바람에 치맛자락으로 내 몸을 스치는 것도 꺼리지 않게 되었읍니다. 더구나 내 누이들이 내게 와 매어 달리는 것을 보고는 좀 나이 어린 아가씨들은 살짝 손을 내 몸에 대이게도 되었다.

『어딧 장차?

전라도 장차

어느 문으로?

동대문으로.』

하고 아가씨들은 동그랗게 손을 마주 잡고 한 아가씨가 피하고 한 아가씨가 그 피하는 아가씨를 붙들려고 따라 다니는데, 손들을 잡은 아가씨들이 팔을 들어 쫓기는 사람을 보호합니다. 그리고는 비단을 찢는 듯한 소리로 연해,

『어딧 장차?

전라도 장차

어느 문으로?

동대문으로.』

하고 빙글빙글 돌아 갈 때에 부드러운 달빛이 어여쁜 얼굴의 혹은 이쪽을, 혹은 저쪽을 비추이고 가다가는 눈들이 그 달빛에 반짝반짝합니다.

그 중에 특별히 목소리 고운 처녀가 있어 항상 「어딧 장차!」를 먼저 내는데 그 「어딧 장차」 하는 소리는 마치 하늘에서 떨어지는 듯이 맑고 고웁니다. 고 처녀는 모인 중에서 가장 나이가 많은 모양이라, 치마의 분홍빛도 극히 연하고 저고리 빛도 희다시피 연한데 두 소매에 남끝동만이 달빛에 이상히 눈에 뜨입니다. 팔을 드는 모양하며 몸을 놀리는 모양이 마치 춤을 추는 듯하여, 그의 몸이 내 앞으로 가까이 올 때마다 나는 이상하게 가슴이 두근거림을 깨달았고, 그도 남달리 나를 보는 듯하였읍니다. 그가 내 앞을 지나서 한 바퀴를 돌아 다시 내 앞에 오기까지는 마치 봄이 가고 여름 가을 겨울이 가고 다시 봄이 오는 듯하였읍니다.

이렇게 얼마를 놀다가 아가씨들은,

『우리 조아질(공기 놀이) 하자!』

하고 모두들 방으로 뛰어 들어 가는데 나만 섰던 자리에 멀거니 서서 얼빠

진 사람 모양으로 방 안에서 자깔자깔하는 소리를 듣고 있었읍니다.

나는 그 목소리 고운 처녀 생각으로 가슴이 뿌듯합니다. 미칠 것같이 그립습니다. 지금 그 처녀가 방 안에 들어 가 있는 줄은 확실히 알건마는 어디 몇 만리인지 모르는 곳으로 달아나듯하고 만일 달아났으면 저 하늘 위 달나라로 날아 올라 간 것 같읍니다.

이때에 내 누이 되는 아이가 뛰어 오더니,

『오빠! 왜 안 들어 오우? 왜 이러구 섰수? 한 사람이 모자라는데 오빠 우리편 되유.』

하고 나를 잡아 끕니다. 번뜻 보니 저편 그늘에는 그 목소리 고운 색시가 섰읍니다. 아마 나를 끌 양으로 둘이 나와서 내 누이를 보내고 자기는 형편을 살피는 모양입니다. 나는,

『싫다! 사내가 누가 조아질을 해!』

하고 아니 끌릴 양으로 떡 버티고 섰더니 누이가 냉큼 뛰어 들어 가서 그 색시를 청빙해 옵니다. 그 색시는 감히 말을 붙이지 못하나 간청하는 듯이 나를 물끄러미 바라봅니다. 달빛에 비추인 그 얼굴! 참으로 비길 데 없이 아름다웁니다. 나는 더 거절할 용기가 없이 끌려 들어갔읍니다.

나는 처음에 그 색시와 한편이 되었으나 그 색씨는 수가 세고 나도 수가 세기 때문에 세 번을 곱잡아 우리편이 이기니, 저편에서,

『싫어! 편 다시 짜!』

하고 항의를 합니다. 처음에 내가 사내라 잘못할 줄 알고 잘하는 사람과 한 편에 끼었던 것이 의외에 내가 잘하는 것을 볼 때에 저편이 놀란 것입니다. 나는 기실 그중에서 제일 수가 높았읍니다. 내가 「알 바꾸기」 같은 어려운 것을 실수 없이 잘할 때에 그 색시는 반쯤 입을 벌리고 내 손과 얼굴을 번갈아 치어다 봅니다. 그때의 내 기쁨은 실로 비길 데가 없었읍니다. 만일 내가 수가 낮아서 그 색시 편을 지게 했더면 얼마나 면목이 없을까? 그러나 나는 이 자리에서 왕이 되었읍니다. 내가 마지막 차례가 되어 저편보다 떨어진 것을 혼자 다 따라잡고도 힘이 남아 다 이기어 버리고는 공깃돌을 방바닥에 놓을 때에는, 그 색시는 아직은 내 손김으로 따뜻한 돌을 정다운 듯이 사르르 쥐면서 나를 보고 방그레 웃어줍니다.

마침내 편이 갈려서 나는 그 색시와 딴 편이 되었읍니다. 딴 편으로 갈리는 것이 슬펐으나 딴 편 되기 때문에 자리가 바꾸어져서 내가 그의 곁에 나란히 앉게 된 기쁨은 여간이 아니었읍니다. 비록 피차에 옷이 여러 겹이 가리웠더라도, 무릎과 어깨가 슬쩍슬쩍 스칠 때에는 둘의 몸에서 뜨거운 불길이 확확 건너 가는 것 같았읍니다. 처음에는 몸의 어떤 부분이 마주 닿으면

놀라는 듯이 깜작깜작 피하였으나, 얼마 아니하여 다리와 다리가 혹은 옆구리와 옆구리가 마주 닿더라도 장난에 취한 듯이 모르는 체하였습니다. 밤이 깊어 갈수록 방안의 공기가 식어 조아질 하는 손등과 손가락이 싸늘하게 식을 때에 마주 닿은 어깨며 옆구리며 다리는 불덩어리와 같이 뜨거웠습니다. 여봅시오, 젊은 사람의 몸은 분명히 불덩어립니다.

이 모양으로 나는 취한 듯이 꿈을 꾸는 듯이 시간이 가는 줄도 몰랐으나, 다른 아이들은 밤이 깊은 줄을 깨달았는지 모두 피곤한 듯 졸리는 듯한 얼굴로 조아질에도 흥이 깨어진 듯합니다. 그래서 무엇을 좀 먹고 하나씩 다 집으로 돌아 가게 되었는데 나는 커단 밤나무 숲 있는 조그마한 고개를 넘어가야 할 그 목소리 고운 색시를 바라다 주게 되었습니다.

달은 퍽 기울어져서 앞 벌판에는 시커먼 산 그림자가 누웠는데 발 밑에서 빠득빠득하는 언 눈 소리가 싸악싸악하는 치마 소리와 함께 들립니다. 그 색시는 빠른 걸음으로 뒤는 안 돌아 보고 상곰삼곰 가더니, 고개 마루터기에 이르러 우뚝 서서 뒤에 따라 오는 나를 돌아 보며,

『인제는 가셔요.』

합니다. 그러나 나는 대답이 없이 우뚝 섰습니다. 굵다란 밤나무 그림자가 그 색시의 몸에 어릿어릿합니다. 나는 숨만 헐떡거리고 꼼짝할 수가 없었습니다. 그 색시는 벙그레 웃는 낮으로 나를 이윽히 바라보더니 그 싸늘한 손을 들어 잠깐 내 손을 만지고는 무엇에 깜짝 놀란 사람 모양으로 눈 위에 빠득빠득 발자국 소리를 내면서 제 집을 향하고 뛰어 달아납니다. 그는 달빛이 환하게 비추인 사래 긴 밭을 지나 저편 소나무 모여선 언덕 밑에 있는 조그마한 초가집 사립문으로 스러지자 쿵하고 문을 열었다 닫는 소리가 나고는 이내 잠잠하여집니다. 다만 빨갛게 등잔불이 비친 창이 보일 뿐입니다.

나는 정신 잃은 사람 모양으로 우두커니 섰었습니다. 무슨 귀한 것을 갑자기 잃어 버린 것도 같고 대가리를 문지방에 부딪친 사람처럼 뗑하기도 하고 그러면서도 일생에 맛보지 못하던 말할 수 없는 기쁨을 맛보는 듯하였습니다.

나는 다시는 그를 맞나 주지 못하고 다시 동경으로 갔습니다. 그러나 나의 마음 속에서도 그의 양자가 여간해 사라지지를 아니하였습니다. 밤에 잠깐 본 얼굴이라 가만히 생각하여도 그 얼굴 모습도 분명히 생각이 아니 나지마는 그래도 그립습니다. 나는 그의 얼굴이 분명치 않기 때문에 도리어 모든 아름다운 것을 다 그에게로 돌렸습니다. 그래서 차디찬 하숙방에서 혼자 그

를 생각하는 것이 일변 설우면서도 일변 즐거웠읍니다.

 그러나 오년 지나고 육년이 지나는 동안 차차 그의 생각은 잊어 버려지고 말았읍니다. 다만 가끔 가다가,

『어딧 장차.』

하고 달 아래서 분홍 치맛자락을 나풀나풀하던 인상이 일종의 옛날옛날 기억 모양으로 희미한 향기를 가지고 피어 오를 뿐입니다. 그러나 그는 결코 나와 아무 상관이 없는 사람이 아닙니다. 전생의 전생부터 무슨 연분을 가진 사람인 것이 분명합니다. 비록 삼사 시간 밖에 만나 본 일이 없건마는 그는 나에게 기쁨을 주었고, 내 어린 영혼을 흔들어 주었고, 삼사년 동안 내 외로운 영혼의 동무가 되어 주었고 일생에 나의 가슴 속에 깨끗한 향내가 되어, 두고두고, 나의 일생을 향기롭게 하는 사람이 되었읍니다. 이것이 어찌 인연이 아니겠읍니까.

 나는 이제 그를 만나기를 원치 아니합니다. 나는 어렸던 어떤 해 한보름 달빛 아래의 그를 영원히 잃어 버리고 싶지 아니합니다.

 (一九二四年十二月[일구이사년십이월] 《靈臺[영대]》 第四號[제4호] 所載[소재])

이무영
〈산가〉

1

피어오르는 듯한 이웃집 처녀에게 하염없는 짝사랑을 해오다가 마침내 젊은 것한테 애인을 빼앗기고 남산을 지향없이 헤매고 있던 한 늙은 호랑이가 한양성을 쌓는 바람에 공주 계룡산을 찾아가다가 때마침 나이 삼십이 넘도록 혼처를 구하지 못하고 비관하던 나머지 목을 매러 산에 올랐던 처녀를 만나서 손에 손을 잡고 멀리 계룡산으로 사랑의 보금자리를 찾아갔다는 ― 듣기에도 맹랑한 전설이 떠돌아다니고 있는 구혈산(九穴山) 밑 반신불수가 된 느티나무와 호랑이가 처녀와 잔치를 했다는 초례봉 사이로 아담스러운 동리가 하나 있다.

가물에 콩 나듯 감나무와 대추나무 사이로 뜸뜸히 한 채씩 집이 놓여지기는 했을망정 달걀껍데길 재켜놓은 것같이 산잔등이 둘러싸서 그지없이 아늑한 인상을 준다. 집이라고 여남은 채 ― 그러나 실상은 도합 일곱 집이었다. 나머지 세 채는 집이 아니라 건넌마을 김 주사가 억지로 꾸리게 한 거름집이었다. 이 동리가 궁말이다.

전설만은 로맨틱하지마는 실상 구혈산은 하나도 값비싸게 사줄 만한 것이 없는 평범 ― 하다니보다는 차라리 야산이었다. 오직 출입구가 아홉이나 되는 커다란 굴이 산중허리에 있다는 것뿐이다.

그러한 구혈산이건마는 하루에도 몇 번씩 도회 기분을 풍기고 지나가는 기차 덕분에 피크닉이라는 말을 얻어들은 정거장 친구들이 봄 가을로 정종병을 메고 와서는 구혈산에서 하루씩을 보내고 가곤 한다.

한 가지 구혈산이 갖는바 자랑은 ― 실상 자랑이랄 것도 못 되지마는 ― 산 모습이 백발노인이 두 다리를 쫙 벌리고 앉은 상이라는 것이다.

그리고 언뜻 보면 그렇게도 보였다. 더욱이 A자형으로 된 맨상상봉을 실낱같은 길이 가로타고 지나간 것도 동리 사람들 말대로 한다면 '가리마' 같기도 하였다.

"우리 궁말이 달래 좋다는 게 아니지. 마음 착한 할머니가 손자놈을 데리고 앉은 상이거든! 봐, 우리 궁말이 구혈산의 손자 같지 않은가?"

이것은 궁말 사람들이 걸핏하면 잘 내세우는 소리지마는 그렇게 보면 그런 성도 싶었다. 그리하여 정거장 친구들이 구혈산에 오르기만 하면(상상봉에서 궁말이 빤히 내려다보였다) 궁말의 위치를 찬송한다. 봄이면 뒷동산에 불송이처럼 핀 진달래를 들추었고 가을이면 횃대불처럼 무럭무럭 불꽃을 하늘 높이 뻗고 있는 감나무의 진한 단풍을 예찬하였다.

　그러나 구혈산에서 내려다보는 궁말의 전망도 좋지마는 가을철 대추와 주먹만큼한 감덩이가 뒤룽뒤룽 매달린 것을 보는 맛도 싫은 것은 아니었다. 사오천 평 남짓한 구역 내에 백여 주의 감나무와 사오십 주의 대추나무가 흡사 과수원처럼 들어박히었다.

　한 가지 궁말이 낮이 깎이는 것이 있다면 그것은 사고 팔 데가 없다는 것이다. 성냥 한 갑을 사려 해도 십리가 넘는 장터로 나가야 하고, 막걸리 한 잔을 사먹으려도 칠 마장이나 되는 사그내로 나가야 한다. 그러나 이런 데서 되레 궁말의 값이 올라가는 것일지도 모르기도 한다.

　— 하여튼 궁말이란 이런 곳이었다. 서울 ××직조공장에서 그와는 실낱만한 인연도 없을 어떤 부잣집 따님들의 몸치장거리가 될 부사견을 짜다가 왼손 날라리뼈에서부터 몽창 끊긴 창건이가 궁말을 찾아온 것도 손바닥만큼한 감나무잎이 누릇누릇 단풍이 들 무렵이었다.

　창건이는 몇 번이나 방망이 끝처럼 맨송맨송한 팔목을 내려다보고는 한숨을 지었다. 그는 어떤 놈하고 맞붙어서 단병접전이나 하다가 끊어졌다면 차라리 단념될 것도 같았다. 낯도 모르고 성도 모르는 계집년들의 호사감을 짜다가 애지중지하는 그 예쁘장스런 손목을 몽땅 잘린 생각을 할 때마다 터질 곳 모르는 울분이 치받고는 하였다.

　그러나 그렇다고 팔목만 들여다보고 앉았을 수도 없었다. 누구보다도 그를 싸고돌고 세상 이치를 일깨워주는 상수의 덕분으로 찾아낸 위자료 삼십원 나머지를 해어진 지갑 속에 싸고 싸서 들고는 오직 한 줄기의 혈육인 누님을 찾고자 서울을 떠났던 것이다.

　철도 그랬지마는 해도 뉘엿뉘엿해서 창건이는 K정거장에 내렸다. 어린 조카나 줄 양으로 과자 한 근을 사서 수건에 꾸려 매가지고 궁말 어귀에 들어선 때는 가느다란 저녁 연기가 하닥하닥 처마 위를 기어올라가고 있었다.

　일남네 산모퉁이를 돌아서 한데 우물 앞을 지나려니 울려고도 하지 않았건마는 문득 눈물이 솟았다. 어제 같으면서도 이미 먼 과거가 되어버린 그 옛날이 생각났던 것이다.

　창건이는 세 번 이 우물 앞을 지난 일이 있었다. 한 번은 그가 나이 어렸을 때 돌아가신 어머니를 따라서 출가한 지 삼 년째 나는 누님을 찾았었고, 그 다음이 서울 W고보에 입학하던 해 여름방학이었고, 맨 마지막이 그가 이학년 초에 학교를 떼어엎고 ××직조공장의 소년공으로 들어가던 바로 사 년 전이었다.

　“누나 집엔 감나무가 퍽 많다지?”

어머니의 팔에 매달리어 이런 것을 물어가며 누이를 찾던 그 시절. 그후 남처럼 금단추를 단 교복을 떨쳐 입고 눈이 부실 장래를 꿈꾸어 가며 누이를 찾아가던 그 시절. 그때 산모퉁이를 돌아서려니 물 길러 왔던 누님이,
　"아규! 창건이가 오는구나!"
하고 뛰어오다가 물동이까지 깨었었다.
　그렇던 이 길을 삼 년 전에는 상복(喪服)에 조그만 캡을 눌러쓰고 기운 하나 없이 누님을 찾았던 것이다. 그날 누님은 마당에서 콩을 까고 있었다.
　그 길 – 그 한 길을 찾아드는 오늘날의 이 꼴은?…
　창건은 맨송맨송한 손목을 또 한번 꺼내어 보았다. 좁다란 길이 좁았다 넓었다 한다. 순간순간이 음숙한 굴형도 되고 커다란 바위부리도 되어보였다. 그래도 그는 그것이 눈물의 탓인 것은 채 알지 못하였다.
　다 떨어진 양복 저고리 왼쪽 주머니에다 그는 병신 팔을 집어넣었다. 그러고는 오른손으로 눈물을 닦고 모자를 바로잡아 쓰고는 아직도 누님에게 손목을 잡히어 갈 때 기억이 아물아물하게 남아 있는 좁다란 밭둑을 타고 올라갔다.
　커다란 감나무가 하나, 그 밑에서 아이들 서넛이 연시를 따먹느라고 둘러섰다. 그는 '누님네 아이나 없나' 하고 살펴보고 나지막한 울타리를 끼고 마당 한가운데 놓여 있는 바위 곁으로 들어섰다.
　"이 바위를 빼면 해롭다고 해서 그냥 둔다."
　누님이 그때 이렇게 그에게 설명하던 것을 생각하며 창건은 뜰 위로 올라서며 누님을 불렀다.
　"누님! 누님!"
　아무도 없는지 괴괴하다.
　또 한번 누님을 찾으려니까 집 뒤에서 뭐라고 대답하는 소리가 들리더니 파란 양재기에 장을 떠 담아 들고 누님이 쫓아나왔다.
　"아규! 이게 웬일이야!"
　누님은 창건이를 보자마자 이렇게 소리를 지르고는 금세 짤끔 한다. 그러더니 문득 무슨 생각을 했는지 그의 손을 가만히 주머니에서 꺼내어 이리 한 번 저리 한 번 들쳐보다 말고 그만에 '으악!' 하고 울음을 터뜨렸다. 그도 어린애처럼 따라 울었다.
　– 이렇게 비둘기처럼 동그마니 남은 남매가 서로서로 붙들고 목을 놓아 운 지도 아마 삼 년 전 창건이가 열아홉 나던 해 가을의 일이었다. 그후 창건의 손목은 다시 자라지 않았어도 삼 년이란 세월이 말없이 흘러갔던 것이다.

2

“선생님.”

— 사람이란 추억을 즐기도록 만들어진 동물이다. 그리고 그 추억의 대답이 쓰린 것이면 쓰린 것일수록 애틋한 것이며, 애틋한 것일수록 달콤한 것이다. 사람이란 결국 그 맛으로 사는 것이 아닌가도 싶을 만큼… 그리고 옛날을 추억하는 정에 있어서 또 한 가지 특이한 것은 현재의 생활이 지나간 옛날의 그것보다도 비참할수록 그 정은 더한층 새로운 것이다.

그러한 심정은 창건이와 같은 불구자에게는 더한층 뼈에 사무치기도 하려니와 가버린 애인처럼 그립기도 한 법이다.

창건은 사무실로 되어 있는 조그만 방에서 푸석푸석 시름없이 떨어지는 낙엽 소리를 들어가며 그날도 가버린 옛날을 눈앞에 그리고 있었다.

“선생님!”

또 한번 부르는 소리가 났다. 그는 그제서야 알아듣고 앉은 채 물었다.

“누구냐?”

“저예요.”

“장쇠냐? 박 선생님한테 갔다 왔냐?”

“ 네. 오늘두 못 오시겠어요.”

무릎까지 깡뚱하니 고의를 걷어올린 열대여섯 된 아이가 나타났다.

“그저 그러시다던?”

“네 — 대단하시대요.”

“그것 참 걱정이다.”

박 선생이란 열다섯 된 소년이다. 운송점에서 급사로 있다가 모르고 그곳 야학 선생에게 등사판을 몰래 빌려준 것이 사건이 돼서 집에 와 있는 건강 씨의 아들이었다. 그는 저도 배울 겸 바쁘면 을반을 맡아서 가르치기도 했다. 어머니가 벌써 여러 날째 위험 상태에 있는 것이었다.

창건이는 아이를 내어보내고 교실 안쪽을 쓱 한번 훑어보았다. 가을철이라 그런지 아직도 태반은 아이들이 안 모였다.

곰방대에 희연을 꼭 재어서 한 대 담았다. 담배를 피워가며 꾸미어두었던 교재를 다시 한번 보살폈다. 생각하니보다도 아이들이 정성을 다하는 것이 무엇보다도 대견하다. 한 달에 하나씩이라도 아이들이 늘어가는 것도 그지없이 기뻤다.

손잡이 달린 종을 흔들고 두루마기 고름을 고쳐맨 후 교실로 되어 있는 옆

방으로 들어갔다. 맨멍석 위건마는 바둑돌처럼 단정히 앉았다.

"기립!"

"예!"

첫시간은 산수였다. 보통학교 삼학년 정도인 갑반에서는 문제를 내어주고 일학년생인 을반은 외자리 갓법을 가르쳤다. 메인 대통처럼 아둔한 아이들을 달래어 이만큼이라도 알아듣게 만든 자기 교수법에 이제는 웬만큼은 자신도 생기었다.

둘째 시간은 '한글 맞춤법'이다. 셋째가 '일어 회화'. 이렇게 시간을 마친 그는 아이들과 함께 궁말로 넘어왔다. 재거리 고개에서 아이들은 제각기 흩어지고 네 아이만이 그의 뒤를 따라왔다. 한데 우물 앞에서 네 아이들이 다 떨어져나가고 그는 디딜방앗간을 옆으로 끼고 누님 집을 지나서 조그만 산잔등을 올라갔다. 벌써 이틀째 못 오는 박 선생 문식이를 찾으려 함이었다. 덜 익은 감빛 같은 달이 문식이네 용마루 위에 있었다. 그야말로 삼간 초옥 방 한 칸에 부엌 한 칸 뜰팡 한 칸, 뜰팡에 대어 반 칸이나 될까말까 한 어리만 해놓은 헛간이 있었다. 울도 담도 없이 동그마니 드러난 거적한 닢 깔리지 않은 뜰팡을 누런 달빛이 망설이듯 조심스럽게 들이비추고 있었다. 저것이 사람 사는 집인가 생각하니 어이가 없다. 더욱이 그래도 이 동리서는 최고 인텔리라는 '건강' 씨의 거처하는 집인가 하니 하늘조차 너무 무심한 것 같았다.

건강 씨는 궁말은 고사하고 구혈산 일대에서는 가장 유식한 축이었다. 비록 조선말 이외에는 다른 나라 말을 못할지언정 통감권도 읽었고 시전편도 외우는 그다. 옛날 사립학교를 마치었다느니만큼 웬만큼 사칙문제쯤은 암산으로도 풀고 신문장을 들고 '군축 문제'니 1935년이니 하는 사람도 창건을 빼놓고는 그뿐이었다. 일찍이는 독립 운동에 참가했었고 그후 어떤 신문분국을 경영한 일이 있다는 것만은 들어서 알지마는 어떻게 돼서 그가 이 촌구석까지 굴러들어왔는지를 아는 사람은 건강 씨 자신밖에 없었다. 그는 일체 입을 열지 않았다. 아는 체도 않았다. 자기의 걸어온 옛이야기를 꺼내는 법도 없었다. 그러기에 동리에서도 진서 편지를 보는 것으로 미루어서 그가 '행세글'은 된다 할 뿐이요, 얼만한 학식을 갖고 있는지를 아는 사람도 없다.

오직 그는 '건강'이라는 말을 유독 잘했다. 실하게 크는 나무를 보아도 가리켜 '건강한 나무'라고 한다. 물결이 세차게 흐르는 것을 보아도 그는 '건강하게 흐른다'고 하였다. ― 이리하여 '건강(健康)'이 바로 그를 부르는 이름이 되어버렸다.

　창건이가 궁말에 온 지 한 두어 달쯤 됐을 때였다. 궁말에서는 갑자기 '염병' 소동이 났다. 창문네 집에서 생긴 병균은 이웃집으로 다시 옮아갔다. 그들은 쉬쉬 했다. 염병이라고 하면 펄펄 뛰었다. 홍재라는 사람은 주재소에 고발하는 놈은 낫으로 배지를 가른다고 소리소리 쳤다. 급기야 병균은 건강 씨 여편네한테로 뛰어갔다. 그는 말했다.

　"전염하는 병을 숨길 수는 없다."

　그는 자진해서 주재소로 뛰어가서 온 동리에 소독을 시켰다.

　창건이가 건강 씨의 사람됨을 알게 된 것도 이런 일이 있은 후부터였다. 그가 낫 놓고 ㄱ자도 모르는 이 촌에서 야학을 시작한 것도 건강 씨가 있다는 데서 용기를 얻은 것이었다.

　건강 씨는 말하기를 좋아하지 않았다. 그는 그저 묵묵히 일을 할 따름이다. 모든 것을 단념한 ― 아니 모든 것을 초월한 철인처럼 그의 생활 태도는 고결하고 순박한 맛이 있었다. 크게 기뻐하는 것을 본 사람도 없고, 또한 크게 노하거나 잗다랗게 불평을 깐족이는 것을 본 사람도 없었다. 열다섯 된 문식이를 맏이로 세 살 터울로, 세 살난 갓난애까지 오형제(모두 아들이었다)와 자기 내외 도합 일곱 식구가 남의 땅 세 마지기를 농사랍시고 해서 먹으면서도 그는 군소리 한마디 하지 않았다. 그는 말 못하는 소처럼 그저 일하고 먹고 자고 그랬다.

　"있는 놈들은 밥에 체하는데 우리는 일에 체하니!"

　그는 이렇게 말했다.

　"밥에 체한 데는 영신환을 먹더라만 일에 체한 덴 뭘 먹노?… 허 …"

　궁말에 은거한 지 팔 년. 그는 농사에 애이는 일이 없었다. 낫질, 지게질은 말할 것도 없지마는 가래질, 쟁기질까지 무엇 하나 농군에게 빠지는 것이 없는 그다. ― 아니 그 건강 씨를 보고 농군과 조금이라도 달리 생각하는 사람이 없다고 하는 것이 오히려 알아듣기 쉬울 것이다. 왜냐하면 그는 바로 농군이기 때문이다.

　"문식이 있나."

　창건이는 달빛에 비친 마당으로 들어섰다.

　"문식이."

　"선생님 오셨어요."

　문식이가 뛰어나왔다.

　"어머니가 편찮으시다더니 어떠신가?"

　"마찬가지여요."

　눈물에 지적지적해진 목소리다.

뒤미처 건강 씨도 나왔다.

"대단히 걱정되시겠습니다."

하고 그는 머리를 숙였다.

"웬걸요. 첨엔 어떨까 싶더니 절망 상태에 빠지고 난 후로는 되레 안정이 됩니다."

"벌써 그렇게까지?"

"아마 어렵지 않을까 합니다."

그들은 슬슬 감나무 밑으로 내려왔다.

"어린것들을 위해서라도 쉬 일어나셔야 할 텐데."

"아니지요. 어린것들을 위해서라도 쉬 죽어야지요."

"네?"

창건은 그의 얼굴을 쳐다보았다. 그가 놀랄까 겁을 냄인지 달은 건강 씨의 표정을 비춰주지 않았다.

"이 세상이란 결국… 그러고 나면 결국 다섯…"

그는 입을 다물었다.

그는 무서운 전율을 느끼었다. 풀잎에서 이슬 방울이 스미어 빛났다.

"병명은 아직 모르십니까?"

"왜요? 뻔하지요. 굶은 병이지요."

하고 건강 씨는 약간 불평스런 어조로 말을 꺼내더니,

"기아병이란 신경병과 함께 현대 문명병이지요. 원시시대엔 그런 병이 없었지요. 결국 과학이란 진보하는 것이 아니라 퇴보하는 겁니다. 뉴튼이 나기 전보다 인류는 훨씬 더 불행해졌지요. 우리야 남을 위해 사는 사람이죠. 다 그랬으면 좋으련만 —"

건강 씨는 갑자기 입을 다물었다.

문득 병자 생각을 했음인지 황황히 인사를 하고 마당 쪽으로 걸어갔다.

그가 방문을 열기 전에 창건이는 몹시 신음하는 병자의 앓는 소리를 들었다. 그러더니 뒤미처 아이들의 울음소리가 터졌다. 문식이도 달려갔다. 다섯이나 되는 아이들 울음소리에 섞여 갓난애의 '엄마' 소리를 들었다고 창건이는 생각하였다.

'그렇다!' 하고 그는 생각하였다. 건강 씨 말대로 우리는 모두 긍용네나 덕실네나 창문네나 매형이나 내나 다 남을 위해 사는 사람들뿐이다. 그이 말이 옳다고 했다. 그남이란 한두 사람의 지주다. 몇 사람의 지주를 위해서 농사를 짓고, 한 사람의 사장을 위해서 천여 명이 피땀을 흘리고 손목을 잘리고… 상수의 말과 건강 씨의 말은 부합되는 것이었다.

― 그러나 이 세상은 남의 덕으로 사는 사람이 있다. 남을 위하지 않고 자기만을 위해서 사는 사람이 확실히 있다.

갑자기 '컹!' 하고 개가 짖었다. 또 도적이 들었나보다 했다. 어제도 그제도 근동에서 도적이 났다.

"저놈들도 저만을 위해서 살려는 놈들이지!"

창건은 캄캄한 대공에서 도적놈을 발견하기나 한 듯이 꾹하니 개짖는 쪽을 응시하며 중얼거렸다.

"도적이 들었거든 감이나 따가거라. 벼 백이나 하는 놈들이야 감 없기로서니 굶어 죽으랴?…"

정말 도적이 들었는지 세 집 개가 바짝 뒤집어엎는다.

3

화중지병으로 김 선달네 '오승기'가 구수한 냄세를 퍽퍽 풍기기 시작한 어떤 날 밤, 갓난것의 "엄마" 소리도 들은 체 만 체 문식 어머니는 숨을 걷고 말았다. 어둠 속에서 나서 어둠 속으로 가는 그건마는 달도 그날은 없었다. 초닷새 달이 이면치레로 실쭉하니 감나무 가지에 걸렸더니 문식 어머니의 숨이 미처 걷히기도 전에 지고 말았다. 장삿날은 근래에 없이 맑게 개인 날이었다.

"없는 집이니 날이나 좋아야지."

누구나 이렇게 말했다.

"어 참, 날 좋군! 날은 아주 받아서 죽었네."

김 생원도 이렇게 말하며 장죽을 물고 맑디맑은 하늘을 쳐다보았다.

― 그러나 동리 사람은 김 생원의 이 말을 달리 해석하고 있었다.

"저런 능글마진 놈에 영감녀석! 장삿날이 좋아서 저라는 거겠군! 건강 댁네 죽는 바람에 환갑 잔치를 안해먹을 테니까 그러지!"

"옳에! 옳에! 자네 말이 맞네."

하고 옆에서도 맞장구를 쳤다. 장삿날은 야학생 중에서 큰 아이들만이 골라졌다. 밥술이나 먹는 집이면 앞을 다투어 모여들지마는 아침이 지나서 한나절이나 되도록 손을 빌릴 만한 사람은 꽁지도 뵈지 않았다. 창건네 식구와 야학생 몇이 장사꾼의 전부였다.

상여도 거의 아이들 손으로 꾸미어졌다. 아이들한테서 한달에 삼전씩 받는 기름값과 창건이의 총재산인 사원 팔십전, 그리고 돌아다니며 거둔 돈 이원 나머지가 장례비에 충당되었다. 이날 건강 씨의 물건이 쓰여진 것은 사발

다섯 개와 대접 두 개, 이빠진 보시기 몇 개 — 이뿐이었다. 그밖에는 내놓을 것도 없었다. 물까지도 남의 집에서 길어왔다.

염을 하고 상여가 꾸미어지도록 건강 씨는 무표정하였다. 별로 슬퍼하는 것 같지도 않았다.

"워 — 호 — 워 — 호"

상두꾼 소리가 나자 상여가 움직움직하였다. 상여 뒤에는 문식이 아래로 열두 살, 아홉 살, 여섯 살 차례차례로 늘어섰다. 세 살 먹은 것은 커다란 사과 한 덩이를 들고 동리 아이 등에 업혀서 싱글벙글 따라갔다.

"예 이놈아, 그래 왜 들쳐업고 나서니!"

누군지 소리를 꽥 질렀다. 몹시 그 꼴이 보기 싫었던 모양이다. 돌아가려고 하니까 아무것도 모르면서도 아이는 '빼 —'하고 울어댄다.

파놓은 광중에 시체가 들어갈 제 한바탕 어린것들의 곡성이 어울렸다.

흙과 회를 섞어서 물을 붓고 다시 눈물로 반죽을 하여 회를 다지고 합금정을 한 후에 분상을 긁어모으고 떼를 입히고 이리하여 일평생 남을 위해 살아온 그의 일생애는 완전히 끝나는 것이었다.

장례가 끝나면 바로 돌아서는 것이 죽은 사람에 대한 산 사람의 예다. 그들은 한시를 지체 않고 발길을 돌렸다. 긍용이 등에 업힌 막내는 반이나 긁어먹은 사과를 들고,

"아빠 응 —"

하고 좋아라고 자랑을 한다.

"오냐 좋다! 그것 먹고 얼른 커서 너도 네 어미처럼 남을 위해 살다가 죽어라!"

모두들 건강 씨를 쳐다보았다. 그래도 그는 아무 말 없이 성큼성큼 걸었다. 마치 여편네가 따라올까 겁이나 내는 것 같았다.

궁말 동리에 조당수 끓는 소리가 드높아 가건마는 그래도 가을은 가을이다. 구름 한 점 없는 파란 하늘이 드높을 대로 드높았다.

"이런 빌어먹을 놈의 신세가 있담!"

막내를 등에 매달고 절구질을 하던 건강 씨는 절구공이를 확에다 세우고 확하니 하늘을 쳐다본다.

"빌어먹을 사람이 왜 애새끼는 이렇게 쏟아놓고 죽었담!"

뼈만 남은 잔등에 태워놓고 들까부니까 갓난것은 못마땅해서 짱알거린다. 절구질을 하다 말고 궁덩이를 톡톡 두드려주어도 여전히 빽빽거린다. 곧 절구확에다 꾸겨박고 콩콩 찧어버리고 싶건만,

"에, 착하다! 인저 엄마 온다, 응!"
하고 달래다가도,
　"내가 미친놈이지! 이런 놈의 세상에서 먹구살겠다는 것이 잘못이다!"
　다시 공이를 세우고 땅이 드놀게 한숨을 쉰다.
　"아이구, 저를 어째. 손수 절구질을 하는구려."
　창문 아주머니가 키를 옆에 끼고 지나가다 말고 한 걸음 다가서며 남의 일 같지 않은 듯이 말한다.
　"아이가 그래 그렇게 보채는군요. 아이 저를 어쩌나."
　"흥."
하고 건강씨는 코웃음을 친다.
　"그래 보채는지 어째 보채는지 누가 안다우. 그저 기를 쓰고 악만 쓰니."
　"웬 그놈의 염병이 들어와서."
　"허 참, 창문 아주머니두. 그래, 애 어머니가 염병으루 해서 죽은 줄 아우?"
　"그럼요?"
　"흥, 굶어죽은 게지라우! 거위가 거세면 병도 못 붙지요. 난들 누가 아우. 이러다가 앓아누우면 그대로 뻐드러질 테지만 있는 놈이야 병들어 죽었다지 굶어죽었다는 놈이 어디 있소."
　입으로는 "딱해라! 어쩌나!" 하면서도 그들에게 쌀 한줌 주는 사람은 그러나 없었다. 그렇다고 맘씨들이 매워서 그런 것은 아니다. 전에는 그래도 "아무개네 밥 좀 먹구 가우." 라든가, "우리집 호박 좀 따다 잡슈." 라든가 하는 소리가 울타리 새로 들리던 궁말이건만 지금은 그런 소리는 꿈에도 들어볼 수 없다. 제 발등에 떨어진 불덩이를 끄기가 더 급했던 것이다.
　아내와 어머니를 한꺼번에 잃은 문식이 부자의 생활은 날로 달라갔다. 건강 씨는 벌써 논밭에만 매달려 있을 수는 없었다. 낡은 주머니끈에 매달린 괴물처럼 주렁주렁 달린 어린것들의 뒤를 거두랴, 아침 저녁으로 밥시중 들랴, 그야말로 눈코 뜰 사이가 없었다. 그의 한 몸으로써 감당할 수 있는 범위는 세 살 먹은 것을 온종일 들쳐업고 있을 정도의 것이었다. 그러나 지금은 그것도 벅찼다. 그의 수중에는 세 살 난 어린것의 창자를 채워줄 만한 양식의 준비도 없었기 때문이었다.
　그렇건마는 건강 씨는 그런 내색을 한번도 남 보는 데서 하지 않았다. 동리 사람들은 그를 재주가 용하다고 하였다. 엔간히 꾸려간다고 하였다. ― 그러나 사람이란 누구든지 그만한 재주는 타고난 것이다. 없으면 굶는 재

주! 그러나 그 재주는 한이 있는 것이다. 그 재주가 마르면 문식이 어머니
처럼 죽어가는 것이다.

건강 씨가 아내가 죽은 후로 변한 데가 있다면 그것은 오직 "허허" 하는
너털웃음을 웃는 버릇이 생긴 것이다. 그는 기가 막힐 때마다 "허허허" 하
고 웃었다.

"일곱 살 먹은 놈부터는 그래도 지각이 났는지 먹을 것을 봐도 냉큼 덤비
지를 않습니다. 아마 제 어미가 일찍 죽으면 철도 일찍 나는가봅니다그려.
허허허."

건강 씨는 이런 이야기를 하고 나서도 허허 웃었다. 아침 저녁으로 건강
씨의 부엌을 찾는 것이 창건의 거의 일과였다. 젖먹이를 들쳐업고 반 칸 폭
도 못 되는 아궁이 앞에 빽빽하니 둘러앉았다. 못바늘이나 다루듯이 어색해
보이는 건강 씨의 솜씨였다. 파 두어 오리를 잘라서 끓인 멀건 된장찌개,
간장 ― 이것뿐이었다.

밥은 언제든지 한 그릇이었다. 한 그릇을 아이들 다섯한테 떠맡기고 자기
는 눌은밥을 먹는다고 부엌으로 나온다. 한 그릇 밥에 밥이 눋는다면 얼마
나 눌으랴? 그는 하얀 빛 그대로 있는 밥알이 몇 개 뜬 맑디맑은 냉수를 아
이들 보는 데서 후룩후룩 들이마시곤 한다.

한번은 이런 일이 있었다.

창건은 아침을 먹고 나서 밥 한 그릇을 들고 건강 씨 부엌으로 들어갔다.
한사코 말리므로 살며시 부뚜막에 놓고 갈 양으로 들어섰다가 제법 소복하
게 담긴 밥그릇을 보았다. 날된장 그릇과 젓가락이 놓인 것을 보면 밥을 먹
다 말고 방으로 들어간 모양이다.

"아, 그건 또 왜!"

어느 틈에 건강 씨가 나타났다.

"여기도 이렇게 밥이 있는데 어떻게? 진지는?"

"지금 막 먹고 오는 길입니다."

"그럼 실례합니다. 먹어야 산다니…"

그는 또 한번 웃었다.

창건이는 무심코 보다가 건강 씨의 밥그릇 속에서 이상한 것을 발견하였
다. 자세히 보니 밥 담긴 밥그릇 속에 보시기 밑구멍이 드러나보인다. 그는
아무 생각 없이,

"웬 보시기가 밥그릇 속에!"

하고 보시기를 가리켰다. 건강 씨는 '아차!' 하는 기색이더니 그래도 허허
웃었다.

"아, 그예 바닥이 드러났군. 문식이란 놈이 나이답지 않게 하도 내 걱정을 하기에 한 사오 일 전부터 이런 궁리를 해냈지요. 허허허."

창건이 눈 속이 화끈했다. 저러면서도 아무에게도 군소리를 하지 않는 건강 씨가 그에게는 그지없이 존경받을 만한 존재처럼 생각되었다.

일년내 농사라고 지은 것도 다 김 생원네 뜰앞에 쌓아준 그다. 벼 열두 말을 지고 넘어오다가 그나마도 장리 먹은 것을 닷 말 빼앗기고 겨우 일곱 말만 지고 왔다는 건강 씨면서도 그는 일년 식량은 되는 듯이 말하고 있다.

저러고 이 엄동을 어찌 날 것인고 하는 생각만 하여도 창건이는 눈앞이 아득하였다. 건강 씨도 문식이도 그리고 나머지 네 아들도 종당은 저 어머니가 밟은 길을 밟게 될 것이 아닐까? 저러다 병이 들고 약 한 첩 못 쓰고 죽으면 이제는 버젓하게 상여도 못 써보고 지게에 져다가 고려장을 지낼 것이 아닐까?

그러나 어디 그네들뿐이랴? 이 동리 사람은 ─ 아니 이 세상의 남을 위해 사는 모든 사람이 그런 길을 밟을 것이다. 나도 그 중의 한 사람이요, 매형도 누님도 다 그럴 것이다. 정당한 태도로 생활을 영위하려는 모든 사람이 응당 밟게 될 그 길 ─ 그 길을 무서운 전율을 느끼며 창건은 바라다보는 것이었다.

이러고도 오히려 세상이 평온한 것이 창건에게는 한 수수께끼였다. 날이 갑자기도 아니지마는 드르릉 추워졌다. 해마다 이 철이면 당하는 고초지마는 그들의 배움의 터에는 나무 걱정이 또 하나 생기는 것이다.

그들은 의논하여 야학생 총출동으로 나무를 하기로 하였다. 마침 차기는 하였으나 볕이 따스하였다. 그들은 「야학가」를 소리 높이 불러가며 산에 올랐다. 창건이도 매형의 지게를 지고 따라 올라갔다.

「아리랑」이며 「저 건너 갈미봉」이며 야학가 같은 노랫소리가 두서없이 구혈 산중에 흩어졌다. 가끔 숲새에서 웃음소리가 깨어졌다.

비록 나이야 어릴망정 이십여 명의 힘과 용기와 정열이 합쳐진 일이다. 한 낮도 되기 전에 벌목해간 터의 고주박만으로도 대여섯 짐은 실히 되었다. 그리고 그만하면 한 달 동안은 족하였다. 초례봉에서 한바탕 법구 놀음을 하고 쉬었다. 흥이 겨워 뛰노는 중에도 문식이만은 한풀이 죽은 것이 눈엣가시처럼 창건의 가슴에 사무쳤다. 낮에는 별로 만나는 일이 없어서 몰랐더니 문식이의 얼굴은 노랗다 못하여 시었었다. 팔과 다리는 보탬없이 말라빠진 삼대 ─ 그대로다.

"요샌 어떻게 지내나?"

먼저 걸어가다가 뒤따라오는 문식이를 돌아다보고 창건은 물어보았다.

“그저 그렁저렁 살아가지요. 요새 같아서는 살기 위해서 먹는 겐지 죽기 위해서 먹는 겐지 심판을 모르겠어요.”

“어째서?”

“선생님, 생각해보세요, 그렇잖은가 — 먹거든 싱싱해야 할 게 아닙니까. 그런데 먹어도 시드니 웬일입니까?”

그는 아무 대답도 하지 못하였다.

비알을 지나서 궁말로 내려서는 길목에 이르러서야 멋멋하던 침묵을 깨고 문식이가 창건의 옆으로 바짝 다가서며 갑자기 이런 말을 물었다.

“선생님, 살인죄라는 것은 어떤 것을 살인죄라고 그럽니까?”

“살인죄라는 건…”

하고 대답하면서도 그는 좀 의아한 생각이 들었다.

“살인죄에는 두 가지가 있지. 하나는 고의로 사람을 죽인 것과 또 하나는 부주의로 죽인 것들이 다 살인죄겠지. 그런데 왜 갑자기 살인죄는?”

“글쎄요 — 그러면 제 동기간을 죽여도 살인죄ㄴ가요?”

“그야 물론. 그런 건 왜 묻나? 갑자기?”

그는 문식이를 꾹하니 노리고 보았다. 그때 갑자기 뒤에서 누군지 악을 썼다. 돌아보니 장성이가 나무를 진 채 넘겨박힌 것이었다.

다행히 다친 데는 없었으나 장성이는 일어나지를 못하고 깔고 뭉기었다. 지겟다리를 벗겨놓아도 폭 거울러져서 몸을 가누지 못한다.

“이런 자식두! 그래 고것을 지고서 짤짤맨다니?”

누군지 야무지게 쏘아붙였다. 옆에서 따라오던 만복이가 그 말을 받아서 둘째손가락을 쭉 뻗치어 표독스럽게 덕수의 턱을 폭 치걷으며,

“요런 앙큼스러운 자식 보게. 요녀석아, 너는 조밥이라도 아침을 먹은 생각을 못하니?”

이 말을 듣자 장성이는 폭 엎어지며 흑흑 느껴 울기를 시작했다. 창건은 가슴이 뭉클해졌다.

“그래, 장성이는 오늘 아침도 못 먹었니?”

— 그러나 창건이는 만복이의 대답에 다시 한번 소스라치게 놀랐던 것이다.

“아이 선생님두. 여기서 아침 먹은 녀석들이 반이나 되는 줄 아십니까.”

“뭐야?”

“제가 알기에도 돌쇠 석천이 나 넷이나 됩니다.”

창건은 더 물어볼 용기가 나지 않았다. 무서웠다. 그는 소나기 설거지하듯 얼렁뚱땅해서 아이들을 끌고 집으로 내려왔다. 내려와서도 사무실 문을 꼭

꼭 처닫고 앉아서 눈이 붓도록 혼자 울었다.

4

그 해도 다 저물어가는 섣달 스무날을 훨씬 지난 어떤 날 밤이었다. 창건은 뒹굴뒹굴하다가 밖으로 나왔다. 그날 저녁때 누님이 하던 말이 잠이 들 만하면 그의 귓전을 울리었다.

그날 뉘 입에서 난 말인지 해토만 되면 방을 뜯어고칠 의논이 떠올랐다. 그때 매형이,

"창건이 방도 좀 뜯어고쳐야 할걸."

하니까 누님이 기다렸다는 듯이,

"우리 그러지 말고 제 방은 제가 뜯어고치기로 합시다!"

하며 뛰어왔다.

전 같으면 매형 보기 미안해서 미리 까느라고 그랬다고 선의로 해석하고 말 그렸으나 요 근자에 와서 갑자기 자기를 눈엣가시처럼 보는 것 같은 눈치를 챈 터라 뼈에 사무치도록 느껴진 것이다. 그까진 돈 한푼 안 생기는 꼴나자빠진 선생질이라는 둥 동무 하나가 와서 잤다고 봉놋방이냐고 모진 소리를 하는 것이 귀담아들어서 그런지 유달리 귀에 거슬리었다.

하기야 일년 가야 멍석 한 타래 틀지 못하는 것을 그만큼이라도 거두어주는 것만도 고맙지 않은 것은 아니지마는 병신이 된 죄로 오직 하나인 혈육이라고 누이 턱을 쳐다보고 있는 자기고 보니 좀더 살붙이답게 왜 못해 줄꼬? 하는 것이 야속도 했고 원망도 스러웠다. 믿거니 믿겠거니 해온 만큼 더 서러웠다.

그는 한참이나 서럽게 울었다. 굶어죽더라도 이곳을 떠나버릴까? 오직 한 줄기뿐인 혈육이니 미워하건 꼬집건 누이 손에 묻힐까? — 이런 생각을 하며 창건은 건강 씨의 앞마당까지 올라갔다.

사방은 괴괴하다. '모두 잠이 든 게로군' 하고 발길을 돌리려니까 소곤소곤하는 소리가 새어나온다. 창건은 가만히 귀를 기울이었다. 누구를 타이르는지 "그래라, 응." 이니 "너두 그라지?" 하는 소리가 나서 그는 열다섯 먹은 문식이가 제법 어른 노릇을 하는 게다 생각하며 쓴웃음을 띠고 가만가만히 방문 앞으로 갔다. 신문으로 때운 데가 뚫어져서 방안이 환히 들여다보이었다.

아랫목 쪽으로는 갓난것이 잠이 들었고, 문식이는 세 동생을 앉히고 퍽도 간곡히 달래고 있었다.

“황식아, 너도 어머니 보고 싶지?”
“응.”
셋째 놈도 고개를 끄덕끄덕한다.
“너는?”
“나두!”
“옳지, 그럼 형아가 어머니 보게 해줄게. 형아가 하라는 대로만 해, 응? 모두 그라지?”
모두들 고개를 끄덕인다.
창건은 ‘저애가 무슨 요술을 하려고 저러노?’ 하고 또 한번 고소를 금하지 못했다.
문식이는 서까래 두 개로 만든 시렁 위 송판에 놓인 그릇을 내리더니 윗목에서 보시기 세 개를 내어놓고 물을 한 탕기씩이나 실하게 따라놓고는 다시 설명을 시작한다.
“자 봐라. ‘내가 먹어라! 엇!’ 하거든 똑같이 들이키어야 한다! 하나라도 늦게 먹으면 어머니가 안 보여! 알겠지? 자 모두 든다구!”
“그럼 애기는?”
하고 화식이란 놈이 형을 쳐다본다.
“응, 애기는 내가 또 보여주지.”
“그럼 아버지는?”
“아버지는 장에 갔으니까 인저 이따이따 와서 만나보지.”
“아이 좋아라! 이걸 먹으면 정말 어머니가 뵈우, 형아?”
“암, 자 들었다 — 엇!”
세 아이들은 어머니를 만나본다는 바람에 일제히 보시기를 들어올렸다.
“자, 내가 마셔라— ‘엇!’ 하거든 똑같이 먹어야 한다. 늦게 먹는 애 눈에는 어머니가 안 보인다, 알았지?”
이런 설명을 하고 있는 문식의 얼굴이 희미한 등잔불 빛에도 보기 싫을 만큼 무섭게 일그러지는 것을 본 바로 그 순간 번개보다도 빠른 속도로 창건의 머리를 스치고 지나가는 한 생각이 있었다! 언제던가,
“제 동기를 죽여도 살인죄인가요?”
하고 문식이가 묻던 그 말이 생각났던 것이다!
“왓!” 하고 가슴이 쿵더쿵 뛰었다. 그는 큰기침을 “칵!” 하고 문을 펄쩍 열었다.
“문식아!”
그는 무엇에 쫓긴 사람처럼 뛰어들어가서 아이들의 보시기를 빼앗았다. 놀

란 아이들이 일시에 울음보를 터뜨리었다.

창건은 노르무레한 그 물이 무엇인지를 즉각적으로 깨달았다. 그는 그것을 밖에다 모두 쏟아버리고 윗목의 빨랫줄과 주머니에서 조그만 창칼까지 압수했다. 더는 위험성있는 물건이 없는 것을 다지고서야 그는 물었다.

"아버지는 어디 가셨니?"

"장에 가셨어요."

창건은 우선 세 아이들을 달래서 재우고,

"그것을 애들한테 먹이면 어쩌잔 말이냐?"

하고 달래듯이 물었다.

"죽일랴고 그랬어요."

"무엇?"

그는 새삼스러이 이와같이 놀랐다.

"살려두는 것은 죄여요! 먹을 건 자꾸 달라지요. 줄 건 없지요! 어떻게 합니까. 굶어죽느라고 바둥대는 것보다 낫지요!"

이렇게 말하며, 문식이는 방바닥에 푹 엎어졌다. 그는 어깨춤을 추썩추썩 추어가며 흑흑 느껴 우는 것이었다.

"문식아, 울지 마라! 그러고 이후엔 아예 그런 생각을 말어야 한다! 인저 네가 크면 뭣때문에 우리가 굶어죽는지 알게 될 것이다. 그때 가서 정말…"

창건은 알아듣도록 이야기하였다.

"우리는 먹기 위해서 사는 것이 아니라 싸우기 위해서 살고 ― 싸우기 위한 삶을 위해서 먹는다. 우리가 굶어죽는다는 것은 조금도 우리의 죄가 아니요 우리의 잘못도 아니다. 잘못은…"

창건은 거품을 뿜어가며 문식이를 타일렀다. 그는 새로운 ― 새로운 ― 흥분을 느끼었다.

"알아들었느냐?"

"네!"

"알아들었으면 눈물을 거둬야지!"

"네!"

하면서도 문식이는 눈물을 그치지 못한다. 문식은 울지 않으려고 애를 쓰건만 눈물은 자꾸자꾸 흘러내렸다.

어디서인지 개소리가 자지러진다. 건강 씨가 돌아옴인가? 그렇지 않으면 또 도적이 들었나?

창건이가 문을 빼꼼히 열자 말없는 달빛이 그의 앞가슴에 턱 들어안기었다.

1

　어머님은 우리 남매를 다리고 사직골 막바지에서 쓸쓸한 가정을 이루어 있었다.

　우리 아버지는 내가 세 살 먹던 가을에 돌아가셨다 한다. 어머님께서 시시로 눈물을 머금고 아버지께서 목사로 계시던 것이며, 그 열렬한 웅변이 죄 많은 사람을 감동시켜 하느님을 믿게 하던 것이며, 자기 몸은 조금도 돌아보지 아니하고 교회 일에 진심 갈력(盡心竭力)하던 것을 이야기하신다. 나보담 사 년 맏이인 누님은 이 말을 들을 적마다 그 맑고 고운 눈에 눈물이 어리었다. 철모르는 나는 그 이야기보담 어머님과 누님이 우는 것이 슬퍼서 눈물을 흘리었다.

　집안은 넉넉지는 아니하나마 많지 않은 식구라 아버지 생전에 장만하여 주신 몇 섬지기나 추수하는 것으로 기한은 면할 수 있었다.

　아버지의 감화인지는 모르나 어머님은 우리 남매를 학교에 다니게 하였다. 벌써 십 여 년 전 일이라 누님 공부시키는 데 대하여 별별 비평이 다 많았다. 그러나 어머님은 무슨 까닭에 여자 교육이 필요한 것인 줄은 모르셨겠지마는 아마 여자도 교육시키는 것이 좋은 줄로 아신 것 같다.

2

　누님은 십 팔 세의 꽃 같은 처녀로 ○○학교 여자부 사년급에 우등 성적으로 진급되고 나도 그 학교 이년급에 진급되던 봄의 일이다.

　나의 손을 붉게 하고 내 얼골을 푸르게 하던 치위는 없어진 지 오래이다. 햇볕은 따뜻하고 바람 끝은 부드럽다. 잔디밭에는 새싹이 돋아나고 개나리와 진달래는 벌써 산야를 붉고 누르게 수(繡) 놓았다.

　어느덧 버드나무 얽힌 곳에 꾀꼬리는 벗을 찾고 아지랑이 희미한 하늘에 종달새는 높이 떴다.

　우리 집 뜰 앞에 심어둔 두어 나무 월계화도 춘군(春君)의 고운 빛을 나도 받았노라 하는 듯이 난만(爛漫)히 피었었다.

　하룻날 떠오르는 선명한 햇빛이 어렴풋이 조으는 듯한 아츰 안개에 위황(煒煌)한 금색을 흩을 적에 누님은 가늘게 숨쉬는 춘풍에 머리카락을 날리며 어리인 듯이 월계화를 바라보고 섰다. 쏘아오는 햇발이 그의 눈을 비추니 고개를 갸웃하며 한 손을 이마 위에 얹고 눈을 스르르 감더니 아즉도 어슴푸레하게 조으는 월계화 그늘에 몸을 숨기매 이슬 젖은 꽃송이가 누님의 뺨을 스친다. 손으로 가벼이 화판(花瓣)을 만지며 고개를 숙여 꽃을 들여다본다…….

나도 한참 누님과 월계화를 바라보다가 학교에 갈 시간이나 아니 되었나하고 방에 걸린 시계를 보니 아니나 다를까 벌써 시간이 다 되어 간다. 급히 건넌방에 들어가 책보를 싸 가지고 나오며,

"누님, 어서 학교에 가요. 벌써 시간이 다 되었어요."

"응, 벌써!"

하고 누님은 내 말에 놀라 돌아서더니 허둥허둥 건넌방에 들어가 책보를 싸더니 또 망연히 앉아 있다.

"어서 가요."

나는 조급히 부르짖었다. 누님은 또 한번 놀라 몸을 일으켰다.

요사이 누님의 하는 일이 매우 이상하였다. 그 열심히 하던 공부도 책을 보다가 말고 망연히 자실하여 먼 산만 멀거니 바라보고 있을 적이 많았다. ─ 누님이 잠은 어머님을 뫼시고 큰방에서 자되 공부는 나를 다리고 건넌방에서 하였으므로 누님이 정신 잃고 앉은 것은 여러 번 보았다.

그날 밤 새로 한 시나 되어 잠을 깨니 갑자기 뒤가 보고 싶었다. 나는 급히 일어나 뒷간에 갔었다. 뒤를 보고 나오니 이미 이지러진 어스름 반달이 중천에 걸리어 있다. 나는 달을 치어다보며 한 걸음 두 걸음 마당 가운데로 나왔다. 뜰 앞 월계화는 희미한 달빛에 어슴푸레하게 비치는데, 꽃 사이로 하야스름한 무엇이 보인다. 자세히 보니 누님이 꽃에다 머리를 파묻고 서있다. 그의 흰 옥양목 겹저구리가 내 눈에 뜨임이라. 왜 누님이 저기 저러고 서 있나? 온 세상이 따뜻한 봄의 탄식에 싸이어 고요히 잠든 이 밤중에 무슨 까닭으로 나와 섰나? 나는 어린 가슴을 두근거리며,

"누님, 거기서 무엇해요?"

내 소리에 깜짝 놀랐는지 몸을 움칫하더니 아모 대답이 없다. 가만가만히 가까이 가서 어깨를 가볍게 흔들었다. 숨을 급히 쉬는지 등이 들먹들먹한다. 나오는 울음을 물어 멈추는지 가늘고 떨리는 오열성(嗚咽聲)이 들린다. 나는 바싹 대들어 누님의 얼골을 보았다.

분결 같은 두 손 사이로 보이는 얼골은 발그레 하였다. 나는 웬일인가 하고 얼골 가린 두 손을 힘써 떼었다. 두 손은 젖어 있었다. 누님의 두 눈으로 눈물이 흘러나린다. 구슬 같은 눈물이 점점이 월계화에 떨어진다. 월계화는 그 눈물을 머금어 엷은 명주로 가린 듯한 달빛에 어렴풋이 우는 것 같

다. 누님의 머리는 불덩이같이 더웠다.

"왜 안 자고 나왔니……?"

하며 내 손을 밀치는 그 손은 떠는 듯하였다. 나는 목멘 소리로,

"누님, 왜 우셔요? 네?"

하고 내 눈에도 눈물이 핑 돌았다.

이슬에 젖은 꽃향기는 사랑의 노래와 같이 살근살근 가슴을 여의고 따뜻한 미풍은 연애에 타는 피처럼 부드럽게 뺨을 스쳐 지나간다. 이런 밤에 부드러운 창자에 느낌이 없으랴! 꽃다운 마음에 수심이 없으랴!

철모르는 나는,

"누님, 어서 들어가셔요."

하고 누님의 손목을 이끌었다. 맥이 종작없이 뛰는 것을 감각하였다. 누님은 눈물을 씻으며,

"먼저 들어가거라, 나도 곧 들어갈 것이니……."

하였다.

"대관절 웬일이야요? 어데가 편찮으셔요?"

"아니, 공연히 마음이 뒤숭숭하구나."

하더니 한 손으로 월계화 가지를 부여잡고 이마를 팔에다 대며 흑흑 느끼어 운다.

어스름 달빛은 쓰린 이별에 우는 눈의 시선같이 몽롱하게 월계화 나무위에 흘러 있다.

3

이틀 후 공일날 누님과 나는 창경원 구경을 갔었다.

창경원 사쿠라꽃이 한창이란 기사가 수일 전부터 신문에 게재되고 일기도 화창하므로 구경꾼이 구름같이 모여들어 넓으나 넓은 어원(御苑)이 희도록 덮여 있다. 과연 사쿠라는 필 대로 피어 동물원에서 식물원 가는 길 양편에는 만단홍금(萬段紅錦)을 펼친 듯하다.

"국주(國柱)야, 우리는 동물원은 그만두고 저 잔디밭에 앉아 꽃구경이나 실컷 하자?"

누님은 찬성을 구하는 듯이 나를 들여다보며 웃는다. 나도 짐승 곁에 가니 야릇한 무슨 냄새가 나던 것을 생각하고,

"그럽시다."

라고 곧 찬성하였다.

우리는 길 옆 잔디밭 은근한 편 소나무 밑에 좌정하였다. 붉은 놀 같은 꽃다리 밑으로 지나가는 흰 옷 입은 유객들이 꽃빛에 비치어 불그스름해 보이는 것이 말할 수 없는 춘흥을 자아낸다. 어린 나도 따뜻한 듯한 부드러운 듯한 봄의 기쁨을 깨달아 웃는 낯으로 누님을 돌아보니 누님은 나직이 한숨을 쉬며 고개를 숙이더니, 푸른 풀 사이에 핀 누른 꽃을 하나 꺾어 뺨에다 대인다. 무슨 걱정이나 있는 듯이 눈살을 찌푸렸다. 나는 그날 밤에 누님이 월계화 사이에서 울던 광경을 가슴에 그리면서 유심히 누님의 행동을 살피었다.

누님이 얼골에 수색을 띤 것이 퍽 애처로워서 무슨 이야기를 하여 누님의 흥미를 끌까 하고 곰곰 생각하며 이리저리 살피었다.

우연히 식물원 편을 바라보다가 그 곳을 가리키고 누님을 흔들며,

"저기를 좀 보셔요."

하였다. 웬일인지 누님은 깜짝 놀란다. 곤한 잠을 깬 사람에게 흔히 있는 표정으로 내가 가리키는 곳을 바라본다. 거기서 우리 학교 교복을 입은 학생하나가 이리로 나려온다. 그는 우리 학교 사년급 급장이었다. 누님이 한참 멀거니 바라보다가 두 추파가 마주친 것 같다. 누님은 고개를 숙이었다. 나는 누님의 귀밑이 발그레진 것을 보았다. 누님이 내 무릎을 꼭 잡으며,

"거기 무엇이 있다고 날다려 보라니?"

간신히 귀에 들리리만큼 말하였다.

"아야! 아이고 아파요. 왜 저이를 모르셔요? 그이가요, 이번에 첫째로 사년급에 진급한 이야요. 공부를 썩 잘하고 또 재조가 비범하대요. 게다가 얼골이 저렇게 잘 났겠지요."

나는 바로 내나 그런 듯이 기뻐하면서 입에 침이 없이 칭찬하였다. 누님은 부끄럽게 웃으며,

"왜 내가 그를 모른다디? 사년이나 한 학교에 다녔는데…… 그래 그 사람 보라고 사람을 흔들고 야단을 했니?"

"그러면요…… 그런데요, 어저께 내가 누님보다 좀 일찍이 나왔지요? 집에 오니까 어머님 친구 몇 분이 오셨는데 누님 칭찬이 야단입디다. '어쩌면 인물도 그다지 잘나고 재조도 그렇게 좋을꼬. 참 복 많이 받았습니다.' 라고요. 나는 그 말을 듣고 춤이라도 출 듯이 기뻐하였어요, 저 사람도 장하지만 누님은 더 장해요."

나는 그 사람을 너무 칭찬하여 행여나 누님이 그에게 질까 보아서 또 한참 누님을 추어 올렸다. 누님은 또 얼골을 붉히며,

"너는 별소리를 다 하는구나, 누가 네게 칭찬 듣고 싶다디?"

우리가 이런 수작을 하는 틈에 그가 벌써 우리 앞을 지나가며 슬쩍 누님을 엿보았다. 두 시선은 또 한번 마주쳤다. 누님의 얼굴은 갑자기 다홍빛을 띠었다. 그가 중인총중(衆人叢中)에 섞이어 점점 멀어 가는 양을 누님이 물끄러미 바라본다. 그는 나가버렸다. 누님의 눈이 이리로 도는 바람에 그 사람의 뒤꼴을 보는 누님을 도적해 보던 내 눈이 잡히었다.
"너는 남의 얼굴을 왜 빤히 들여다보니?"
하고 누님의 얼굴은 또 다시 붉어졌다.
"보기는 누가 보아요?"
하고 나는 빙그레 웃었다.

4

그 이튿날 아츰에 누님은 좀처럼 바르지 않던 분을 약간 바르며 더럽지도 않은 옷을 벗고 새 옷을 갈아입었다.
"네가 오늘은 웬일이냐?"
하고 어머님이 의아하신다. 누님이 머뭇머뭇하더니 어린애 모양으로 어머님 가슴에 안기며,
"제가 오늘은 퍽 잘나 보이지요?"
하고 웃는다. 그 웃음과 함께 누님의 얼굴에 홍조가 퍼진다. 과연 오늘은 누님이 더 어여뻐 보였다. 두 손으로 기운 없이 뒤로 큰 방문을 짚고 비스듬히 문에다 몸을 반만 실려 웃는 양이 말할 수 없이 어여뻤다. 어리인 우유에 분홍 물을 들인 듯한 두 뺨은 부풀어 오른 듯하고, 장미꽃빛 같은 입술이 방실 벌어지며 보일 듯 말 듯이 흰 이빨이 번쩍거린다. 춘산(春山)을 그린 듯한 눈썹은 살짝 위로 치어 오른 듯하며 그 밑에서 추수(秋水)같이 맑은 눈이 웃음의 가는 물결을 친다.
어머님이 누님을 보고 웃으시며,
"언제는 못났디?"
"그런데 오늘은요?"
누님이 되질러 묻는다.
"오냐, 오늘은 더 이뻐 보인다."
"어머님, 정말이야요?"
하고 누님은 또 빵긋 웃는다. 수색(羞色)에 싸인 희색(喜色)이 드러난다.
"오늘은 정말 더 이뻐 보인다. 너의 부친이 보셨던들 작히 기뻐하시겠니?"

하시며 어머님의 눈에는 눈물이 스르르 어리었다. 곱게 빛나던 누님의 얼골에도 구름이 끼인 것 같다. 그러나 얼마 아니 되어 그 구름이 스러지고 또 다시 기쁨과 희망의 빛이 번쩍거린다.

우시는 어머님을 민망히 바라보던 누님이 지은 듯한 슬픈 어조로,

"어머님, 마음 상하지 마셔요."

하였다.

"애, 시간이 다 되었겠다. 내 걱정일랑 말고 어서 학교에나 가거라."

하고 어머님은 눈물을 삼키셨다.

우리는 책보를 끼고 나섰다.

학교 문턱에 들어서니 종소리가 들린다. 우리는 달음박질하여 들어갔다. 전교 생도가 다 모였다. 모두 행렬과 번호를 마치자,

"기착(氣着), 경례, 출석원 도합 ○○명."

이라 하는 카랑카랑한 소리가 들리었다. 그는 사년급 급장의 소리다. 이 소리가 끝나자 여자부 편에서도 이와 같은 호령과 보고를 하는 소리가 들리었다. 그는 옥을 바수는 듯한 날카로운 소리였다. 그는 우리 누님의 소리다. 오날은 웬 셈인지 이 두 소리가 나의 어린 가슴을 뛰게 하였다.

그 다음 토요일 하학한 후에 교우회가 모인다고 사년급 생도들이 학교 문을 걸고 파수를 보며 철없는 일 이년급들이 나가는 것을 막아섰다. 우리가 늘 모이는 강당에 들어가니 벌써 이편에는 남학생, 저편에는 여학생이 빽빽이 앉아 있었다. 나도 거기 앉았노라니 무엇이니 무엇이니 하고 한참 야단들이더니 얼마 아니 되어 사년급생이 흰 종이 조각을 돌리며,

"지육부(智育部) 간사 투표권이요, 한 장에 한 명씩 쓰시오."

하며 외친다. 내 곁에 앉은 녀석이 똑똑한 체로,

"유기명 투표야요, 무기명 투표야요?"

묻는다.

"물론 무기명 투표지요."

아까 외치던 사년급생이 대답한다. 저편에서,

"무기명 투표란 무엇이오?"

하는 녀석이 있다.

"그것도 모르면서 회(會)할 적마다 집에만 가려고 하지! 무기명 투표란 것은 선거자의 이름을 쓰지 않는 것이오."

꾸짖는 듯이 그 사년급생이 말하고 기색이 엄숙하다. 나는 무의식적으로 단박 사년급 급장의 이름을 썼다. 필경 남자부에는 최다점으로 그가 선거되고, 여자부에서는 최다점으로 우리 누님이 선거되었다.

그 후부터 누님이 간사회 한다, 지육부 간사회 한다 하고 저녁 먹고 나가면 밤 아홉 점 열 점이나 되어 돌아오는 일이 빈빈(頻頻)히 있었다. 그 회에 갈 적마다 안 보던 거울도 보고 늘어진 머리카락도 쓰다듬어 올리며 옷고름도 고쳐 매었다.

하룻밤은 누님이 지육부 간사회 한다고 저녁 먹고 나가더니 열 점 반이 되어도 돌아오지 않는다. 어머님은 별별 염려를 다 하시다가,

"너 누이가 여태껏 돌아오지를 않니? 회는 벌써 끝났을 것인데. 너 좀 가 보아라."

나는 두루막을 입고 집을 나와 사직골 막바지로부터 광화문통에 가는 길로 타박타박 걸어간다. 달도 없는 오월 그믐밤이었다. 전등도 별로 없고 행인도 회소한 어둠침침한 길을 걸어가려니 무시무시한 생각이 난다. 나는 무서운 생각을 쫓노라고 발을 쾅쾅 구르며 '하나, 둘' 하고 달음박질하였다. 한참 뛰어가니 숨이 헐떡거리고 진땀이 흐른다. 모자를 벗어 부채질하면서 천천히 걸어간다. 내 앞 멀지 않은 곳에 이리로 향하여 젊은 남녀가 짝을 지어 올라온다. 그는 남학생과 여학생이었다! 그와 누님이었다! 나는 가슴이 설렁하며 일종 호기심이 일어났다. 살짝 남의 집 담모퉁이에 은신하였다. 둘은 내가 거기 숨어있는 줄은 모르고 영어로 무어라고 소근소근거리며 지나간다. 그 중에 이 말이 제일 똑똑히 들리었다.(그 때는 몰랐지만 지금 생각하니 아마 이 말인 것 같다.)

"Love is blind.(사랑은 맹목적이라지요.)"
라니까 누님은 소리를 죽여 웃으며,

"But, our love has eyes!(그런데 우리의 사랑은 보는 사랑이지요.)"
하였다. 그들이 지나가자 나도 가만가만 뒤를 따랐다. 어두운 속이라 누님의 흰 적삼이 퍽 눈에 뜨인다. 전등 켠 뉘 집 대문 앞을 지날 때에 나는 그의 바른손이 누님의 왼손을 꼭 쥔 것을 보았다. 나는 웬일인지 싱긋이 웃었다. 그들이 행여나 나를 돌아볼까 보아서 발자최를 죽이고 남의 담에 몸을 부비대며 꽤 멀리 떨어져 갔었다. 우리 집 가까이 와서 둘이 걸음을 멈추더니 서로 악수를 하고 또 악수를 하는 것 같았다. 연연(戀戀)히 서로 떠나기를 싫어하는 것 같다. 한참이나 그리하다가 그가 손을 놓고 또 무어라고 한참 수군거리더니 그가 돌아서 온다. 누님은 우리 집 문 앞에 서서 한참 그의 가는 양을 바라보고 서 있다. 그는 또 내 곁으로 지나간다. 그의 걸음걸이는 허둥허둥하였다. 그가 지나간 후 나는 달음박질하여 집에 돌아왔다. 대문턱에 들어서니 어머님과 누님의 문답하는 소리가 들린다.

"왜 그처럼 늦었니? 나는 별별 근심을 다 했다."

“오늘은 상의할 일이 좀 많아서…….”
누님이 머뭇머뭇한다.
“그 애는 어데로 갔니? 같이 오지를 안 하니? 오는 길에 못 봤어?”
어머님이 묻는다.
“그 애가 어데로 갔을꼬? …… 길에서 만났을 것인데.”
누님이 걱정한다.
나는 안방 문을 열고 시침을 뚝 따고,
“누님 인제 왔어요?”
하고 빙그레 웃었다. 어머님은 놀라며,
“너 뺨에, 옷에 맨 흙투성이니 웬일이냐?”
하신다.
“담에 붙어 와……. 아니야요. 저 저…….”
하고 누님을 보고 빙글빙글 웃었다. 누님의 얼골은 또 발개졌다.

5

　그후 더운 날 달밤에 누님은 친구하고 어데를 간다, 어데를 간다 하고 자조자조 나갔었다. 누님은 늘 나를 따돌리고 혼자 나갔으므로 푸른 풀 잦아진 곳과 달빛 고요한 데에서 그와 누님이 만나 꿀 같은 사랑의 속살거림을 몇 번이나 하였는지 나는 모른다.
　누님의 출입이 자조롭고 기색이 수상하였던지 어머님이,
“인제 네가 어데 나가거든 꼭 네 동생을 다리고 다녀라.”
하신 뒤로는 누님이 집에 들면 공연히 짜증을 내며 하염없는 수색(愁色)이 적막한 화용(花容)을 휩쌌었다. 그리고 때때로 머리가 아프다 하며 이불을 쓰고 누웠었다.
　하로는 우리가 점심을 마친 후 누님이 날다려,
“너 나하고 남산공원에 산보 가련?”
하였다. 그 때는 유월 염천이라 더운 기운이 사람을 찌는 듯하였다. 나도 거기 가서 서늘한 공기도 마시고 무성한 초목으로부터 뚝뚝 뜯는 취색(翠色)에 땀난 몸을 씻으리라 생각하고 곧,
“네.”
하였다.
　우리는 광화문 통에서 전차를 타고 진고개를 거쳐 남산공원을 올라갔었다. 저편 언덕 위에 그가 기다리기 지리(支離)하다 하는 듯이 앉았다가 일어섰

153

다가 하는 것이 보였다. 누님이 갑자기 돌아서 나를 보며,

"너 이것 가지고 진고개 가서 과자 좀 사와! 응?"

하며 돈 20전을 주었다. 나는 급히 진고개로 나왔다. 얼른 과자를 사 가지고 가 본즉 그와 누님은 그림자도 보이지 않는다.

"어데로 갔을까?"

나는 누님이 무슨 위험한 곳에나 간 것같이 가슴이 팔딱거리었었다. 이리저리 아모리 살펴도 그들은 없다. 나는 이편으로 기웃기웃, 저편으로 기웃기웃하였다. 한참이나 취색이 어린 남산 정상을 치어다보다가 또다시 걸어갔었다. 한동안 걸어가도 보이지 않는다.

'아이고, 어데로 또 그만 가 버렸어? 이리로는 아마 아니 갔나 보다.'

하고 돌아서 오던 길로 도로 온다.

갔던 길로 도로 오려니 퍽 먼 것 같다.

"에이그, 그 동안에 내가 퍽도 걸었네."

속으로 중얼중얼하였다. 골딱지가 나니까 더 더운 것 같다. 대기는 횃불에 와글와글 끓는 것 같다. 나는 이 대기에 잠기어 몸이 삶아지는지? 땀이 줄줄 흘러 나리고 숨은 헐떡헐떡 차 오른다. 모자를 벗으니 머리에서 김이 무럭무럭 난다. 나는 부글부글 고여 오르는 심술을 억지로 참으며 아까 그가 있던 곳까지 돌아왔다.

"어데로 갔을까? 저리로 가 보자."

혼잣말로 투덜거리고 아까 갔던 반대 방면으로 걸어갔었다. 한동안 걸어가도 그들은 또 보이지 않는다. 참고 참았던 짜증이 일시에 폭발이 되었다. 잔디밭에 털썩 주저앉아 엉엉 울었다. 풀들을 쥐어뜯으며 한참 울다가 하도 내가 어린애 같은 것이 부끄럽고 우스웠다. 그렁그렁한 눈물을 씻고 히히 한 번 웃은 뒤 이리저리 또 살펴보기 시작하였다.

저편, 좀처럼 사람 눈에 뜨이지 않을 소나무 그늘 밑에 그들이 나란히 앉아 있는 것을 보았다. 나는 잃었던 보배를 발견한 듯이 기뻐하였다.

"누님! 거기 계셔요?"

고함을 지르고 뛰어가려다가 에라 무슨 이야기를 하는지 좀 엿들으리라 하고 어느 밤에 그들의 뒤를 따라가던 모양으로 가만가만 걸어 가까이 갔었다. 한낮이므로 유객(遊客) 하나 없고 바람 한 점 불지 않는다. 더운 공기는 기름 언 것 같이 조금도 파동이 없다. 남이 들을까 보아서 가만가만히 하는 이야기도 낱낱이 내 귀에 들리었다.

"물론 그렇게 해야지요. 그런데 요사이는 어째 볼 수가 없어요?"

그가 말하였다.

"어머님께서 어데 나가게 하셔야지요, 나가거든 꼭 네 동생을 다리고 다녀라 하시겠지요. 그래서 오늘도 같이 왔지요."

그리고 누님이 웃으며 말을 이어,

"딴 이야기 하노라고 잊었구려, 기다리신다고 오죽 지리하셨겠어요?"

"한 시간이나 넘어 기다렸어요. 오늘도 아마 못 오시는가 보다 하고 그만 가 버릴까지 하였어요."

"네? 가 버릴까 하였어요? 제가 언제 약속 어긴 일이 있어요? 저는 어찌 급했던지 점심을 먹는데 밥이 입으로 들어가는지 코로 들어가는지 몰랐어요."

둘이 웃는다. 나도 웃었다. 나는 어린애가 꽃에 앉은 나비를 잡으려 간 때에 가는 걸음걸이로 한 걸음 두 걸음 가까이 갔었다. 사랑하는 이들은 달디단 이야기에 얼이 빠져 사람 오는 줄도 모른다. 그들 앉은 소나무 뒤에 살짝 붙었었다. 두 어깨는 닿아 있고 누님의 풀린 머리카락이 그의 뺨을 스친다. 그와 누님의 눈과 입에는 정이 찬 웃음이 넘친다. 그러다가 두 손길을 마주잡고 실심한 사람 모양으로 멀거니 서로 들여다본다. 누님의 몸으로부터 발산하는 따뜻하고 향기로운 기운에 나도 싸인 것 같았다. 나는 와락 달려들며,

"누님, 여기 계셔요? 나는 어데 가셨다고……. 아이 사람 애도 퍽도 먹이시지!"

둘은 깜짝 놀래었다. 누님의 모시적삼이 달싹달싹하는 것을 보고 누님의 가슴이 팔딱거리는구나 하였다.

그는 시치미를 뚝 따려 하였으나 '부끄럼'이란 원소가 얼골에 퍼뜨리는 붉은 빛을 감출 길이 없었다.

"에그, 나는 누구라구, 퍽도 놀랐다."

누님은 두근거리는 가슴을 한 손으로 어루만지며 말하였다. 누님이 그를 향하며,

"이 애가 제 동생이야요, 아직 철이 안 나서……. 많이 사랑해 주셔요."

한 뒤 나를 보고 그를 눈으로 가리키며,

"너 이보고 이훌랑은 형님이라 하여라."

"어째서 형님이라 해요?"

내가 애를 먹였다. 누님의 얼골은 새빨개지며 나를 흘겨본다.

"왜 누님 성나셨소? 그러면 형님이라 하지요."

하고 어리광을 부리며,

"형님, 누님! 과자 잡수셔요."

하고 쥐었던 과자를 앞에 내놓았다. 누님이 나를 보고 방그레 웃으며,

"우리는 먹기 싫으니 너 혼자 저쪽에 가서 먹고 있거라. 우리 갈 때 부를 것이니……."

나도 길게 방해 놀기가 싫었다. 과자를 쥐고 나와 풀밭에 앉아 먹으면서 혼잣말로,

"내 뱃속에 영감쟁이가 열 둘이나 들어앉았는데 어린애로만 여기지……."
하고 웃었다.

그 긴긴 해가 벌써 서산에 걸리었다. 낙조에 비치는 녹수와 방초는 불이 붙은 것같이 붉어 보인다.

나도 이 동안에 퍽도 심심하였다. 풀을 자리 삼아 눕기도 하고, 기지개도 켜고 몸을 비비틀기도 하며 곡조도 모르는 창가를 함부로 부르기도 하였다. 이제나 올까, 저제나 부를까 고대고대 하여도 그 둘의 그림자는 얼른도 아니한다. 무슨 이야기가 그렇게 많은고. 이미 사랑하는 사람끼리의 이야기는 끝이 없는가 보다. 벌써 이야기한 것이 수만 마디가 넘건마는 말 몇 마디 못하여 해는 어이 수이 가나 하는 것이다.

남산 밑 풀과 나무에 빛나던 붉은 빛은 점점 걷히고 모색(暮色)이 가물가물 쳐들어온다. 햇빛은 쫓기어 남산 정상을 향하여 자꾸 기어올라가더니 남산 맨 꼭대기에 옴츠리고 앉았을 뿐이다.

검푸른 저문 빛이 남산 밑을 에워싸자 정상에 비치는 햇빛조차 스러지고 저편 하늘에 붉은 놀이 흰 구름을 붉고 누렇게 물들인다.

나는 참다 못하여 몸을 일으켜 그 곳으로 갔다. 어두운 빛에 놀랐는지 그들도 일어섰다. 나는 걸음을 멈추고 나무로 깎아 세워 놓은 사람 모양으로 주춤 섰다. 누님의 걱정스러운 떨리는 소리가 나의 이막(耳膜)을 울림이라.

"K씨! 우리가 목전에 즐거움만 다행히 여겨 그냥 이리 지내다가는 우리의 꿀 같은 행복이 끝에는 소태 같은 고통으로 변할 것 같아요. 우리 각각 꼭 아까 말한 것과 같아야 됩니다."

"아모럼요! 꼭 그리해야 될 터인데……. 아까도 말했지만 우리 집은 워낙 완고라……."

그의 말은 떨리었다.

나는 가슴이 선뜻하였다. 무슨 말을 하였나? 무슨 일을 하려는가? 엿듣지 못한 것이 한이 되었다. 둘은 이리로 걸어온다. 누님의 눈은 약간 발그레하였다. 그 고운 뺨에 눈물 흔적이 보였다. 나는 또 웬일인가 하고 가슴이 선뜻하였다.

그날 밤에 나의 어린 소견에도 별별 생각을 다하고 씩씩이 잠도 잘 자지 못하였다. 내가 어렴풋이 잠을 깰 적마다 큰방에서 어머님과 누님이 무어라고 이야기하는 소리가 간단없이 들리었다.

새로 한 점이나 되어 내가 또 잠을 깨니 큰방에서 훌쩍훌쩍 우는 소리가 들린다. 울음 섞인 어머님의 말소리가 난다.

"그래, 네가 요사이 늘 탈기를 하고 행동이 수상하더라……. 나는 허락한다 하더래도 만일 그 집에서 안 된다면 네 신세가 어떻게 되니? …… 네가 다만 하나 있는 어미 몰래 그 사람과 약혼한 것이 괘씸하다. 아비 없이 너를 금옥같이 길러내어 이런 일이 날 줄이야! 남편 없다고 너까지 나를 업수이 여기는게지…… ."

누님은 흑흑 느끼며,

"어머님, 잘못하였습니다, 무어라고 말씀을 여쭈어야 좋을지…… 친키도 전에 말씀 여쭈기도 부끄러운 일이고…… 친한 뒤에는 몇 번이나 말씀 여쭈려하였지만 입이 잘 떨어지지를 않았어요.……들어 주셔요. 암만 어머님이라도 그 때는 부끄러웠어요. 이젠 서로 약혼까지 해 놓으니 몸과 마음이 달아 부끄럼도 돌아볼 수 없게 되었어요. 그래서 뻔뻔스럽게 여쭌 것이야요. 어머님 말씀같이 그가 저를 잊을 리는 없어요, 버릴 리는 없어요. 그다지 다정한 그가 그럴 리가 있다고요? 어제 공원에서 단단히 맹서하였습니다. 각각 부모님께 여쭈어 들으시면 이 위에 더 좋은 일이 없거니와 만일 그렇지 않거든 멀리멀리 달아나겠다구요. 배가 고프고 옷이 차더라도 부모도 못보고 형제도 못 보더라도 둘이 같이만 있으면 행복이라구요. 온갖 곤란과 갖은 고통을 달게 겪겠다구요. 정말 그래요. 저도 그 없으면 미칠 것 같아요. 어머님이 허락을 아니 하신다 할 것 같으면 저는 이 세상에 살아있을 것 같잖아요."

밀어오는 물을 막았던 방축을 무너버릴 때에 물밀듯이 누님이 말하였다. 흔히 순결한 처녀가 사랑의 불을 가슴속에 깊이깊이 숨겨두고 행여나 남이 알까 보아서 전전긍긍하며 호올로 간장을 태우다가도 한번 자기 친한 이에게 발설하기 시작하면 맹렬히 소회를 베푸는 것이라.

나는 가슴을 울렁거리며 안방에 건너왔다.

누님은 어머님 무릎에 머리를 파묻고 울며, 어머님은 누님의 등에다 이마를 대고 운다. 나도 한참 초연히 섰다가 어머님 곁에 앉았다. 어머님을 흔들며 목멘 소리로,

"어머님, 우지 마셔요."'

이 말을 마치자 가슴이 찌르르해지며 흐르는 눈물을 금할 길이 없었다. 어머님은 눈물을 삼키고 누님을 흔들며,

"이 애 이 애, 그만 그쳐라."

누님은 더 섧게 운다.

"이 애, 남부끄럽다. 그만두어라. 오냐, 네 원대로 하마. 그도 한번 다리고 오너라."

어머님은 그만 동곳을 빼었다.

'여자가 수약(女子雖弱)이나 위모즉강(爲母則强)'이란 말은 어찌 생각하고 한 소리인고?

이틀 후 누님이 그를 다리고 왔다. 그의 곱상스러운 얼골과 얌전한 거동이 당장 어머님의 사랑을 이끌었다. 참 내 딸의 짝이라 하였다. 애녀(愛女)의 평생이 유탁(有託)하다 하였다. 단꿈이 꾸이리라 하였다. 기쁜 날이 오리라 하였다. 더구나 맑은 눈과 까만 눈썹이 내 딸과 흡사하다 하였다. 누님과 그가 영어로 말하는 양을 보고 뜻도 모르면서 웃으셨다. 자미스러운 딸의 장래 가정을 꿈꾸고 사랑스러운 외손자를 꿈꾸었다.

그 후부터는 남의 이목을 피해 가며 몇 번이나 서로 맞추어서 길게 기다려 가지고 짜르게 만나던 애인들은 자조로이 우리 집에서 만나 웃고 즐기게 되었다

7

어떤 날 저녁에 그가 우리 집에 왔다. 그때 마츰 어머님은 어데 가시고나와 누님과 단둘이 있었다.

나는 와락 내달으며,

"형님 오셔요?"

라고 반갑게 인사하였다. 누님도 반가이 맞으며,

"요사이는 왜 오시지 안 하셔요?"

"아니, 내가 언제 왔는데."

하고 그는 지어서 웃는다.

누님은 눈을 스르르 감으며 무엇을 생각는 듯하더니,

"오날이 칠월 초열흘이고, 초칠 일이 공일이라…… 공일날 오시고 오날 처음이지요?"

"그래요, 한 사흘밖에 더 되었어요?"

"사흘! 저는 한 삼 년이나 된 듯하였어요, 사흘만에 한 번씩 만나? 멀어요! 퍽 멀구 말구요! 사흘이 그다지 가까운 것 같습니까?"
하고 누님은 무엇을 찾는 듯이 그를 바라본다.
"사흘 만에 한 번씩 와도 장하지요."
하고 그는 또 웃는다.
"장해요! 사흘 동안에 제가 몇 번이나 문밖을 내다보는지 아셔요? 저는 온갖 걱정을 다 했지요. 몸이나 편찮으신가, 꾸중이나 뫼셨는가?"
하고 목소리는 전성(顫聲)을 띠어가며 눈에는 눈물이 괴이어진다.
"저는 우리 일에 대하여 무슨 큰 걱정이나 생겼나 하고 얼마나 애간장을 태웠는지요!"
하고는 눈물이 그렁그렁 넘쳐흐른다.
"아니야요! 여하간 죄 없이 잘못하였습니다."
하고 그는 눈살을 찌푸리다가 선웃음을 치며,
"어린애 모양으로 걸핏하면 울기는 왜 울어요? 저 동생 부끄럽지 않아요? (갑자기 어조를 야릇하게 변하며) 그런데 내가 어지도 올라카고 아레도 올라켔지마는 올라 칼 때마다 동무가 찾아와서 올 수가 있어야지."
울던 누님이 웃음을 띠었다. 나도 웃었다.
그는 대구 사람이다. 그의 부모는 아직도 대구에서 산다. 서울 있는 오촌 당숙집에 그는 유숙하고 있었다. 그는 서울 온 지가 벌써 5, 6년이 지내었으므로 사투리는 거의 안 쓰게 되었으나 때때로 우리를 웃기려고 야릇한 말을 하였다.
"올라카고, 갈라카고."
흉내를 내며 나는 방바닥에 뚤뚤 굴러가며 웃었다. 그는 시치미를 뚝 따고,
"남 이야기하는데 웃기는 와 웃소? 갸 참 얄궂다."
하였다. 누님은 어떻게 웃었는지 얼골이 붉어지고 배를 훔켜 쥐고 숨찬 소리로,
"그만 두셔요, 그만 웃기셔요."
한참 동안 우리는 이렇게 웃고 즐기다가 나를 누님이 또 무슨 심부름을 시켰다! 무슨 심부름이던가 생각이 아니 난다. 그가 오기만 하면 누님이 무엇 좀 사오너라, 어데 좀 갔다 오너라 하고 늘 나를 따돌렸다.
"에그, 누님도 왜 나를 늘 따돌려."
투덜투덜 하면서 집을 나왔다. 반달은 비스듬히 푸른 하늘에 걸리어 있다. 만경창파에 외로이 떠나가는 일엽편주와 같았다.

나 없는 동안에 그들이 무슨 이야기를 하는지를 듣고 싶어서 급히 오노라고 오는 것이 한 시간이나 넘어 걸리었다. 나는 벌써 엿듣기에 익숙하여 사뿐 중문에 들어서며 가만히 살펴보니 애인들은 달 비치는 월계화 나무 밑에 평상을 내어놓고 나란히 앉아서 무어라고 소근거린다. 나는 숨소리도 크게 아니 쉬고 귀를 기울였다.

"그러면 어째요? 어머님께서는 좀처럼 올라오시지 않을 것이고……. 왜 그러면 상서(上書)로 이 사정을 못 아뢸 것이야 있어요?"

누님의 애타는 소리가 들린다.

"글쎄요 몇 번이나 상서를 썼지만…… 부치지를 못 하겠어요."

"만일 차일피일하다가 딴 데 혼인을 정해 놓으시면 어째요?"

"정해 놓아도 안 가면 그만이지요."

"그러면 어렵지 안 해요?"

"그런데 오촌 당숙 내외분은 아마 이 눈치를 아시는 것 같아요…… 네? 아마 그런 것 같아요, 그래서 집에 무슨 통기가 있었는지 할아버지께서 일간 올라오신대요."

"올라오시면 죄다 여쭙겠단 말씀이구려."

"글쎄요, 그런데…… 우리 할아버지는 참 호랑이 같은 어룬이라…… 완고 완고 참 완고신대…… 나도 어찌 할 줄을 모르겠어요. 그래서 밤에 잠이 잘 오지 않아요."

하고 머리를 긁적긁적하고 눈살을 찡기더니 또 말을 이어,

"오늘 또 아버지께서 하서(下書)하셨는데 이번 울산 김 승지 집에서 너를 선보러 간다니 행동을 단정히 하여라 하는 뜻입디다. 참 기막힐 일이야요."

하고 한숨을 내쉰다.

"부모님께 하로바삐 이 사정을 여쭙지 않으면 큰일 나겠습니다그려."

누님의 안타까운 소리가 들린다.

"여하한 꾸중을 보시더라도 장가를 못 가겠다 할 터이야요! 조금도 걱정마셔요."

그는 결심한 듯이 고개를 들며 단연히 말하였다.

밝은 달은 애태우는 양인의 가슴을 나는 몰라 하는 듯이 저리로 저리로 미끄러져 가며 더운 공기에 맑은 빛을 흩날린다. 월계화는 더욱 붉고 더욱 곱다. 진세(塵世)의 우수 고뇌를 나는 잊었노라 하는 것 같았다.

8

그 이튿날 일어난 누님의 얼굴은 해쓱하였다. 머리카락이 흩어질 대로 흩어진 것을 보아도 작야(昨夜)에 잠을 못 이루어 몇 번이나 벼개를 고쳐 빈 것을 가히 알러라. 누님이 사랑의 맛이 쓰고 떫은 것을 처음으로 맛보았도다! 행복의 해당화를 꺾으려면 가시가 손 찌르는 줄 비로소 알았도다.

하로 가고 이틀 가고 어느덧 일주일이 지내었건만 누님이 오늘이나 와서 호음(好音)을 전해 줄까 내일이나 와서 희식(喜息)을 알려 줄까 고대고대하는 그는 코끝도 보이지 않는다. (내가 학교에를 가도 그를 볼 수 없었고 누님도 이 때부터 심사가 산란하여 학교에 못 갔었다.)

이 동안에 누님은 어찌 애를 태웠던지 양협(兩頰)에 고운 빛이 사라져 가고 눈언저리는 푸른 기를 띠고 들어갔다. 입술은 까뭇까뭇 타들어 가고 두 팔은 맥없이 늘어졌다.

일 주일 되던 날 누님은 생각다 못하여 편지 한 장을 주며,

"너 이 편지 가지고 그 댁에서 그가 있거든 전하고 못 보거든 도루 가지고 오너라."

하였다.

전일에 그를 따라 한번 그 집에 갔던 일이 있으므로 그 집을 자세히 알아 두었다. 그 집 대문에 들어서니 행랑 사람도 없고 그가 있던 사랑문도 닫히어 있다.

안에서 기운 찬 노인의 성난 말소리가 나의 귀를 울린다.

"이놈, 아즉 학생이니 장가를 못 가겠다. 핑계야 좋지, 이놈 괘씸한 놈, 들으니 네가 어떤 여학생을 얻어 가지고 미쳐 날뛴다는구나! 아니야요란 다 무엇이야, 부모가 들이는 장가는 학생이라 못 가겠고, 학생 신분으로 계집은 해도 관계찮으냐, 이놈 고약한 놈! 네 원대로 그 학교나 마치고 장가 들 일 것이로되 벌써 어린 놈이 못 견뎌서 여학생을 얻느니, 무엇을 얻느니 하니 그냥 두다간 네 신세를 망치고 가문을 더럽힐 터이야! 그래서 하로바삐 정혼하고 혼수까지 보내었는데 지금 와서 가느니 마느니 하면 어찌 하잔 말이냐. 암만 어린 놈의 소견이기로……. 그 집은 울산 일판에 유명한 집안이라 재산도 있고 양반도 좋고…… 다 된 혼인을 이편에서 퇴혼하면 그 신부는 생과부로 늙으란 말이냐! 일부함원(一婦含怨)에 오월비상(五月飛霜)이란 말도 못들었어! 죽어도 못 가겠다. 허허, 이놈 박살할 놈! 조부모도 끊고 부모도 끊고 일가친척도 끊으려거든 네 마음대로 좀 해 보아라."

나는 이 말을 들으며 소름이 쭉 끼치었다. 한편으로는 분하기 짝이 없었다. 깨끗한 누님이 이다지 모욕을 당한 것이 절절이 분하였다. 곧 들어가

분풀이나 할 듯이 작은 눈을 홉뜨고 고사리 같은 손을 불끈 쥐었다.

"허허 이놈, 괘씸한 놈! 에이 화나, 거기 내 두루막 내."

하는 그 노인의 우렁찬 소리가 또 들린다. 나는 간담이 서늘하였다. 그 노인이 신을 찍찍 끄을고 이리로 나오는 것 같다. 나는 무서운 증이 나서 급히 달음박질하여 그 집을 나왔다.

9

그 날밤 어머님 잠드신 후 누님이 살짝 내게로 건너와서,

"이 애, 너 본 대로 좀 이야기하여 다고, 응?"

이 말을 하는 누님의 얼골은 고뇌와 수괴(羞愧)의 빛이 보인다. 어린 동생에게 애인의 말을 물어도 부끄러워하였다! 나는 입을 다물고 묵묵히 앉았었다. 차마 그 이야기를 할 수가 없었다.

"왜, 또 심술이 났니? 어서 이야기를 좀 하려무나. 편지를 도루 가지고 온 것을 보니 형님을 못 만났니? 만나도 못 전했니? 혹은 무슨 일이 났더냐? 남의 속 그만 태우고 어서 좀 이야기하여 다고. 가련한 네 누이의 청이 아니냐."

이 말 소리는 애완 처량하였다. 나의 어린 가슴이 찌르는 듯하며 눈물이 넘쳐 나온다. 이다지 정다이 구는 누님의 가슴에 그리던 꿀 같은 장래가 물거품에 돌아가고 만 것이 슬펐음이라. 그리고 순결한 우리 누님이 그 노인에게 '어떻다' 든가, '계집을 했다' 든가 하는 더러운 소리를 들은 것이 이가 떨리었다.

나는 비분한 어조로 그 집에서 들은 것을 이야기하였다. 정신 없이 듣고 있던 누님은 내 말이 끝나자 기운 없이 쓰러지며 이 이야기를 들을 적부터 괴였던 눈물이 불덩이 같은 뺨을 쉬일 새 없이 줄줄 흘러나린다.

"누님! 누님!"

하고 나도 누님의 가슴에 안기며 울었다.

이럴 즈음에 누가 대문을 가벼이 흔들며 떨리는 소리로,

"S 씨! S 씨! 주무셔요?"

한다. 누님은 이 소리를 듣고 얼른 일어났다. 애인의 음성은 이럴 때라도 잘 들리는 것이다. 나올 듯, 나올 듯한 울음을 입술로 꼭 다물어 막으며 급히 나갔다.

대문 소리가 나더니,

"K 씨! 오셔요?"

하며 우는 소리가 들린다. 나도 나갔다. 둘은 서로 붙들고 눈물비가 요란히 떨어진다. 누님이 울음 반 말 반으로,

"저는 또다시…… 못…… 뵈올 줄…… 알았지요."

하였다. 그도 흑흑 느끼며,

"다 내 잘못이야요."

하였다.

"저 까닭에 오늘 매우 꾸중을 뫼셨지요?"

"어떻게 알았어요?"

누님이 내가 편지를 가지고 그 집에 갔다가 내가 들은 이야기를 하였다. 그리고 우는 소리로,

"좀 들어가셔요."

하였다.

"아니야요, 명일은 할아버지께서 꼭 다리고 가실 모양이어요. 지금 곧 멀리멀리 달아나려고 합니다. 그래서 이런 말이나 몇 마디 할 양으로 왔어요."

누님은 자기의 귀를 의심하는 듯이,

"네? 멀리멀리 가셔요? 부모도 버리시고 형제도 버리시고 멀리 가셔요? 제 신세는 벌써 불쌍하게 되었습니다. 불쌍한 저 때문에 전정(前程)이 구만 리 같은 당신을 또 불행하게 만들 것이야 무엇 있습니까? 절랑 영영히 잊으시고 부모님 말씀으로 장가 드셔요. 장가 드시는 이하고나 백 년이 다 진토록 정다운 짝이 되어 주셔요. 아들 낳고 딸 낳고…… 저의 모든 것을 바쳐도 당신이 행복되신다면 그만이 아니야요? 곧 당신의 기쁨이 제 기쁨이 아니야요? 당신의 행복이 제 행복이 아니야요? 한숨 쉬고 눈물 흘리면서도 당신의 행복의 그늘에서 웃어 볼까 합니다."

열정 찬 눈으로부터 하염없이 흘러나리는 눈물에 적막한 화용이 아롱진다.

"아아, S 씨를 내 손으로 불행하게 만들고 나 혼자 행복을…… 사랑을 떠나 행복이 있을까요? 나에게 행복을 줄 S씨가 눈물 바다에 허우적거릴 때 나 혼자 행복의 정상에서 나려다보며 웃을 수가 있을까요? 없어요! S씨 없고는 나 혼자 행복을 누릴 수가 없어요!"

"제 불행은 제 손으로 맨든 것입니다. 그러나 우리가 오늘날 이렇게 된 것이 당신의 잘못도 아니고 저의 잘못도 아니야요. 그 묵고 썩은 관습이 우리를 이렇게 맨든 것입니다! 그러하지만 저 때문에 당신의 마음을 수란(愁亂)하게 맨든 것 같아서 어떻게 가엾고 애닯은지 몰라요! 그런데 이 위에 더 당신을 영영이 불행하게 하겠어요. 당신이 행복되신다면 저는 오늘 죽어도

163

아깝잖아요."

"안될 말씀입니다. 그런 말씀을 들을수록…… 기가 막혀요! 해야 늘 그 말이니까 길게 말할 것 없이 나는 가겠어요. S 씨! 부디 안녕히!"

그는 흐르는 눈물을 씻으며 결심한 듯이 돌아서 가려 한다.

"K 씨!"

안타까운 떠는 소리로 부르더니 북받쳐 나오는 울음이 말을 막는다. 그는 또 한번 돌아다보고,

"S 씨! 부디 안녕히……."

말을 마치자 그는 떨어지지 않는 발길을 돌려 마음은 이리로 몸은 저리로 멀어 간다…….

나는 심장을 누가 칼로 싹싹 에이는 것 같았다.

10

그 후 그는 어데로 갔는지 영영이 소식을 들을 수가 없고 누님은 시름시름 병들기 시작하여 날이 가고 달이 갈수록 병은 점점 깊어온다.

이슬 젖은 연화같이 불그스름하던 얼골이 청색 창경(窓鏡)에 비치는 이화(梨花)처럼 해쓱하였다. 익어 가는 임금(林檎)같이 혈색 좋던 살이 서리 맞은 황엽(黃葉)처럼 배배 말라간다. 거슴츠레한 눈은 흰 눈물에 붉어졌다.

그러다가 차마 볼 수 없이 바싹 말라 버렸다. 마치 백골을 엷은 백지로 덮어두고 물을 흠씬 품어 놓은 것같이 되고 말았다. 마츰내 한강 얼음 얼고 남산에 눈 쌓일 제 누님은 그에게 한숨을 주고 눈물을 주던 이 세상을 떠나 버렸다.

아아, 사랑, 아 사랑의 불아! 네가 부드럽고 따뜻한 듯하므로 철없는 청춘들은 그의 연하고 부드러운 심장에 너를 보배만 여겨 강징 난다. 잔인한 너는 그만 그 심장에다 불을 붙인다. 돌기둥 같은 불길이 종작없이 오른다. 옥기(玉肌)도 타 버리고, 홍안도 타 버리고 금심(錦心)도 타 버리고 수장(繡腸)도 타 버린다! 방안에 켰던 촛불 홀연히 꺼지거늘 웬일인가 살펴보니 초가 벌써 다 탔더라! 양협(兩頰)이 젖던 눈물 갑자기 마르거늘 무슨 연유 묻겠더니 숨이 벌써 끈쳤더라!

백신애
＜아름다운 노을＞

 높은 산줄기 한 가닥이 미끄러지듯 쓰다듬어 내린 듯, 소롯하게 내려와 앉은 고요하고 얌전스런 하나의 언덕!
 언덕이 오른편으로 모시고 있는 높은 산에 자욱한 솔 잎사귀빛은 젖혀졌고 때때로 바람이 불어오면 파도 소리같이 쏴 - 아 - 운다.
언덕 뒤 동편 기슭에는 저녁 짓는 가난한 연기가 소롯소롯이 반공중으로 사라져가며 몇 개 안 되는 초가지붕들은 모조리 박 넝쿨이 기어올라 새하얀 박꽃이 되었다. 언덕 왼편 남쪽 벌판은 아물아물한 저 - 산 밑까지 열려 있어 이제 벼모는 한껏 자라 검푸른 비단보를 펴 놓은 듯하다.
 언덕 앞 서쪽에는 바로 기슭에 넓은 못이 푸른 물결을 가득 담아 말없는 거울같이 맑다. 이 언덕, 푸른 잔디 덮히고, 이름 없는 작은 꽃들이 잔디 속에 피어 있고 꼭 한 포기 늙은 소나무는 언덕의 등줄기 한가운데 서 있어 아마도 석양에 날아오는 까마귀를 쉬어 주는 나무인가 싶다.
 이 언덕, 이 소나무가 비바람 많은 세월 그 동안에 남모를 이야기도 수없이 겪었으려니와 아직 사람들이 전해 오는 이야기는 하나도 없다.
 다 - 만 해마다, 여름이 되면 이 언덕을 넘어 마을에 양과 돼지를 잡아 먹으러 늑대들이 넘어온다는 이야기는 있다.
 그러나 이제 이 언덕 위, 이 늙은 소나무 아래서 하나 아름답고 애끓는 이야기를 듣게 되었다.
 이야기는 슬프다기보다 애달팠다. 이 언덕 이 소나무 역시 많은 풍상의 세월 속에서 겪어 온 하고 많은 이야기들 중에서도 내가 지금 듣는 이야기만치 딱한 이야기는 듣지도 못하였으리라.
 때는 그 어느 때 여름의 석양이었다. 아름다운 붉은 노을이 언덕과 못을 찬란하게 물들이고 시원한 바람결이 간간이 불어오는 고요한 석양이었다.
 아름다운 두 개의 영혼이 불꽃같이 타 버리고 말고자 하는 이야기를 이 푸른 언덕 위 구부러진 소나무 아래서 핏빛같이 붉은 노을에 젖으며 나는 들었다. 그리고 울었더니라.
 "인간에게 만일 가치 있는 것이 있다고 한다면, 그것은 얼마나 많이 연소(燃燒)했는가 하는 것이다."
라고 앙드레 지드가 말했다고 한다. 그러나 그 이야기는 타려고 해도 탈 수도 없는 가장 애끓는 이야기였다.
 그 여인은 옥색의 긴 치마에 흰 ○○은 흰 은조사께끼 겹저고리를 받여 입었고 머리는 되는대로 넘겨 쪽졌으나 그리 보기 흉하지 않았다. 아니 이 여

165

인은 서글서글한 두 눈이나 입이며 후릿한 키며가 잠깐 보면 몹시도 루즈하게 인상되지마는 다시 한 번 거듭 보면 흐트러진 듯한 그의 전체가 모두 다 정연하고 단정하게 제격대로 맞아 있다.

그 크고 맑은 눈을 위하여 그의 입도 조화되었고, 둥글고 넓은 이마는 그 얼굴에 조화되어 함부로 넘겨 쪽진 머리단장도 그 얼굴에 어울리고 그 호릿한 키에 아무렇게나 있는 치마맵시 역시 어울려 하나도 고칠 것이 없었다. 그 여인의 걷는 태도나 말 소리며 동작 역시 그 얼굴과 체격에 어그러지지 않아 가을밤 밝은 달빛 아래 잘게 잘게 주름 잡혀서 혹은 떨어지고, 혹은 감돌고, 혹은 출렁거리는 은은한 계곡물 흐름과도 같고, 맑은 호수같이 고요하고 청신한 느낌을 주는 것 같기도 하였다.

여인은 두 발을 되는대로 뻗고 소나무 둥치에 기대어 앉았다. 그리고 잠든 얼굴을 들어 붉은 노을 하늘이 잠기어 있는 못물을 내려다보고 난 후 후— 한숨을 내쉬었다.

그는 금방 입을 열어 무슨 말을 하려는 듯 하더니 가만히 고개를 내려뜨리며 좌우로 두어번 머리를 흔들고 손으로 잔디 잎을 두세 잎새 뿍뿍 뽑아 발 아래로 던졌다.

나는 그때 그 여인의 두 눈에서 한 방울 눈물이 떨어짐을 보았다. 나는 참을 길이 없어 그 여인의 뻗친 발을 가만히 어루만지듯 흔들며 먼저 입을 열었다.

"여보! 순희! 순희!"

라고 불렀던 것이다. 그러나 그 여인은 대답이 없었다. 애수에 잠긴 그 큰 눈이 눈물에 가득 잠겨 나를 뚫어지게 바라보며 금방 나에게 쓰러질듯 애원하듯 입술을 깨물 따름이었다. 그는 입을 떼기를 무서워하고 스스로 무엇을 억제하려는 괴로운 표정이었다. 나는 급한 성질에 더구나 실없이 남에게 동정하기 좋아하는 타입이다. 바로 그의 곁에 다가 앉았다.

"순희, 당신이 말하지 않아도 끝없는 괴로움에 시달림을 받고 있는 줄 알겠습니다. 나와 당신이 비록 오랜 지기는 아닐지라도 피차 이름만은 서로 안 지 오래이니 무슨 상관이 있나요. 내 힘으로 위로 드릴만한 일이면 나는 웬만한 일은 희생해 가면서라도 당신의 그 괴로움을 덜게 해 드리리다."

아! 아! 내가 그때 이렇게 정답게 말을 건네지만 않았던들 오늘까지 그 여인의 괴로운 사정에 가슴을 아프게 하지 않았을 것이었을 터인데…….

그 여인은 나의 마음에서 흘러나오는 동정에 가득 찬 물음에 그만 앞으로 푹 고꾸라지며 흑흑 느껴 울었다. 나는 참지 못하여 그의 들먹이는 어깨를 쓰다듬어 주었다. 그리고

“울지 말아요. 사람의 삶이란 괴로움이란 것이에요. 괴로움이 죽음이란 말이지요.”
라고 되지 못한 위로의 말을 한다고 하였던 것이다. 그랬더니 그 여인은 벌떡 얼굴을 치켜들며 눈물이 윗얼굴을 적셔 닦으려고도 않고 나를 바라보며 내 손을 잡았다. 그리고 그윽한 음성으로 가만히 입을 열었다.

“보세요. 당신은 소설가이시지요? 당신이 쓰신 소설을 아직까지 읽어볼 기회는 없었습니다. 그러나 나는 당신의 얼굴을 처음 만났을 아까의 그 순간 나는 참을 수 없이 울음이 터져 올랐어요. 우리가 다 - 같이 예술에 몸을 던진 사람이니 처음 만났으나, 오랜 친구였음이나 다름없는 것 같은 느낌을 가짐도 별로 이상할 것은 없지요!”

그 여인은 겨우 한 손으로 눈물을 씻고, 또 다시 노을 낀 하늘을 바라보았다.

“네 저는 소설가라고 할 인물은 못됩니다. 아직까지는 일개 문학 소녀 때를 못 벗었어요.”
하고 나는 얼굴이 붉어지며 대답을 한다고 이런 되지 못한 변명을 하였다.

그러나, 그 여인은 나의 대답을 못들은 척 하고 잠잠이 앉은 채 다시 말을 계속하였다.

“여보세요. 나는 어떻게 해야 좋을지 모른답니다. 내 가슴속이 마치 붉은 노을같이 타고 있어요. 아니 이 노을보다 더 안타깝게 더디게 붉게 타고 있어요.”
라고 그 여인은 한숨과 함께 내뿜듯 속삭이듯 말하였다. 나는 혼자 고개를 끄덕였다.

그 여인은 오륙 년 전 미술전문 양화과를 나온 규수 화가이므로 나 같은 무지래기 소설줄이나 쓰는 인간보다 그 보고 느끼는 바가 다르구나라는 생각이 들었던 까닭이었다. “아! 아! 나는…….”

그 여인은 그만 두팔로 머리를 휩싸안고 소나무 둥치에 기대인 채 눈을 감았다. 나는 무어라 말하기 어려워 잠잠이 바라보고 있을 수 밖에, 그가 진정될 때까지!

이윽고 그는 다시 한 줄기 눈물을 흘리며 잠잠이 그대로 앉은 채 입을 열었다.

“나는 사랑한답니다.”
라고 외치듯 한마디 부르짖고 입술을 깨물었다. 나는 그 여인의 슬픔이 무엇인가 하는 호기심과 그 여인의 괴로워하는 모양에 잔뜩 동정하여 그 괴로운 이야기를 듣기에 가슴을 졸이고 있던 판이었는데, 이 한마디 부르짖는 말에 갑자기 쓴웃음이 터지고 말았다.

　‘에 - 에, 그까짓 사랑? 연애 관계로 이러는 것이로군……. 그까짓 남의 연애 이야기를 들어 무엇하며, 그까짓 문제로 이렇게 괴로워하다니!’
라고 속으로 중얼거리며 나는 고개를 휙 돌리고 말았다.

　그 아름다운 풍경 속에서 그 훌륭한 스타일과 애화적 포 — 즈를 가진 여인에게서 나는 무슨 신비스런, 그리고 아주 감상적인 아름다운 이야기가 듣고 싶었던 것이었다.

　“여보세요. 당신은 나를 어떻게 보십니까?”

　갑자기 여인은 나에게 말을 건넸다. 나는 속으로

　‘이 여인이 사람에 미쳤나 보다. 무슨 말을 묻는 거야?’ 라고 반감 비슷한 생각이 들어 힐끔 여인을 둘러보았다. 그러나 그 여인은 놀나무 둥치에 눈을 감고 기대어 앉은 채 혼자 명상에 잠겨 있는 듯 하였다.

　“무슨 말씀이에요. 당신을 어떻게 보다니? 지금 내 눈이 당신과 같은 화가의 눈이라면, 그렇게 앉은 모양을 한번 그려보았으면 싶을 따름이지요.”
라고 느껴지는 대로 솔직하게 대답했다.

　“아니 저 같은 젊은 미망인이란 몸이요. 더구나 단 하나이지마는 아이까지 있는 몸으로서 사랑을 한다면……. 당신은 어떻게 생각하시겠어요?”

　그 여인의 이 말에 나는 놀랐다. 나는 이 여인의 남편이 죽고 없는 줄을 몰랐던 것이다. 그리고 아들까지 하나 있는 줄은 몰랐었다. 그러나 설령 그가 과부요, 자식이 있는 몸이라 하더라도 사랑하고 싶으면 그만이지……. 남편이 뚜렷이 있으면서 그런다면 생각할 문제가 되지마는 그까짓 것은 문제가 되지도 않는 일이라고 생각되므로 나는 어이가 없었다.

　“하하하, 별 말씀을 다- 하시네. 사랑하고 싶으신 분이 있거든 얼마든지 하시구려. 아드님이 방해된다면 내가 지금 아이를 낳지 못해 애쓰는 중이니 그만 나에게 양아들로 맡겨주시구려.”

　나보다 몇 해 위인 듯한 그에게 나의 이 대답이 조금 당돌하지나 않았나? 하는 생각에 나는 얼굴이 또다시 붉어졌다. 그러나 그는 조금도 관심치 않고 그냥 그대로 움직임 없이 한숨을 내쉬었다.

　“두서없이 말을 끄집어내서 실례했습니다. 이제 차근차근 이야기 하지요. 나는 저 - 열일곱 살에 여학교를 졸업했어요. 그리고 그 해 가을에 결혼하여 열여덟 살 되는 겨울에 아이를 낳았지요.”

　나는 그의 하는 말에 놀랐다. 아들이 있으면 이제 겨우 열 살 안 되는 어린아이였는 줄 알았던 터이라 조금 전에 나에게 양자로 달라고 하던 망발이 새삼스레 부끄러웠다.

"그러면 아드님이 올해 몇 살이세요?"
라고 물어보지 않을 수 없었다.
"그 애가 내 열여덟에 낳았으니까 올해 열여섯 살이에요. 중학교 이학년
이나 됐어요. 내 나이 올해 서른둘이니까요."
"아이구머니……그렇게 큰 아드님이 있어요? 그러면 미술 전문은 어느 때
나오셨던가요?"
나는 기가 막혀 그를 바라보았다. 그러나 그는 여전히 움직임 없이 아까
그 포 - 즈대로 소나무 둥치에 기대인 채였다.
"네 -. 제가 스무 살 때 그 애 아버지가 죽었어요. 그래서 스물셋 때에
아이는 친정에 맡겨두고 저 혼자 동경으로 가서 이런저런 공부하는 척 하다
가 스물여덟에 비로소 미술 전문을 나오게 됐어요. 제가 미술전문에 다닐
때 아주 재혼을 권하는 사람도 많았고, 또 직접 구혼하는 사람도 무척 많았
어요."
여인은 또다시 한숨을 내쉬었다.
"왜 여태까지 그대로 계셨던가요. 진작 재혼하실 일이지……."
나는 무뚝뚝하게 말했다.
"글쎄요. 제 사정으로도 꼭 재혼을 해야 될 처지랍니다. 첫째 이유는 제
죽은 남편은 단 형제뿐이었는데, 그의 형 되는 분이 스물둘에 죽었으므로
그 형수가 수절을 하고 있어요. 그러니 그 아우되는 제 남편이 자식이 나면
제일 맏아들은 그 형수의 양자가 되어야 하지 않습니까? 그러니 제 아들은
나면서부터 그 수절하는 큰어머니의 아들이 됐지요. 나는 장차 또 아이를
많이 낳을 줄 알았던 것이 제 남편 역시 다음 아이가 들기 전에 죽었으니까
저는 아들이 있기는 하나 없는 것이나 다름없게 되었지요. 그리고 둘째로는
제 친정에는 제가 단 하나 외딸이에요. 제 어머니는 저 하나밖에 낳지 않으
셨고, 아버지 역시 남의 친자식을 양자하는 것보다 딸이라도 자기의 친자식
이 낫다 하시며 기어이 가독을 나에게 상속시키려는 거랍니다. 그런데 제
친정이 종가요, 또 아버지 형제가 없으시니 제가 만일 이대로 죽고 만다면
제 친정의 뒤가 끊어지는 것이 되지 않습니까. 제 아들은 남편의 집의 뒤를
이어야 되는 터이니까, 부득이 저는 재혼을 해야 될 처지랍니다."
여인은 길게 길게 한숨 쉬었다. 나는 가슴이 갑자기 답답해졌다.
"그러신데 왜 그대로 계세요. 얼른 시집가세요."
라고 나는 철없는 듯 조르듯 말했다.
"이제 이야기 하겠어요. 제가 지금까지 이대로 있게 된 이유는 저에게 구
혼하는 사람이 너무 많았던 탓입니다. 모두 일장일단이 있어 누구를 골라

잡아야 좋을지 몰랐어요. 그런데도 그 중에는 몹시 싫은 사람이 거의였으니 뒤에 남은 사람들 중에서 택하면 좋았겠지마는 제가 좋다고 생각하는 사람은 모조리 친정 부모님이 반대였으니 우스울 일이 아니에요?"

"그래서 지금까지 그대로 계신 게로군요."

"네 -. 제가 제일 제일 미워하고 싫어하는 사람, 그 사람에게 부모님은 기어이 시집가라는 거랍니다."

"아이그 - 딱하시네 -."

"아! 아! 이만한 일쯤은 저 역시 예사입니다. 당신도 소설 스토리로 이런 종류의 이야기는 많이 쓰시겠지요. 가장 평범하고 세상에 흔히 있는 일이니까요. 그런데 제 부모님이 기어이 그 사람을 고른 것은 그이가 직업이 의사이랍니다. 제 남편이 폐를 앓아 죽었으므로, 저도 앓아 폐가 약한가 봐요. 몸이 몹시 약하니까 저는 의사에게 시집가는 것이 제일 타당하다는 것이랍니다. 그래도 저는 그이가 싫은 것을 어떻게 해요."

"글쎄요."

나는 이 여인이 처음 이야기를 끄집어낼 때 그락망에서 점점 다시 귀가 기울여지기 시작하였다.

"그런데, 보세요. 우스운 일입니다. 어느 날이었어요. 전람회에 출품할 그림을 판입한 후 산보 겸 해 한강에 나갔다가 돌아오는 길에 본정통 어느 찻집에를 들어갔었지요. 그랬더니 공교롭게 그이가 저 - 편 테이블에서 차를 마시다가 나에게 달려오겠지요……."

"그이라니요?"

"그 싫다는 의사 말이에요! 저에게 구혼 중인 그이 말이에요……."

여인은 벌떡 몸을 일으켜 나를 바라보았다. 그의 눈빛은 찬란하게 빛나고, 그 많던 눈물 줄기도 거의 마른 창백한 얼굴이 노을의 탓인지 붉게 상기되어 있었다. 나는 그의 얼굴에 긴장을 바라보면서 적이 놀라 똑바로 그의 눈을 마주 바라보았다.

그는 이윽히 나를 바라본 후 힘없이 두 팔로 잔디를 집에 몸을 지탱하며 두 눈의 찬란하던 광채는 사라지고 공허한 시선으로 변하며 중얼거리듯 입을 열었다.

"그 소년! 그 학생을 처음 본 때랍니다. 그이가 나를 끌고 자기 테이블로 가자 나는 그 테이블에 한 소년을 발견했던 거랍니다. 나는 모처럼 상쾌한 기분으로 들어온 찻집에서 그이를 만난 것이 불쾌하기 짝이 없었던 터이라, 얼굴을 찡그린 채 그이가 가리키는 의자에 앉으며 무심코 마주 앉은 한 소년에게 시선이 갔던 거랍니다. 그 순간 나는 깜짝 놀랄만치 기뻤어요. 아니 내 가슴이 전광을 만진 듯 기쁨에 일순간 마비된 듯 하였어요.”

 여인은 잠깐 입을 다물고 그때 그 소년의 얼굴을 눈앞에 그리듯 공허한 눈 그대로 허공을 응시하고 있었다. 나는 그의 파랗게 질려 있는 얼굴을 바라보며 몸에 소름이 끼칠 듯 정신이 바짝 차려져 그의 조그마한 얼굴의 움직임이라도 놓치지 않고 살피려 했다.

 “그 소년은 내가 그림을 붓을 든 후 오늘까지 머리 속에 그리고 그리고 해 오던 나의 이상의 얼굴이었어요. 나는 항상 머리 속에 그리기를 지극히 온순하고, 지극히 아름다우며, 끝없이 침착하고 점잖으며 그리고 맑고 순결하고 화기를 띄운 그리고 용감하고 고귀하며 단정한 얼굴을 단 한 폭 내 전생을 통하여 그려보려고 욕망하여 왔던 거랍니다. 나의 이상의 남성의 얼굴이라고 할까요. 그런 얼굴을 많이 많이 구상해 보았으나 그때까지 머리 속에 그려내지 못했어요. 나의 그 욕망은 나에게 구혼하는 사람이 많으면 많을수록 높아가며, 이제 그 의사란 사람과의 약혼이 부모님들에게는 거의 결정적으로 진행 중에 있음에 따라 더 간절해져만 갔습니다. 단 한 장이라도 그려보았으면…… 그러한 얼굴이 이 세상에 있을 수 있을까…… 있다면 얼마나 기쁘랴…… 그러한 얼굴이 있다면 단 한 번이라도 보기만 하면 그려낼 수 있으리라…… 하고 나는 생각했었을거다. 그리하여 나는 여가만 있으면 정거장에를 나가서 내리고 오르고 하는 많은 남자들의 얼굴을 바라보았었고, 길을 갈 때나, 전차를 탈 때나 나는 사람들의 얼굴만 유심히 살펴왔던 거랍니다. 그때에 그 욕망은 단지 내 그림을 위하여서의 욕망이었어요. 다른 아 - 무 생각도 없었어요. 단지 그러한 얼굴을 꼭 한번 그려보리라 하는 그 결심뿐이었어요.”

 “네…… 그러시겠지요. 저도 간혹 소설에 등장할 인물의 타입을 찾으려고 해보는 때가 있으니까요……”
라고 나는 그의 이야기에 동감함을 표현했다.

 “그 소년! 그때 나의 눈앞에 고개를 단정히 가지고 눈을 내리뜨고 찻잔을 바라보고 있는 중학교 제복을 입은 그 소년의 얼굴…… 나는 모 - 든 것을 잊고 그 소년에게 정신을 빼앗기고 말았더랍니다. 소년은 이따금 부끄러운 듯 나를 건너다보다가는 나의 맹렬한 시선에 마주쳐 얼굴을 붉히며 웃음을 띄우고는 고개를 내려뜨리곤 하였어요. 그이는 나에게 차를 받아주고 이야기를 건네며 그 소년은 자기의 단 하나 아우라고 소개하였어요. 나는 그의 말이 귀에 들어오지 않았어요. 겨우 대답을 하면서도 소년에게 너무 민망하여 시선을 돌리려 했으나 내 시선은 소년의 얼굴을 떠나주지 않았습니다. 그러는 사이에 전등이 켜지며 소년은 무엇을 느꼈음인지 조용히 일어서며 형님 저 먼저 가겠어요, 라는 말을 남기고 찻집을 나가버렸습니다. 나는 그 자리에 앉은 채 눈앞에 캔버스를 벌리고 이제 본 그 소년의 얼굴을 스케치하듯 눈을 감고 그려보았어요. 나는 날개가 돋친 듯 온몸이 으쓱해지며 기쁨을 참을 수가 없었어요. 나는 그 길로 집으로 달려와 밤을 새우든 몇 날을 지우든 간에 한숨에 그려버리리라고 생각되었습니다. 그이도 내 뜻은 모르나 나의 그 기뻐하는 얼굴을 보고 자기도 기뻤던 모양입니다. 나를 집까지 자동차로 바래다 주었어요. 나는 그때까지 어느 남자하고라도 단 둘이서 어디를 가는 것도 한 방에서 이야기하는 것도 싫어했고 한사코 거절하였던 터였으니까 그 날 밤에 그이는 자기와 단 둘이서 우리 집 문앞까지 자동차를 타게 된 것을 내가 그의 청혼에 반 이상 허락이나 한 줄로나 알았을 것입니다. 아! 아!

 나는 그대로 저녁밥도 먹지 않겠다고 돌아보지도 않고 집 방으로 달려가 옷을 갈아입을 여가 없이 캔버스 앞에 섰지요. 그 밤이 깊기도 전에 나는 벌써 윤곽을 다 - 잡았어요. 너무나 기뻐 화필을 든 채 캔버스를 몇 번이나 몇 번이나 끌어안았는지요. 한번 그리고 기뻐하고 또 한번 붓대고 웃고, 두 눈에 들여박힌 그 소년의 얼굴, 나는 즐거웠어요. 그 즐거움……! 나는 참다못해 그리는 것까지 아까워서 소년의 얼굴을 눈 속에 집어넣은 채 눈을 꽉 감고 그대로 침상에 뒹굴며 미친 듯 하였습니다. 그 이튿날 아침 나는 솜뭉치같이 피로하여 아침도 먹지 않고 그대로 잠이 들었어요. 눈을 떴을 때는 벌써 오후 두 시였어요. 나는 부리나케 세수를 하고 식사를 마친 후 집을 뛰어 나왔습니다. 내가 깜짝 정신이 났을 때는 벌써 그이의 병원 진찰실 안에서 그이와 마주 서 있었어요. 그가 왜 그 병원에 갔는지 지금 생각해도 모를 일입니다. 나는 그이에게 인사말 대신

 "선생님의 아우님이 어디 계신가요?"
라는 물음이었어요. 그이는 웃으며 내가 자기를 찾아온 구실로 그 아우를 찾는 줄 알았던 모양인지 그 대답은 없고

 "몸이 약하신데 바다로나 산으로 가시지 않으시겠냐."
고 도로 엉뚱한 말을 건네는 것이었어요. 나는 뭉클 성이 났으나 꾹 참으며

 "아우님이 어디 있어요, 선생님은 어서 일 보세요. 저는 그 동안 아우님과 이야기하고 놀 터입니다. 오늘 저녁에 또 찻집에 가시지 않으시겠어요?"
라고 나는 나대로 들어대었지요. 그랬더니 그는 앞을 서서 나를 인도하여 이층으로 올라갔습니다. 이층은 그이의 서재인 듯 팔조와 육조의 넓은 다다미방이었어요. 나는 그이보다 앞서 실례되는 것도 잊고 방 안에 먼저 들어

서서 육조방 한 옆에 책상 앞에 그 소년이 턱을 고이고 물끄러미 앉아 있다가 우리를 보고 놀라 일어서서 일순간 몸을 감추려는 듯 사방을 살피며 머뭇거리더니 내가 너무나 그의 앞에 가까이 가서 있음을 보고 마지못하여 새빨개진 얼굴로 약간 고개를 굽혀 인사를 한 후 획 몸을 날려 층층대로 내려가 버렸습니다. 나는 그 자리에 멍하니 서 있은 채 소년이 사라진 곳을 응시하고 있었습니다. 그랬더니 그이가 무엇을 생각했는지 내 곁으로 가까이 오면서 내 두 어깨에 두 손을 걸었어요. 나는 깜짝 놀라 한 걸음 물러서 버렸어요. 그리고 나는 그이에게 '저녁때가 되거든 함께 어디로 식사를 하러 가든지, 찻집을 가든지 하자'고 말하고 '어서 내려가 환자(患者) 치료나 하시면 그 동안 여기서 기다리겠노라'고 했었지요. 그러니 그이는 아주 기뻐하며 층층대로 내려가겠지요. 나는 그의 뒤통수를 향하여 당신의 아우님을 보내달라고 부탁했습니다. 그이는 싱긋 웃으며 그대로 내려가 버렸어요. 나는 이윽고 그 자리에 서 있으며 방 안을 둘러봤습니다. 그는 얼른 놀란 듯 고개를 돌리곤 하였습니다. 이렇게 나는 그를 바라보고 그는 무료하게 이리저리 살피고 있는 그동안 다 - 같이 말 한마디 없습니다. 얼마나 한 시간이 흘러갔어요. 그리고 있는 동안 나는 커다란 환희에 가득 차 있었던 거랍니다. 그의 얼굴, 소년답지 않을 만큼 침착하고 고상하며, 온화하고 부드러운 그 얼굴, 그리고 어디인 소년다운 선을 가진 순결한 그 입과 눈……나는 나를 잊고 도취되어 있었던 거랍니다. 그때까지 아무리 유명한 동서양의 명화(名畵)를 대하여도 이만치 내 스스로 도취되어 바라보고 바라보아도 끊이지 않고 신비로움을 느껴본 적은 없었습니다. 소년은 이윽고 무료함을 못 이겼음인지 대담하게 나의 시선을 똑바로 바라보며

"제 형님은 퍽이나 착하신 사람이랍니다."

라고 말했습니다. 나는 가슴이 섬뜩하여 획 눈을 돌이키며

"네-."

하고 대답했지요. 그때 나는

"당신 형님보다 나는 당신의 그 얼굴이 더 착하고, 아름답습니다."

라고 대답하려 했습니다마는 이상하게도 그때 제 귀에

"어머니!"

하고 부르는 내 아들의 음성이 들리는 듯하여 얼른 한다는 대답이 소년이 그 형을 자랑하는데 동감임을 표하고 말았어요. 그의 형 되는 그이는 그때 나보다 한 살 위였으니까요. 그때 그 나이가 되도록 장가도 들어보지 못했고, 아니 않았고, 이성을 사랑해 보지도 못했다고 합니다. 그러니 그이의 사람된 인품이 얼마나 이지적이며 고지식했던가를 알 수 있지 않습니까? 물

론 그에게 들으면 자기는 부모도 없고 다른 친척도 없고, 단지 하나 아우인 그 소년 하나가 유일한 육친이었으니까 그 소년을 두고 자기가 장가들기 민망하여, 소년이 중학교를 졸업하고 전문학교나 대학으로 가게 되어 집을 떠나면 그때는 장가들겠다는 것이었어요. 자기가 장가를 들어서 만일 아내나 아우에게 불순하다든지, 또는 아우에게 자기가 아내를 더 사랑함을 보이게 될까 하는 여러 가지 염려가 있었던 까닭이었겠지요. 좌우간 보기 드문 사람이었어요.

그 여인은 이렇게 말하며 길게 한숨지었다. 나는

"오 - 라, 그이? 음, 음."

하고 느끼는 바가 있었던 것이다. 즉 그이라는 의사 김성규(金性圭)는 바로 나와 고향이 같은 그리 친한 사이는 아니라고 하나, 두어 번 진찰까지 받아 본 적이 있었던 아는 사이였던 것이다. 그러니만큼 나는 그 여인의 이야기에 온통 정신이 쏠리고 말았다. 그 소년이란 성규의 아우 정규(貞圭)임도 잘 알겠고, 또 정규의 얼굴이 과연 범연하게 생기지 않았음도 내 이미 알고 있는 터였다.

"오 - 그러면 김성규 씨 형제분이로군요."

나는 이렇게 그 여인의 말을 가로질러 입을 넣고 말았다.

"네…… 그래요. 당신을 그이가 성규 씨가 잘 안다고 말하더군요. 바로 말하면 제가 당신을 찾아서 이곳가지 오게 된 것도 당신이 성규 씨를 잘 아시는 까닭입니다."

하고 여인은 또 한숨지었다. 그 여인의 한숨소리는 웬일인지 내 가슴에 바늘같이 파고드는 듯 하며, 그 여인의 한숨소리는 정말 인상적이라고 느꼈었다. 그때 어디서 석양마을을 향하여 길게 음매 - 하고 새끼를 찾는 암소의 울음소리가 들려왔었다.

여인은 귀를 기울이며 그 소리에 이윽고 귀를 기울이다가 다시 말을 계속하였다.

"성규 씨가 나에게 구혼하게 된 것은 그가 동경 ××의과대학에 다닐 때로 내가 미술전문에 다닐 때부터랍니다. 그러나 나는 그이의 고지식한 성품이 싫었고 또 아이까지 있는 나로서 총각인 그에게 시집가기가 어색했어요. 그래서 아주 딱 거절했었는데 그이는 제 부모님에게 직접 운동을 했던 거지요.

'어느 때라도 재혼을 하거든 그때는 자기에게……'

라고 아주 나의 부모님에게 단단히 간청을 했던가 봐요. 그러니까 나의 부모님은 총각이요, 더구나 의사요 돈도 있고 사람이 굳건하고 어디 흠이라곤

없는 자리이니까 아주 단단히 그에게 약속했던 모양입니다. 그이의 청혼에
는 정말 우리 부모가 황감하고 과분하고 아주 영우 녹았던 모양입니다. 아!
아!
　세상이란 정말 기가 막히게 어려운 실마리들의 맺음이에요. 부모님이 그만
큼 기뻐하는 터이거든 나 역시 그만큼 기뻐해야 술술 다 평온 무사하게 될
일인데 나는 왜 그다지 그이가 싫은지…… 아이 참…… 그뿐이라도 좋을 텐
데 하필 또 무슨 까닭에 그이의 어린 아우가 그리도 나에게 잊히지 않게 되
는지 생각하면 할수록 운명의 장난이 너무나 까탈스러움이 원망스럽습니다.
그 날! 소년과 처음 말을 나누어 보던 그 날 석양에 그이와 셋이서 레스토
랑에 가서 저녁을 먹고 송월이라는 찻집에를 갔었지요. 성규 씨는 아직까지
나를 단순히 친구로만 소개했던 모양입니다. 그 사이에 소년과도 무관하게
친해져서 소년은 마음 놓고 이야기를 나에게 붙이기도 하였어요. 그 날은
무척 즐거웠어요. 나는 그를 위해 이야기도 하고 또 성규 씨 앞에서 나는
오랫동안 머리 속에 그려오던 얼굴 하나를 발견하였는데 무척 기쁘다고까지
말했지요. 그러니까 성규 씨는 자랑하듯
　"우리 정규의 얼굴보다 더 훌륭한 모델은 없을거요."
라고 웃으며 말하는데 소년은 짬짬이 나를 바라보더니 얼굴을 돌리며 혼자
미소하겠지요!
　"나를 두고 하는 말이로구나, 그러니까 나를 그렇게도 들여다 본 것이로
군!"
하는 표정이었어요. 나는 소년의 영리함을 그 순간 발견했던 거랍니다. 그
날 밤은 그 형제분에게 전송을 받아 저의 집까지 들어왔습니다. 우리 집 대
문간에서 소년은 그 형이 내 곁에서 떨어진 틈을 타서
　"이제부터는 집을 알았으니까 놀러 와도 좋아요?"
라고 속삭였어요. 나는 가슴이 몹시 괴로워지며 소년을 바라보려 두 손을
내밀었지요. 소년은 와락 내 손을 잡으며 놀러 올 것이라고 다시 한번 다짐
했어요. 나는 경쾌하게 대답하려 애쓰며 형님에게 허락 받아서 놀러 오라고
대답했었습니다. 소년은 다시 내 손을 흔들어주며
　"오 ― 케이."
라고 말한 후 획 돌아서 그 형과 가버렸어요. 나는 대문에 들어서며 왼편으
로 있는 사랑인 내 방으로 들어가 얼른 캔버스 앞에 섰습니다. 지난 밤에
그려둔 소년의 얼굴이 나를 바라보고 있었습니다. 나는 이윽고 그림을 들여
다보는 사이에 또 하나 훌륭한 상(想)이 생겨났어요. 내가 전날 금강산 구
경 갔을 때 비로봉 위에 올라가 사방경계를 이윽고 둘러보며 내 혼이 대자

연 앞에서 무릎을 꿇고 엎드린 듯하여 명목하고 섰으려니까 마음과 몸이 다 - 함께 인간세상을 떠나 지극히 청정된 미의 세계로 간 듯 하였어요. 그래서 문득 그때 생각이 나며 그 소년을 비로봉 위에 세워두는 생각을 했던가 합니다. 제 생각에는 비로봉을 정복한 그 소년을 그려서 자연에서 받은 나의 감명보다 더 큰 감격을 그 소년에게서 받았음을 표상하려는 뜻이었어요. 자연에의 극치를 인간에게의 극치가 정복하고 남음이 있음을 그리려는 것이었습니다. 그래서 나는 그 밤부터 그림제작을 시작했던 거지요. 먼저 세수를 하고 어머니 앞에 가서 차 한 잔을 마신 후 다시 내 방으로 돌아와서 잠시 눈을 감고 이윽고 구상에 잠겨 있었습니다. 그리고는 곧 그림 그릴 준비를 개시했지요. 먼저 비로봉을 박을 사진을 죄다 들추어보고 그때 눈에 박힌 인상을 되풀이해 보며 인물을 배치할 화면도 대강 생각해 보았습니다. 그러는 중에 그 밤도 꼬박이 새우고 그 이튿날은 정오가 넘게 몸을 쉰 후 또다시 제작에 착수했습니다. 나는 두 다리가 붓고 머리에 현기가 나고 손이 떨려도 모르고 그림만 그렸습니다. 그 날 해도 지고 밤도 깊었으나 잠 잘 줄도 먹는 것도 잊어버리고 화필을 놓을 줄 몰랐어요. 그림은 화필의 움직임을 따라 깎아지른 바위산의 절벽 위에 크고 작은 바위가 놓여 있고 이름모를 풀과 넝쿨이 엉키었으며 그 사이에 인물을 세울 자리를 두고 원경으로 산줄기와 흰 구름을 배치하여 내가 보기에 우선 훌륭한 게임이었어요. 뒤에 남은 인물만 내 의도한 바에 맞게 그려질 지가 문제였을 따름이었지요. 그러나 그 소년의 얼굴은 이미 내 눈에 박혀 있으니까 문제 없으나 그의 포즈를 어떻게 할까…… 를 다시 생간에 잠기게 되었더랍니다. 자연스럽게 극치의 미를 두 발로 힘 있게 눌러 디디고선 씩씩하고 아름다운 그리고 스스로 정화된 위풍이 늠름한 포즈를 생각해 보는 것이었더랍니다. 생각에 지치고 주림에 못 이겨 어느 때든지 소년에게 한 포즈를 청해서 잠시 모델이 되게 하는 수밖에 없다고 결심한 후 비로소 자리에 들게 되었더랍니다. 그러나 내 머리는 혼돈하여 눈은 더욱 새롭게 떠져 좀처럼 잠들지 못하는데 시계는 새로 한 시를 쳤습니다. 나는 억지로는 도저히 잠이 오지 않을 것을 깨닫고 벌떡 일어나 방 안을 수없이 걸은 후 그림 앞에 서 있었습니다. 시계는 어느덧 두 시를 치고 또 세 시를 치고 짧은 여름밤이 거의 다 - 새어 가는 네 시가 울렸어요. 그 사이에 나는 방 안을 몇 백 차례 왕래하였고 머리 속과 눈앞에는 그 소년의 가지가지의 포즈가 산란하게 반복되고 있었더랍니다. 일순간도 끊임없이 그의 얼굴과 동작을 떠나 다른 생각은 해보지 못했지요. 새벽의 서늘한 공기가 방 안에 꽉 차고 동편 하늘이 조금씩 말쑥해져 가자 와야 될 잠은 영영 달아나고 정신은 더욱 새로워졌습니다. 나는 인물의 포즈가 결정되기 전에는 도저히 잠을 이룰 수가 없겠음을 깨닫고 잘 것을 단념해 버린 후 어서 아침이 되면 소년을 찾아가서 또 한 시간 동안이나마 포즈를 지어 모델을 청하겠다고 결심한 후 자리에 가 누웠지요. 비로소 그때야 내 머리에서 소년의 그림자가 사라지며 어서 아침이 되기만을 기다리는 간절한 바람에 잠겨 있게 되었는데 어느덧 잠이 들었던 모양입니다. 급히 눈을 뜨고 휘 둘러보니 벌써 정오가 넘었고 머리맡에 보지 못하던 종이가 놓여 있었으므로 얼른 들고 보니 만년필로 얌전히 쓴 두어줄 글이 쓰여 있음으로 놀라 들여다 보았지요.

"퍽이나 숙면하십니다 그려. 지나는 길에 잠깐 들렸더랍니다. 또 놀러와도 좋은가요? 정규"라고 쓰여 있지 않겠어요. 나는 와락 일어나 계집아이를 불러 나 없는 사이에 누가 오지 않았던가 물어봤으나 전혀 모른다는 대답이었고 어머니도 아버지도 손님이라고는 오지 않았다는 대답이었어요. 나는 횡하니 내둘리는 머리를 겨우 진정하여, 그 소년이 나 잠든 사이에 아무도 모르게 내 방에 들어왔다가 얼마간 지체한 후 그대로 가 버린 것을 깨달았어요. 가슴이 화끈해지며 나도 모르게 경대 앞으로 달려가 거울에 내 얼굴을 비춰봤던 거랍니다. 얼마나 흉측한 얼굴로 잠을 잤을까 그 소년이 나의 그 모양 없이 자는 꼴을 들여다 보았을 터이라고 생각된 까닭이었어요. 거울에 비치는 파리한 내 얼굴을 바라보며

"아! 아! 잠이 들기 전에 세수를 할 것을……."
하고 후회했어요. 정말 당신에게 말씀드리기 부끄러운 심리입니다. 다음 순간에 나는 부끄러움을 참을 길 없었어요. 내 아들이 다녀갔다면 그렇게 당황스럽게 거울 앞에 달려갔을 리가 없었을 것일 터인데 라고 생각이 든 까닭입니다. 그래서 나는 스스로 꾸짖으며 천천히 세수를 하고 밥을 먹은 후 집을 나섰지요. 부리나케 내 발은 걸어지며 성규 씨의 병원을 향해 갔어요. 병원 앞에 이르게 되자 나는 발길을 탁 멈추었어요.

"미쳤느냐! 네가 그림을 그리려는 정열만으로 이 집을 오는 것이냐. 갑자기 그림에 그다지도 열이 났느냐. 만일 이 길로 소년을 대하면 어떠한 표정으로 대할 것인가. 그리고 성규 씨에게 어떠한 느낌을 줄 것인가. 내가 왜 이다지 무괴도한 감정에 끌려 광기에 가까운 생각과 행동을 감행하는고. 무슨 까닭에 몇 날이나 자지도 않고 먹지도 않고 그림에 도취되었던가. 아 - 아! 단순히 나는 단순히 그림에 열이 났다고만 할 수 있을까……."
하고 누군가 내 귀에다 속삭이는 듯 하였어요. 나는 휜 발을 돌려 얼른 병원 앞을 떠나 전찻길로 나섰지요. 그때 돌아서는 가슴속이 왜 그다지 괴로웠을까요! 나는 하늘이 무너지는 한이 있더라도 이 사이 며칠간 나의 모든

정열을 들끓게 한 그 원인이 되는 소년에 대한 생각을 무시하려고 시댁이
요, 나의 아들이 있는 집을 향해 갔습니다. 그 집 대문 앞에 이르자 집안에
서 내 아들 석주(石柱)가 무어라 크게 말하는 소리가 들렸습니다. 나는 또
다시 두 발이 땅에 딱 들어붙는 듯하여
　“네가 어미냐! 네 아들이 지금 열여섯 살이나 되었다.”
라고 외치는 듯하여 나는 깜짝 놀란 듯 홱 돌아서서 달아나듯 골목쟁이를
뛰어나오고 말았어요. 내 아들에게 대할 때 지극히 청정한 어머니로서 아니
면 도저히 허락할 수 없다고 내 스스로가 느꼈던 탓입니다. 비록 사정에 못
이겨 내가 재혼을 한다는 것은 부득이한 일이나 내 양심에 거리낌이 없을
것 같기도 하지마는 그 날 소년 정규가 더구나 내 아들보다 단 세 살밖에
차이가 없는 소년 정규, 아니 그보다도 그의 형과 약혼설이 진행 중에 있는
사이에 그에게 나의 자는 얼굴이 행여 더러웠을까 염려되어 거울 앞에 부리
나케 달려가던 그 마음을 가지고 내 어떻게 아들 석주의 앞에 나갈 수 있으
리. 설령 이 순간부터 다 잊어버린다 한들 조금 전까지 이름 없이 가슴이
괴로워 그 병원 앞까지 가던 그 마음을 가렸던 몸이 어떻게 석주를 보랴!
하는 괴로움에 내 눈은 어두워졌어요. 허둥지둥 어디인지 건너가다가 지나
는 택시에 올라앉아 집으로 들어오고 말았답니다. 먼저 안방으로 들어가 어
머니와 천연스럽게 세상 이야기를 하는 사이에 내 마음은 지극히 평온하여
졌으므로 과실을 먹고 집안일에 얼마간 시간을 보낸 후 내일은 석주를 불러
다 모델을 하여 그림을 완성하리라 생각한 후 내 방으로 들어왔었지요. 방
안에 들어서자 내 눈은 그리던 화폭으로 끌려가고 대강 얼굴 윤곽만 날아난
그 얼굴은 소년 정규의 모습이 완연함에 내 마음은 전선줄에 부딪힌 듯 부
르르 떨었습니다. 무의식간에 내 몸은 화폭 앞에 가 서 있는 것이었어요.
그리고 얼마 후 나는 또 경대 앞에 가 있는 것을 깨달았어요. 행여나 소년
정규가 다시 오지나 않을까 하는 영감이 있는 듯 하였음이었지요.
　“아하 －.”
　다음 순간 나는 손에 쥐었던 분첩을 힘껏 경대 속에 비춘 내 얼굴을 향해
때려 부순 후 와락 그림에 달려가 캔버스째 울러매어 산산이 부수고 찢고
하려 했으나 힘이 모자라서 가위를 찾아 화폭을 되는대로 막 베고 뚫고 해
버렸습니다. 그리고 나는
“석주야!”
하고 한 번 불러보았어요. 그러나 내 눈앞에 나타난 얼굴은 내 사랑하는 아
들 석주가 아니고 그 소년 정규의 침착하고 부드럽게 나를 바라보는 그 얼
굴이었어요. 나는 휘 한번 방 안을 살펴보고 손에 쥐인 가위를 치켜들어 보

고 찢어진 화폭을 바라봤지요. 공교롭게도 다 찢어진 화폭에서 소년의 얼굴만은 여전히 그대로 남아 있지 않겠어요. 나는 와락 화폭을 안고 한껏 울었답니다. 슬픔이 자꾸 자꾸 샘같이 솟아올랐어요. 무슨 슬픔인지 나는 알지도 모르면서…… 그 미친 듯한 내 행동을 웃으시리라. 그러나 나는 화폭을 그 찢어지고 뚫린 화폭에 그대로 한 조각 남아 있는 소년의 얼굴 위에다 내 뺨을 포개어 온 몸이 타는 듯 괴로웠어요. 그리하여 그 날 저녁도 어머니 염려하실까 먹는 척만 하고 그대로 더운 방문을 끌어 닫은 채 다 잊고 잠이 들려고 뒹굴고 누웠지요. 누워 있으니 똑바로 천장만 쳐다보이고 그 천장에는 소년의 얼굴이 있었어요. 나는 베개가 하묵이 젖는 줄도 모르고 가슴이 타는 듯 하여 턱없이 울었답니다. 철 없는 첫사랑에 깨진 어린 소녀같이 ……! 그때 미닫이가 가볍게 흔들리는 듯하여 가늘게 들리는 인기척이 있음으로 나는 온 몸이 으쓱하여지며 깨어지는 듯 크게 한 번 뛰었어요. 벌떡 몸을 일으키며

"문 밖에 누가 있어요?"

하고 귀를 기울였지요. 그러나 창 밖은 잠잠하였으므로 나는 신경이 너무나 날카로워졌는가 하여 다시 누으려 하니 문득 내 몸은 작은 새같이 날쌔게 또다시 경대 앞으로 달려가고 있는 것이었어요. 분첩을 때려부쉈던 자리가 달을 그린 듯 주위에 분가루로 윤곽이 되어 있는 것을 얼른 한 손으로 문지르고 그 아래 떨어진 분첩을 주워 얼굴을 대강 누른 후 벌떡 일어서 두어 번 방안을 휘 돌아보며 찢어진 화폭을 걷어치우려고 캔버스에 손이 가자 방미닫이가 소리 없이 열렸고 그 소년 정규의 전체가 나타나 있음을 보았답니다. 나는 그 자리에 고정된 것처럼 멀뚱이 서 있었어요.

"실례이지요. 노하십니까!"

라고 소년은 나를 바라보며 사죄하듯 서 있습니다. 나는 당황하게 내가 가져야 할 표정과 동작을 생각해 내서 얼른 내 몸을 돌아보며 비로소 파자마만 입고 있음을 인식하고

"아니 내가 도로 실례입니다. 잠깐 눈감아요. 내 얼른 옷 입을께……."

라고 어색은 하나 아이를 대하는 어른답게 말했지요.

"그러면 돌아서지요."

소년은 웃으면서 새빨개진 얼굴로 휙 돌아섰어요. 나는 파자마 위에다가 치마 적삼을 꿰어 입고

"자 다 됐어요. 이리 와요. 형님은 오시지 않았나?"

라고 어디까지든지 내 아들 석주의 동무로 또는 나와 결혼할지 모르는 성규 씨의 어린 동생으로 대접하려 말을 낮추어가며 소년의 곁에 가 그의 손을

끌고 방 가운데에 앉힌 후 방문을 죄다 열어젖히며 어색하게 웃고 어색하게 명랑했으며 서툴게 어른다우려 전 신경을 동원시켰더랍니다. 소년은 나의 말에 실수 없이 응대하며 같이 웃고 같이 명랑한 음성을 내면서도 간간이 나를 날카로운 눈으로 바라보는 것이었어요. 나이든 사람같이 아니 그보다 더 침착하고 심각한 눈이었어요. 나는 소년의 그 눈을 바라보며 내 가슴속이 환히 다 들여다 보이는 것 같아 숨이 막히는 것 같았어요. 그러나 나 역시 그가 일부러 어린 척 하려고 노력을 느끼지 않는 바는 아니었습니다.

"안 될 말이다. 이대로 이 시간을 더 연장해 나갈 수는 없는 일이다. 아아!"

나는 몸이 떨렸어요. 너무나 무서웠어요. 나는 서른이 넘은 여인, 더구나 소년보다 단 세 살 떨어지는 아들이 있는 사람, 소년은 그의 형이 청춘을 희생하며 사랑하고 중히 여기는 철 없는 소년이다. 아! 여보세요. 나는 이러한 생각을 하는 것조차 무섭고 얼굴이 찡그려지며 불쾌했어요. 그러므로 나는 얼굴을 찌푸린 채 묵묵한 태도로 잠잠히 방바닥을 응시하고 있었답니다. 그랬더니 소년은 갑자기 소리를 내어 웃으며,

"왜 이랬어요. 막 찢었네! 제 얼굴이 미워서 찢었어요?"
라고 하며 우습다는 듯이 화폭 앞으로 벌떡 일어나 옮겨 갔지요. 나는 그 소리에 번쩍 귀가 열리며 질겁을 하고 일어서며 화폭을 막아섰습니다.

"아니야 당신의 얼굴이 아니야. 아무리 그려도 잘 그려지지 않아서 속이 상해 찢은 거야. 금강산을 그리려는 거야……."
라고 변명했습니다. 소년은 물러서며 그대로 웃으며

"다 알아. 나를 아주 멍청이로 아세요? 아까 들어오면서부터 다 봤는데…… 아주 이상적 얼굴을 발견하셨다고 하시기에 저는 속으로 무척 코가 높아졌는데 웬걸 이렇게 막 찢은 걸 보니 나를 아주 미워지게 여기시는 거지요. 요즘 이삼 일 간 오시지 않으시기에 나는 무얼 하시는가 했더니 절 미워서 오시지 않으신 것이었습니다요."
라고 웃으면서도 원망같이 말하며 물러가 앉았던 자리로 가서 도로 앉는 것이었어요. 나는 변명하지 않았더랍니다. 변명한다면…… 아 - 나는 웃음을 지으며

"어디 당신을 두고 그런 것이라고!" 하며 태연하려 했습니다. 그러나 그 영리하기가 어른들보다 더 영리한 소년이 나의 마음을 몰랐을 리 만무합니다. 그는 잠잠히

"흐응 - 흐응 - 그래요. 네……."
라고 단순하게 내 말을 긍정하면서도 그의 음성과 두 눈은 내 괴로움을 알

아차리고도 남음이 있고 위로하여 주고 싶은 어른다운 생각에까지 미쳐 있음이 환히 나타났습니다. 그러나 나는 꼭지로부터 그를 무지하려고만 애쓰며 소년답지 않은 그의 침착한 얼굴을 차마 바라보기 무서워 자꾸 외면만 했더랍니다.

"저 - 선생님. 뭐라고 불러요. 저는 아주머니라고 불러도 좋아요?"
소년은 얼른 화제를 돌렸습니다. 나는 얼른 대답이 나오지 않아 급히 세 번 네 번 고개만 크게 끄덕였지요.

"그러면 아주머니다. 아주머니! 날마다 놀러와도 좋아요? 사랑대문이 큰 대문과 한 대 잇대어 있고 안채가 둘러 앉았으니까 아무리 놀러 와도 아무도 모를 것 같아요. 낮에 왔을 때는 처음이라 겁도 났지만 이제는 예사랍니다."
라고 말하는 소년의 얼굴을 나는 눈도 깜빡이지 않고 바라봤지요. 그 말이 너무나 무서워서요. 이 영리한 소년이 행여나 잘못된 길로 떨어지지나 않을까 이러한 생각과 소년은 나쁜 소년들이 갖는 것이라 느꼈던 것입니다. 그러나 소년의 얼굴, 그 얼굴은 청정무구하여 조금도 불량성이 없고 자연스럽고 세련된 완전한 하나의 자아를 가진 밀어 던져도 나쁜 길에 떨어질리 만무한 얼굴이었어요. 나는 놀람을 마지 않았더랍니다. 다만 소년의 너무나 조숙함에 놀랐던 것입니다.

"아주머니, 염려 말아요. 제가 불량소년 같다고 여기십니까! 염려 없어요."
소년은 휘 한숨을 지으며 어느새 나의 가슴속을 들여다보며 이렇게 말합니다. 나는 어이가 없어 눈을 크게 뜬 채 그를 바라볼 뿐이었어요.

"그렇게 나를 자꾸 무서운 눈으로 꾸짖지만 마시고 좋은 이야기나 들려주세요."
라고 어리광같이 말했어요. 나는 대답이 나오지 않아 자꾸 빤히 바라보았어요.

"아주머니, 제 아주머니, 제가 자꾸 무관하게 실례되는 것도 돌보지 않고 막 마음대로 굴어도 용서하세요. 상관 없으시겠지요?"
라고 나의 팔을 잡아 흔들며 조르는 것이었습니다.

"그럼! 아무래도 좋아!"
나는 이렇게 대답하는 수밖에 없었어요.

"아이, 벌써 열 시네……! 형님이 염려하시겠군. 어서 가자!"
그는 벌떡 일어서더니 내가 누웠던 자리를 잠깐 유심히 바라보는 듯 하더니,

“아주머니 저기 누워 주무세요? 아주 심심하시겠네.”
라는 말을 남기고는 그대로 툇마루에 나섰습니다. 나는 압박되었던 공기에서 해방되려는 듯 가뿐하기도 하고 끝없이 서운하기도 하여 그의 뒤를 따라 툇마루로 나갔지요.
“아주머니 —.”
소년은 구두를 신으며 걸터 앉으려다가 나를 획 돌아보며 할 말도 없이 불러보며 선 듯 내 어깨 위에 한 뺨을 기대고 정답게 부비려는 듯 하더니 얼른 그대로 건너 앉아 버리며
“갑니다. 잘 주무세요. 그렇지만 심심하시겠어요.”
라고 잠깐 돌아서 방 안을 들여다보며 팔짱을 끼고 한번 고개를 기웃해 보더니 획 나가버렸어요.
“잘 가요…….”
나는 겨우 그의 발자취 소리가 사라지자 방 안으로 들어왔답니다. 그 방이 그처럼 그 순간처럼 넓고 텅 빈 줄은 그때만큼 깊이 느껴본 적이 없었어요. 나는 잠깐 가슴이 언 듯 울 듯 울 듯 애처로워 어린아이 달래듯 방 안을 걸어보다가 참을 수 없어 뜰로 내려갔었지요. 하늘도 쳐다보고 꽃냄새도 마셔보며,
“어서 자자…… 내 신경이 피로했구나.”
하고 자꾸 잠이 오게 애를 쓰다가 방으로 들어왔지요. 겨우 겨우 잠이 든 때는 새벽 한 시가 넘어서였답니다. 그 이튿날 아침에 나는 누구에게 흔들리워 잠이 깼어요.
“어머니!”
내 눈앞에 아들 석주가 앉아 있었어요. 나는 부끄러움과 죄송함과 반가움에 떨리는 음성을 진정시켜,
“석주냐…… 너 왜 왔니…….”
라고 물었지요.
“그대로 왔지.”
이 대답은 나를 보고 싶어 왔다는 뜻임을 아는 터이라 나는 벌떡 일어나려 했지요.
“어머니…….”
석주는 어리광을 피우며 일어나려는 내 가슴에 머리를 부비며 내 팔을 베고 나를 안고 누웠어요. 그리고는 어느 때나 다름없이 바쁘게 젖을 찾아 쥐며 빨 듯이 대들었어요. 그전 같으면 때려 주던지 밀어 던지든지 하여 버릴 것이었으나 그 날은 잠잠히 그의 머리를 쓰다듬어 재우듯 하였지요. 이윽고

그러고 있는 사이에 내 눈에서 한 방울 눈물이 떨어져 석주의 어깨 위에 떨어졌습니다.
"어머니! 왜 울어, 울지 말어."
석주는 내가 우는 모습을 어릴 때부터 보아온 터이라 얼른 일어나 앉아 나를 일으켜주며 위로하는 것이었습니다. 나는 참을 수 없어 와락 얼싸안고 말았답니다.
"엄마 나 이제 다 컸어. 그러니 엄마도 시집가야지…… 응! 어서 가. 그러면 나 엄마 행복하게 사는 집에 날마다 갈 테야. 내가! 응 응 엄마, 아주 훌륭하게 되어서 엄마를 행복하게 기쁘게 해 드릴 수가 지금 당장 있다면 어떻게라도 해보겠지마는 아직 나는 나이가 어리니까 아직 틀렸지 뭐야. 아직 차례차례 멀어지며 그러니까 그때까지 어머니가 나를 기다리고 이러고 있는 건 잘못이야. 바보지 뭐 응? 응 그렇지…… 그러니까 어머니 나 염려 말고 얼른 시집가…… 그러면 그이 보고 나 아버지라고 불러도 좋지!"
라고 하지 않겠어요? 아비 없는 자식! 물론 석주는 벌써 나이가 그만하니까 나를 위로하려고 그러는 말이기는 하지마는 일생을 두고 아버지라는 것을 가져보지 못한 이 자식의 쓸쓸함을 생각할 때 내 가슴은 서리를 맞은 듯 따갑고 오뇌가 자취 없이 사라지고 말았어요.
"엄마! 울지 말아요."
내 어깨를 잡아 흔들며 애타하는 석주를 앞에 앉히고 겨우 진정한 후 아침밥을 먹고 안방에서 어머니와 석주와 셋이서 재미있게 놀다가 사랑방인 내 방으로 내려왔지요. 석주에게 여러 가지 포즈를 시켜보려는 생각이 났던 까닭입니다. 둘이서 막 방 안에 들어서니 소년 정규가 찢어진 화폭 앞에 팔짱을 끼고 물끄러미 서 있는 것이었습니다. 나는 가슴이 싸늘하게 요동치는 듯하며 그 팔짱을 끼었다가 천천히 팔을 풀어 한 손은 뒤 허리에 재껴 부치고 한 팔은 반을 걷어 붙인 채 화폭을 잡고 서 있는 그 포즈에 나는 정신을 빼앗기고 말았더랍니다. 소년은 나와 석주에게는 무관심하고 한마디 인사말도 없이 깊은 생각에 잠긴 양 묵묵히 화폭만 바라보고 서 있는 것이었어요. 석주는 방에 들어가다 말고 나를 돌아보는 것이었어요.
"들어가! 손님이야. 아니 네가 형님이라고 불러. 아주 좋은 학생이란다."
라고 횡설수설하게 주어 대었지요. 석주는 그저 웃으며 고개만 끄덕이고 방으로 들어가므로 나는 소년의 곁으로 다가가 서서 그만 보고
"이 애는 내 아이니까 무엇이든 좋은 것 많이 가르쳐 주어요."
라고 말했지요. 그제야 소년은 석주를 돌아보며,

　"네 그러세요. 전들 뭐 압니까? 우리 동무 됩시다."
라고 석주에게 말을 건넨 후 얼굴을 붉히며 고개를 끄덕이는 석주는 그대로
둔 채 나를 향하여,
　"아주머니 이 그림을 도로 그리세요. 다시 붙일 수가 없을까 하고 지난
날 새도록 연구해 보았어요. 그러나 안 되는군요. 그러니 다시 그리시는 수
밖에 다시 그리세요."
　반은 명령하듯한 음성이었어요. 나는 고개만 끄덕여 보였답니다. 그리고
석주 곁에 가 앉으며,
　"당신도 이리 와요."
하고 소년을 불렀습니다. 소년은 돌아서 나를 물끄러미 바라보더니 잠깐 몹
시도 답답한 듯한 표정을 지었다 말고 내 곁에 선뜻 걸어와서 싱긋 웃으며
퍼질러 앉았습니다. 나는 먼저 손을 들어 소년의 어깨에 얹고 또 한 손으로
는 석주의 손을 잡고 무엇이라 할 말이 있을 듯 하였어요. 그러나 내 입에
서는 아무 말도 나오지 않고 무거운 침묵만이 계속되었어요. 여보세요. 당
신은 소설을 쓰시는 분이니까 그때의 내 가슴속을 얼마만큼이라도 이해하실
수 있으신가요? 정말 그때 내 마음 가운데 불순한 점이 있었다고 단정하시
지는 말아 주세요. 가령 내가 그 소년을 동경하고 연모하여 내 나이 소년에
게 비하여 너무나 늙었다든가 또는 아무래도 그 연정을 만족시킬 수가 없으
니까…… 라고는 부디 상상도 말으세요. 나는 그러한 생각은 일순간의 그림
자만치라도 염두에 두기가 불쾌했고 또 내 스스로 혹 내가 소년을 연모하는
것이나 아닌가 이만한 나이로서…… 라고 단 한 번이라도 생각해 보기가 불
쾌했어요. 나의 이 심정을 아시겠어요. 그러한 얼토당토 않는 말도 안 되는
생각을 나는 할 수가 없었어요. 그러나 보세요. 웬일일까요. 내 가슴은 무
슨 까닭에 뛰는 것이고 왜 그다지 갑갑하고 괴로운가요. 아마도 가슴이 괴
롭다는 것은 그런 건가 봐요. 숨이 꽉 막힐 것 같고 갑갑해 못 견디겠고 눈
물이 꽉 차 용솟음을 치는대로 한 방울 흘어지지도 않는 아무 까닭을 따져
볼 수도 없는 그러한 가슴이었어요.
　"아주머니, 저는 그림은 전혀 문외한이랍니다. 아주 몰라요. 그래도 시
(詩)나 시조 같은 것이나 소설 같은 건 조금 읽기도 했어요."
하고 소년은 그의 어깨 위에 놓여 있는 내 손을 들어다 제 무릎 위에 놓고
쓰다듬으며 말을 끄집어 냈습니다. 나는 자다가 깨인 것처럼 어리둥절하며
석주에게,
　"너는 무엇을 좋아하니?"
하고 물었지요.

"나? 나는 엄마의 아들이니까 그림이 좋다고 할까?……."

석주는 아주 어리광을 피우며 웃어대는 것이었어요. 나는 잠잠히 앉았다가 소년에게 민망하여,

"그러면 지금까지 읽은 소설 중에서 무엇이 제일 좋았어요?"
하고 물어봤습니다.

"좋은 건 하도 많으니까…… 그래도 나는 도스토예프스키의 죄(罪)와 벌(罰)의 타스코리니코프만큼 감명 깊은 주인공은 없었어요. 그리고 시조로는 누구보다 로산의 것이 제일이었어요."
라고 그는 제법 나이 든 사나이같이 이야기하는 것이었어요.

"아주머니, 제가 하나 외울 테니 들어 보세요. 석주도 들어요."

"윗가지 꽃봉오리 아랫가지 낙화(洛花)로다. 한날에 붙은 것이 성표(盛表)어이 이러하니 꽃 아래 섞인 노유(老幼)야 일러 무엇 하리요. 어떠십니까."

소년은 내 얼굴을 쳐다보는 것이었어요. 나는 하마터면 눈물이 떨어질 뻔한 것을 꿀꺽 삼키며

"석주야 너 그 뜻 아느냐."
고 괜히 필요 이상의 큰 소리를 질렀어요. 소년은 아무 말 없이 앉은 채로 나를 바라보며 묵묵히 앉았지요. 석주는 벌떡 일어나 종이와 연필을 찾아가지고 와서

"여기 써 주세요."
라고 졸랐습니다. 소년은 선뜻 연필을 들고 엎드렸다가 한 팔을 내 무릎에 걸치며 내 팔은 제 가슴아래 깔며 종이에다가 쓰기 시작하였어요. 나는 연필 끝이 굴러가는 자리를 쫓고 있었지요. 그 시조를 다 쓰고 나더니 또 하나 쓴다고 하며 제목은

"할미꽃이에요."
라고 전제를 두고 난 후

"겉 보고 늙다 마소. 속으로 붉은 것이 해마다 봄바람에 타는 한 끄지 못해 수심에 숙이신 고개 알 이 없어 하노라."
라고 쓰고 나더니 연필을 잡은 채 그대로 종이를 덮어 이마를 내려놓으며 길게 한숨지었어요. 나는 잠잠히 그의 뒤통수를 내려다보다가 무심한 듯,

"어디 봅시다."
하고 그의 이마 밑에서 그 종이를 뺏으려 했지요. 그랬더니 그는 제 가슴에 깔리운 내 무릎을 꼭 껴안으며,

"용서하세요."

라고 하였어요. 나는 무엇이라고 해야 옳을까요! 나는 바보인양 하하 웃었답니다. 그리고 얼른 석주에게,

"자 - 너 그 종이 빼앗아라. 내 거들어 줄 테니!"

하고 소년의 양편 목으로 손을 넣어 그의 상체를 껴안듯 일으켰지요. 석주는 재미있는 듯 깔깔 웃으며 얼른 종이를 빼들고 바쁘게 읽기 시작하고 소년은 또 한번 긴 한숨을 쉬고는 벌떡 일어나 앉았어요.

"어디 나 좀 읽어보자."

나는 석주와 머리를 한 데 대고 다시 그 노래를 읽습니다. 소년은 잠깐 바라보더니 나의 어깨에다 머리를 얹어 놓으며,

"이건 어떻습니까! 어젯밤에 외운 것이랍니다."

하며 종이를 치켜 들었어요.

"이름 잊자 취한다니 못 믿을 말이로다. 잊으려 잊을진데 님 여원다고 슬플 것인가. 낙엽(落葉)이 어지러운 밤은 더 못 잊어 하노라."

나는 소리를 내어 읽었어요. 그리고 잠잠히 우리 셋은 나를 가운데 두고 서로 말을 늘어대고 다시 읽고 또 한번 바라고 하였답니다. 어느덧 내 뺨에는 눈물이 흘러내리고 석주는 종이를 펴서 들고 저 혼자 엎드려 읽고 있으며 소년은 내 손을 힘껏 쥐며 내 뺨에 흐르는 눈물을 제 뺨에 받으며,

"울면 싫어! 용서하세요."

라고 무엇을 사죄하는지 초조함을 못 참는 듯 하였습니다. 나는 얼른 눈물을 씻고,

"벌써 저런 시조의 뜻을 알아?"

하고 생도를 꾸중하려는 늙은 선생님같이 물었어요.

"모릅니다. 몰라요. 그저 좋은 것 같았을 뿐입니다. 공연히 썼지! 다시는 쓰지 않을 터입니다. 잘못했어요. 용서하세요."

소년은 또 용서하라고 사죄합니다.

"무엇을 용서하랴! 소년아 네가 나를 용서해라. 내 마음이 죄에 가득하였다."

라고 나는 혼자 가슴속으로 되씹어 보았답니다. 그리고 내 마음이 더 죄 된 생각이 들기 전에 오늘에라도 성규 씨를 찾아가 약혼을 허락해 버려야겠고도 생각했어요. 물론 내가 왜 눈물을 흘렸는지 그리고 소년은 그 시조를 무슨 의미로서 보임일까? 단순히 좋은 시조이니까 써 보았음이라 하자. 그리고 그는 감격하면 내 뺨에 기대고 내 무릎을 앉고…… 모다가 소년은 어머니도 누나도 없는 고독한 생활이었다. 그러니 나를 어머니에게 만족하여 보지 못한 사랑을 찾는 것이다. 나 역시 무슨 별다른 의미가 있었으랴! 공연

히 경계하고 공연히 소년의 감정에 내 스스로 감격하고 이유 없이 눈물이
난 것이다. 이제 두 사람의 가슴속을 예리한 메스로 해부하고 싶지 않다.
얼토당토않은 연정(戀情)으로 이렇듯 감격하여 지는 건 아니다, 아니다! 라
고 나는 이를 갈 듯 입을 꼭 다물었답니다. 그리고 나는 벌떡 일어서며 소
관이 있다고 핑계를 댄 후 외출할 준비를 하였답니다. 두 소년은 일제히 손
뼉을 치며,
 "어딜 가세요. 우리도 따라가요!"
라고 합니다. 나는 무서운 표정을 지으며
 "안돼! 멀리 간단다."
라고 딱 거절을 했지요. 그리고
 "둘이서 놀아요!"
하고 방을 나와 버렸지요. 그랬더니 두 소년은 서로 눈으로 무엇이라 의논
하는 것 같더니 "어서 다녀오세요. 오실 때 맛있는 것 사 가지고 오세
요." 라고 합니다.
 나는 무서운 가슴을 안고 집을 나서기는 했으나 갈 길이 없어 잠깐 망설인
후 어딘지 막 걸어갔습니다. 얼마를 걸었는지 내 몸은 본정통 거리에 있었
습니다. 나는 발끝으로 보도를 힘껏 차 던지고 휙 돌아서 남편이 살았을 때
한번 가 본 적이 있는 ××라는 정결한 레스토랑을 생각하고 그리고 발을
옮겨갔습니다. 벌써 점심시간이 지난 때이기는 하나 식당 안은 반 이상 사
람이 차 있었으므로 나는 한 옆에 가 힘없이 주저앉았지요. 그리고 두어 가
지 요리를 시킨 후 가만히 머리를 두 팔에 의지하여 하염없이 앉아 있었답
니다. 될 수 있는 대로 죽은 남편과 그 곳에 왔던 때를 생각해 보려고 했습
니다. 웬일일까요. 그대 내 눈앞에는 천진스런 석주의 웃는 얼굴과 함께 나
에게 애원하듯 호소하듯 원망하듯 애틋한 얼굴로 물끄러미 바라보는 소년의
얼굴이 나를 괴롭게 할 뿐이었습니다. 나는 머리를 흔들고 눈을 감고 소년
의 환영을 털어버리려 애썼답니다. 내 앞에 갖다 놓은 요리그릇 소리에 바
짝 정신이 나므로 간신히 포크를 잡았으나 하나도 입으로 가져가기가 싫었
습니다. 두 소년은 점심을 어떻게 하는가…… 나는 그 염려에 잠시도 그대
로 앉아있을 수가 없어 그대로 벌떡 일어섰지요. "아하하!"
 바로 내 등 뒤에서 들리는 웃음소리에 나는 두 자루의 총에 맞은 듯하여
얼른 돌아보지도 못하고 서 있었습니다.
 "어머니!"
 "아주머니!"
 아! 아! 두 소년이 그 자리에 나타날 줄 내 어떻게 알았겠어요. 나는 천천

히 그들을 바라봤어요. 애원하듯 원망하듯 호소하듯 입을 다물고 나를 바라보는 그 소년의 얼굴! 나는 나도 모르게 고개를 숙였습니다. 천신만고로 금강산 비로봉 위에 올라서던 그 순간에 마음과 몸이 함께 무한한 청정(淸淨) 앞에 무릎을 꿇던 그 순간과도 같은 감격이랄까요! 아니 그 비로봉 상상봉 위에서 자연의 극치의 미를 두 발 아래 내려 누르고 서 있는 하나의 인물! 그것을 그리려던 나! 오오! 나는 그 소년의 그때의 그 얼굴을 잊을 수 없었습니다. 그 얼굴! 그 얼굴! 내 오래오래 이상하여 오던 찾아 헤매던 그 얼굴 보세요! 나는 가슴이 떨리고 음성이 벙어리같이 나오지 않았답니다.

"누구를 기다리십니까? 방해되면 우리는 갈게요."

이윽고 소년은 입을 열며 나에게 다가서서 내 한 팔을 잡아 금방 쓰러질 듯한 내 몸을 지탱해 주었습니다.

"…………."

나는 머리를 간신히 흔들었지요.

"누구를 기다리시면 상관 있어요. 오거든 우리는 가버리지…… 어머니 그렇지? 우리는 어머니 뒤를 이제껏 쫓아다니며 벌써부터 어머니 뒤에 서 있었지 뭐……."

석주는 걸터앉으며 떠들어 댔지요. 나는 잠잠히 다시 앉으며 소년에게도 앉으라고 하였지요. 그리고 다시 요리를 명하였더랍니다.

"흐흥!"

소년은 고개를 숙이고 무엇을 생각하는지 수많은 철학자와 같이 많이 한 많은 시인과도 같이 혼자 잠잠히 고개를 끄덕이며,

"흐응 - 흐 -."

하는 탄성(歎聲)을 내뿜고 있습니다. 그 태도는 너무나 소년답지 않았습니다. 그는 벌써 내 가슴속을 훤히 다 들어다보고 있는 것 같았습니다.

"흐음 - "

하는 그 탄성은 진리를 탐구하는 철학자가 때때로 스스로 긍정하는 그러한 종류입니다. 나는 소년의 그 탄성을 들을 수가 없었답니다. 너무나 내 속을 뚫고 들어오는 것 같았어요. 겨우 식사를 마치고 그 집을 나서자 소년은 발을 멈추고 지나는 택시를 세운 후

"타세요."

하고 명령같이 말하였습니다. 나와 석주는 로봇같이 아무 말 없이 올라 앉았습니다. 그는 내 옆에 앉으며

"한강으로 - ."

라고 명합니다. 석주는 좋아라고 손뼉을 쳤으나 나는 이 뜻하지 않은 소년

의 태도에 어리둥절하였습니다. 그러나 소년은 조금도 움직임 없이 깊은 생각에 잠긴 양 팔짱을 끼고 무릎만 내려다보고 있었습니다. 나는 몸에 소름이 쫙 끼쳤어요.

"자동차를 돌려주세요. ××동으로."

라고 나는 참다못하여 운전수에게 말했습니다. 그러나 소년은 잠잠히 그대로 앉아있었어요. 그 길로 우리 집까지 셋이 함께 돌아오게 되었답니다. 나는 옷을 갈아입지도 않고 그림을 그리려는 듯이 서둘기도 하고 안방으로도 건너가고 석주에게 쓸데없이 설교도 하고 점잖은 어머니답게 서둘렀지요. 석양이 되어 석주와 함께 소년은 돌아갔습니다. 나는 그 자리에서 더 참을 수가 없었습니다. 나는 금방 뛰어나가 소년의 뒤를 따르고 싶었습니다. 내 방에 들어가니 넓은 사막에나 간 것 같이 공허하고 애끊었어요. 나는 내 마음을 꾸중하며 손가방에 행장을 수습하여 어머니께 허락을 받은 후 그 자리에서 집을 떠났습니다. 떠날 때는 금강산이나 바다로 멀리멀리 가보려고 생각했던 거랍니다. 그러나 내 손에 쥐인 차표는 불과 서울을 백리 남짓 떠난 ×× 가는 것이었습니다. 나는 그 날 밤에 ××역에서 ×× 산꼭지에 있는 조그마한 절을 찾아 험한 산길을 무서운 줄도 모르고 올라갔습니다. 그 조그마한 암자에 당도하였을 때는 벌써 열 시가 넘었으나 단 혼자 있는 늙은 여승은 반갑게 맞아주고 따뜻한 저녁까지 지어주셨습니다. 그리하여 나는 그 밤을 꼬박 여승 앞에서 새우고 이튿날 새벽부터 그 산꼭지를 헤매기 시작했습니다. 육체의 피로로 말미암아 정신의 괴로움을 잊으려는 뜻이었어요.

"돌길이 좁고 험해 홀몸도 어려워 늘 무거운 세상시름 지고 안고 무삼 일고."

하는 시조 생각이 문득 나며 내 가슴은 아팠습니다. 보세요. 이상합니다. 내가 그때까지 그렇게 괴로워해 본 적이라곤 없었답니다. 공연히 이유도 없는 그 괴로움. 다만 소년의 그 얼굴 그 얼굴이 내 눈에 떠오르면 내 가슴은 괴롭습니다. 답답하고 서럽고, 기쁜 듯 애끊는 듯 합니다. 이게 웬일일까요. 소년을 그리는 연정(戀情)이라고는 부디 생각지 마세요. 나는 연정이라는 머리 속에 잠시라도 생각해보기 불쾌합니다. 그 얼굴 눈앞에 그리며 가슴 괴로움 그것뿐입니다. 그 심리를 예리한 메스로는 부디 해부하려 마세요. 나는 그 날 해가지고 어둡게 저물어들 적에 그만 가슴에 애가 똑똑 끊어지는 듯 했습니다. 목구멍이 꽉 막히는 듯도 했어요. 산꼭지 바위에 기대섰다가 나는 발을 탁탁 굴렀어요. 아! 못 견딜 일이었어요. 참을 수가 없었어요. 무엇을 못 견뎠으며 무엇을 못 참아 그다지 애끊는지 난 모릅니다.

그 소년의 얼굴을 보고 싶어 그런 것도 아니었어요. 그렇지 않고 또 다른 의미로 소년과 한 자리에 있기를 원하는 마음도 아니었어요. 다만 눈앞에서 나를 바라보는 그 소년의 환영을 바라보며 나는 발을 구르고 가슴을 쥐어뜯고 머리를 부딪치고 못 견뎌해야만 되는 것 같았어요. 왜 웃으십니까? 당신은 내가 오랜 독신생활을 계속 해 온 까닭에…… 라고 생각하십니까? 아! 아니꼬워! 제발 그렇게 생각하지 말아주세요. 됩니다. 나는 소년을 머리에 그린 채 이성적 무슨 흥분을 상상해 보지 못했습니다. 다만 그의 얼굴을 내 눈앞에 그리며 내 가슴이 괴로울 따름입니다. 아니 괴로움이란 말로서 표현할 수 없는 단순히 괴롭다고만 표현할 수 없는 기묘한 마음의 동요입니다. 그러나 나는 참았답니다. 잔인한 악마같이 나는 내 마음의 그 안타까워 못 견뎌 하는 양을 꾹 누르고 있었던 거랍니다. 그렇게 또 하루가 지났습니다. 나는 그 산중에서 내 몸과 혼이 고갈되어 티끌같이 흩어지는 한이 있더라도 내 가슴이 평온해지기 전에는 세상밖에 나가지 않을 결심이었습니다. 산채를 반찬삼아 점심을 먹은 후 나는 또다시 육체의 피로를 씻기 위하여 산속으로 들어갔습니다. 이리저리 계곡을 끼고 돌뿌리에 쉬어가서 새소리도 듣고 바람결에 위로도 받으며 작고 그늘진 바위 위에 걸터앉아 계곡물소리에 귀를 기울이며 한결같이 소년의 얼굴을 눈앞에 그려보고 있었습니다. 벌써 이 산중에 온지가 사흘이나 되었고 그만치 종일 헤매고 돌아다녔으니 몸의 피로는 비할 때가 없었습니다. 그러나 몸이 너무 피로하면 생각할 틈이 없으리라고 연상하였던 것은 틀린 생각이었나 봐요. 내 가슴은 조금도 변함없이 안타깝고 내 마음의 안심은 까마득하게 얻기 어려웠습니다. 나는 혀를 차고 고달픈 몸을 일으켜 차라리 절에 돌아가 편히 누워보려고 생각했습니다. 두어 걸음 암자를 향해 들어오는 내 눈에 그 커다란 참나무가지 사이에 그 소년의 얼굴이 있었습니다. 나는 물끄러미 바라보며 눈을 감았다 떴다 하며 걸어갔습니다. 내 눈앞에 나타난 그 환영에 나는 한걸음 한걸음 가까이 가는 것이었어요. 그랬더니 아!

"아주머니!"

그 참나무 가지 사이에서 나를 바라보던 그 소년의 환영이 나에게 달려오며 소리치지 않았겠습니까? 그 순간 나는 내 정신의 착각에 두 귀가 꽉 막히는 듯 하였어요. 나는 내가 정신 이상에 걸렸구나! 하고 가슴속으로 외쳤답니다.

"아주머니 왜 여기 오셨어요. 제가 얼마나 찾았는데!"

소년은 내 어깨를 훨싸 안으며 내 뺨에 무수히 입맞추었습니다.

"나는 아주머니가 어디로 가신다 하여 미친 듯이 매었지요. 그랬더니 오늘 아침 석주 군이 아주머니가 이리로 가 계신다는 엽서를 보여주었지요.”

소년은 나를 어린아이 만지듯 이리저리 돌려보며 흔들어보고, 따로 세워보고 안아도 보고 입 맞추어도 보고 하는 것이었습니다. 내가 이 산으로 올 때 이 산 앞 정거장에서 아무에게도 가르쳐 주지 말라고 한 후 그곳에 와 있다는 간단한 엽서를 집으로 보냈더니 석주가 그 엽서를 가져다 그 소년을 보여준 것인 줄 깨달았습니다. 나는 내 스스로의 가슴속을 좌우할 수 없어 묵묵히 서 있었답니다.

“나는 다 알아 글쎄, 아주머니. 나는 다 안다니까요! 내가 미워서 이리로 숨으셨지 뭐 내가 미워서…….”

소년은 그러면서도 그 두 눈에 기쁜 빛이 가득해 있었답니다. 나는 무엇이라고 하나요? 잠잠하고 서 있었지요! 그 소년의 머리를 내 가슴에 한껏 껴안아버리고 싶은 것을 참았답니다. 장승같이 멀거니 참았답니다.

“아이 저것 보세요. 아주머니 저것 봐요.”

소년은 내 얼굴을 두 손 사이에 넣어 치켜들어 나무 위를 보여줍니다. 나뭇가지에 이름 없는 두 마리 새가 정답게 지저귀며 가지런히 앉아 있습니다. 우리는 모든 것을 잊고 모든 것을 다 잊어버리고 꼭 껴안았답니다. 서로 뺨을 한데 대고……. 그리고 우리는 그대로 얼마를 서 있었는지 해님은 숨어버리고 석양의 붉은 노을이 아! 석양의 붉은 노을이 나뭇가지 사이로 찬란하게 우리를 비춰 주었어요. 꼭 지금 저 노을과 같이 몹시도 아름다웠답니다. 우리는 감격에 떨리는 가슴을 제각각 부여안고 마주 손을 잡은 후 암자로 돌아왔답니다. “나는 가야 되요. 형님이 기다리세요.”

소년은 애처로운 얼굴로 일어섰습니다. 정거장까지 십리가 넘는데 어떻게 돌아갈까…… 나는 가슴이 어두워졌답니다. 그러나 그를 붙들 수가 없었답니다. 그는 어두운 산길을 쾌활하게 웃어보이며 내려가 버렸어요……. 나는 참을 수 없어 방 한가운데 우뚝 서 있었습니다. 얼마를 서 있었는지 내 눈에서 눈물이 얼마나 흘러내렸는지 나는 소리도 없이 울었답니다. 무엇을 위해 울었는지 모릅니다. 묻지 말으세요. 그 밤은 어떻게 세웠는지 그 이튿날 아침이 되었어요. 나는 산으로 헤맬 것도 잊어버리고 여승의 염려하는 얼굴을 무감각하게 바라보며 오정(午正) 가까이 그러고 앉아있었답니다.

“아주머니…….”

아! 소년은 또 왔던 거랍니다. 그는 방 안에 들어오지도 않고

“아주머니 나는 곧 가야 되요. 오후에 형님과 할 일이 있답니다. 한 시 오 분에 떠나는 기차를 타고 돌아가야 한답니다.”

소년의 얼굴은 밝은 태양같이 빛났습니다.

"아 — 아!"

그는 기쁨을 못 참아 하였습니다.

"아주머니 손 한번 쥐어주세요. 곧 갈테니."

소년은 창턱으로 두 손을 내 앞으로 내밀었습니다. 나는 몹시 노한 얼굴을 지었습니다. "왜 왔어? 이 먼 데 산길을 십리 밖에서 왔어. 곧 돌아갈 것 왜 왔어요?"

라고 꾸짖었답니다. 그때 내 마음속을 이해하십니까?

"그래도! 그래도 왔지 뭐. 곧 갈테니 노하시지 말으세요."

소년은 원망스럽게 나를 바라봅니다. 나는 와락 그의 앞으로 달려가 그의 얼굴을 얼싸 안았답니다.

"노한 것이 아니야. 공연히 어제 오고 오늘 또 왔어. 또 급히 돌아가고 하면 병날 것이니까…… 응? 앞으로는 절대로 오지 말아요, 오면 안돼."

라고 달래듯 타일렀지요.

"응! 안 올테야. 정거장에서 삼십 분 걸었답니다. 막 달음박질 쳤지요. 형님은 어디 가느냐고 야단이었지만…… 대답도 하지 않고 튀어나왔어요."

소년은 웃으며 이야기하는 것이었습니다.

"아이 시간도! 가야 되겠네!"

한번 발길로 땅바닥을 차고 난 후

"아주머니 나는 참을 수 없어요. 내일 또 올지 모른답니다."

하는 말을 남기고 휙 돌아섰습니다. 나는 벌떡 일어나 밖으로 내달으며 그의 뒤를 따랐습니다. 그러나 소년은 돌아보지도 않고 막 달음질을 쳐 내려갑니다. 험한 산길을 날쌘 맹호같이 이리 뛰고 저리 뛰며 몸을 날려 잠시간에 산모퉁이 저쪽으로 사라져가고 말았습니다. 나는 꿈 같았습니다. 그러나 내 몸에는 소름이 끼쳐요. 지금까지 그처럼 온순하고 정직하던 소년이 행여나 제 형에게 거짓말하는 것을 생각해 내지 않을까? 하는 여러 가지의 소년에게 좋지 못한 영향이 되지나 않을까? 하고 나는 깊이 생각하였더랍니다. 그 이튿날 나는 행여나 또 소년이 올까 두려워 아니, 그가 옴으로 말미암아 내 감정이 무패도로 좆을까 두려워 아침을 먹은 후 얼른 방 안을 치워놓고 여승에게 소년이 오거든 지난밤에 집으로 돌아갔다가 말하도록 부탁한 후 산속으로 숨어 들어갔더랍니다. 아! 나는 여승, 부처님께 몸을 바친 그 성스런 일생을 가진 여승에게 거짓말을 가르쳤더랍니다. 나는 괴로운 가슴을 안고 깊숙한 바위 틈에 끼어 앉아 해지기를 기다렸답니다. 새들은 나를 나무둥치로 알았는지 내 곁으로 날아가며 몹시도 울부짖었어요. 나는 수도하는 성자같이 그대로 앉아 있었답니다. 하루 동안이란 길기도 하고 지나고

보니 짧기도 하여 어느 덧 선뜻한 기운이 스며드는 것을 보아 석양이 가까
웠음을 알았습니다.

"아주머니……."

"아주머니……."

산곡을 울리려 날 부르는 소리가 화살같이 내 두 귀에 날아와 꽂힙니다.
나는 내 스스로 참는 그 중에 참았다는 승리감에 잠겨 있었던 터입니다. 나
는 대답 대신 몸을 굽혀 바위 그림자에 숨어버렸습니다.

"아주머니……."

그 부르는 소리에 내 뼈는 자르륵 자르륵 무너지는 듯 하였답니다. 그러나
입술을 꼭 깨물고 두 귀를 꼭 막았습니다.

"아주머니……."

"아주머니 왜 이러고 계세요?"

소년의 음성이 내 귓결에 닿았습니다.

"아주머니……."

소년은 불길한 예감이 엄습했는지 와락 내 어깨를 안아 일으켰습니다.

"아주머니……."

한없이 흘러내린 내 눈물을 소년은 내려다보며 고함쳐 불렀습니다. 나는
숨을 쉬지 않고 그대로 질식하여 숨을 끊어버릴 결심이었답니다.

"아주머니 싫어. 난 다 알아요. 내 말을 아주머니께 꼭 할 말이 있어요.
내 말을 들으세요. 네!"

안타깝게 내 가슴을 뒤흔들었답니다. 나는 그의 두 팔을 뿌리치고 일어섰
습니다.

"왜 왔어! 나는 고요히 생각할 일이 있어 이러고 있는 거야!"

하고 몹시 성을 내며 눈물을 되는대로 훔쳤습니다.

"아주머니 맘대로 하시지 말아요. 나는 어립니다. 아직 어린아이에요. 그
러나 남자랍니다. 사나이에요."

소년의 음성은 떨렸습니다. 나는 참을 수가 정말 없었답니다.

"정규! 내 말 들어요. 나를 괴롭게 말아. 이러고 나를 찾아다니면 당신의
장래가 어떻게 되는 거에요. 나를 찾아와도 좋은 건 배울 것 없고 나쁜 것
만 알게 되는 거니까 다시는 나를 찾지 말아……."

라고 겨우 이렇게 타이르듯 했지요.

"아주머니, 내 나이는 어린애지만 나도 사나이에요. 내가 해서 좋고 그른
것을 모를 내가 아니랍니다. 아무리 남을 나쁜 구렁으로 밀어 넣어도 나는
빠지지 않을 자신이 있답니다. 그리고 아주머니께 좋지 못한 것을 배운다고

하시지마는 나는 세상에 악한 것이나 선한 것이나 모조리 있는대로 다 알고 다 배우겠어요. 내 나이 어려서 악한 영향이 될까는 두려워 마세요. 나도 어느 때까지 어린애로만 있을게 아닙니다. 어느 때 누구에게서든지 배우고야 말 것이니까 형님이 나를 불량해질까 염려하실지 모르나 나는 우스워요. 모든 것은 내가 착한 사람이 되고 안 되는데 있으니까 아주머니 까닭에 착하게 될 내가 악하게 될 리 없습니다."

소년은 어른 같은 어조였습니다. 나는 잠잠하고 들었어요. 과연 소년은 제 말과 같이 한 개의 자아를 파악한 성인(成人)이었어요.

"여승님이 아주머니가 집으로 돌아가셨다고 하지마는 나의 이 육감이 번쩍하여 그는 노력 분투할 것 같았습니다. 그 이튿날 오정 때쯤 하여 그는 또 왔습니다."

그의 얼굴은 수척하고 전신에 기운이 빠진 듯 하였습니다. 내 얼굴을 바라보자 그는 달려와 기쁘게 웃고 즐거운 새소리를 들으면 내 손을 잡아 흔들고 서늘한 바람이 불어오면 내 뺨에 기대이며 철없는 듯 우리는 웃고 이야기하고 시간을 보냈습니다. 우리는 무척 즐거웠습니다. 괴로워할 것도 염려할 것도 아무것도 없었어요. 내가 무엇을 그다지 괴로워했는지 알 수 없었답니다. 우리는 다만 그러고 있기만 하면 그만입니다. 그 외에 다른 아무 욕망이 없었어요. 그는 어린아이처럼 되려고 애쓰고 왜 나는 늙은 어른같이 보이려 애쓰고 그러면서도 모든 것을 잊고 함께 감격하는 이야기가 나올 때는 서로 뺨을 기대이고 하였답니다. 즐거운 시간이었습니다. 내가 나이 많은 것을 잊고 그가 어린애처럼 보이려 애쓰지 않는 그런 순간이 올 것만 같아 나는 가슴을 괴롭게 하기 아무래도 이 산 속에 계실 것만 같아서요. 오정 때부터 지금까지 이 산 속을 모조리 헤맸답니다. 소년은 제 할말을 다 했다는 듯 웃는 얼굴로 나를 이끌어 암자로 돌아왔습니다. 벌써 시계는 여섯 시입니다. 일곱 시에 떠나는 기차를 타야 될 소년입니다. 소년은 잠깐 몸을 쉰 후 일어섰습니다.

"아주머니…… 정말 울지 말고 계세요. 내일 또 올 것입니다. 나 때문에…… 아주머니 죄송합니다. 용서하세요."

소년은 표연히 이 말을 남기고 떠나갔습니다. 그는 점심도 굶고 온 산을 헤매이다가 이제도 걸어갑니다. 그러나 그의 얼굴에는 괴로운 빛이 없었어요. 몇 분 동안이나마 나의 얼굴을 마주볼 수 있다면 어떠한 고초와 장애라도 걷어차겠으며 얼마나 한 오랜 괴로움이라도 우리 둘이 함께할 단 일분간을 위하여 하였으나 그 각생마저 즐거운 것이었어요. 이렇게 우리는 또 하루를 보내고 난 후 나는 집으로 돌아왔답니다. 돌아오던 그 이튿날 성규 씨에게서 엽서가 왔습니다. 그 엽서에 정규 소년이 앓는 중이니 미안하나 한 번 오셔주시기 바란다는 것이었어요. 나는 마음에 동요를 억제하며 병원에 가 보았습니다. 성규 씨는 반갑게 나를 맞아 이층으로 올라갔어요. 과연 소년은 얼음베개에 누워 앓고 있었습니다. 내 두 다리는 떨리고 가슴은 불덩어리를 먹은 듯 하였습니다.

"아주머니! 아주머니!"

소년은 나를 부릅니다.

"왜 이러오!"

나는 간신히 그의 곁에 가서 앉았습니다. 그리고 소년의 손을 쥐었지요.

"아주머니 염려 마세요. 곧 낫습니다. 형님도 염려마세요. 그저 열이 좀 났을 뿐인데……."

소년은 열심히 그의 형과 나를 안심시키려 했습니다.

"아주머니 미안하지만 내 곁에 있어주세요. 나는 아주머니가 곁에 있으면 곧 나아요."

하고 어리광같이 애원합니다. 나는 고개를 끄덕여 보였습니다. 성규 씨는 나에게 죄송한 듯

"너 그렇게 고집부리지 마라. 아주머니도 몸이 약하신데 어떻게 네 간호를 하시니."

하고 소년을 꾸중합니다. 나는 성규 씨에게 염려 말라고 한 후 소년의 베개도 묻혀주고 이불도 다시 덮어주고 했지요. 소년은 가끔 내 손을 더듬어 쥐고 감격에 찬 한숨을 내쉬며 열 띤 붉은 눈으로 물끄러미 바라보고 하는 것이었습니다. 그 날 밤입니다. 해열제를 먹인 후 주사를 하여 겨우 잠이든 소년의 곁에 앉아 있는 나를 성규 씨는 손짓으로 밖으로 나가기를 청했습니다. 나도 피로하여 잠든 그를 홀로 누워둔 채 성규 씨와 아래 층으로 내려왔습니다. 기막힐 일입니다. 성규 씨는 정규가 나를 그리워하는 것을 단순히 자기를 위하여 다시 말씀하면 성규 씨와 결혼하게 하려고 하는 어린 수단으로 여기는 모양이었습니다. 나는 뭐라고 말할 수 없었답니다. 그리고 그 자리에서 그와 결혼할 것을 허락했던 거랍니다. 내가 성규 씨와 결혼하게 되는 날 나와 소년은 완전히 구원을 받을 것으로 생각된 까닭입니다. 나와 소년은 어느 때라도 한 집에 살 수 있고 서로 사랑할 수 있고 그러면 양심에 죄 있는 생각이나 잡념이 없이 순수한 육친적 사랑에 잠길 수 있으리라고 나는 생각했던 거랍니다. 소년도 얼마나 기뻐하랴! 언제든지 나와 한 집에 있게 될 터이니까. 나는 무척 기뻤습니다. 물론 성규 씨도 기뻐했어요. 소년은 그 이튿날 오후부터 열이 내리기 시작하여 사흘째 되는 아침에

는 완전히 일어나게 되었습니다. 나는 그 날 점심을 두 형제와 함께 먹고 집으로 돌아왔습니다. 다 돌아와서 막 옷을 벗으려는데 소년이 뒤쫓아 와 몇 번이나 감사하다는 인사를 한 후,

"아주머니 꼭 제가 드릴 말이 있어요."

라 하였습니다.

"무슨 말?"

나는 태연하게 반문했지요.

"내가 말하지 않아도 아시겠지……."

소년은 얼굴을 붉히는 것이었습니다.

"말해야 알지 나는 당신만큼 영리하지 못해서 모르겠어요."

라고 하였습니다.

"싫어요. 아시겠지 뭐! 알아주셔야 해요."

소년은 부끄러운 듯 내 어깨에다 이마를 문질렀습니다.

"할 말은 무슨 할 말이야. 다 그만두고 집으로 돌아가 편히 누워 계세요. 또 앓으면 안 돼!"

나는 웃어 보였답니다. 소년은 이윽고 내 방에 뒹굴며 즐거운 듯 책들을 펼쳐보며 놀다가 돌아갔습니다. 나는 그 날 밤 가슴이 갑갑하여 견딜 수가 없었습니다. 아무리 풀어도 풀 수 없는 산술문제와도 같이 성규 씨와 나의 결혼이 이 갑갑한 가슴의 열쇠가 되지 못하는 것만 같았어요. 그러나 나는 무리로라도 하나에 하나를 보탠 것이 셋이라는 답이 나와도 그것을 그대로 옳다고만 하려고 애쓰며 그 날과 또 이튿날을 보냈던 것입니다. 이 날 성규 씨가 찾아왔습니다. 결혼 청첩을 인쇄해 가지고 온 것이었어요. 나에게 백여 장 갈라놓은 후

"아는 분에게 보내세요. 나는 제일 먼저 정규에게 한 장 보낼 터입니다."

라고 하였어요. 그는 아우에게 자기의 결혼을 알리기 부끄러워 그대로 숨긴 채 였던가 봐요. 그는 기쁜 듯 여러 가지 결혼에 대해서와 결혼 후에 대하여 이야기한 후 돌아갔습니다. 나는 몹시 슬펐습니다. 기뻐야 할 결혼을 앞에 두고 왜 그렇게 슬펐을까…… 긍정하려느냐! 하는 괴로움에 가슴은 찢어졌답니다. 아! 나는 그만 벌떡 일어나 성규 씨가 두고 간 그 청첩장을 온 방 안에 힘껏 내뿌리고 말았습니다. 그리고 그 위에 엎드려서 실컷 울었지요. 울다가 일어나니 아아! 그 소년이 창백한 얼굴로 손에 그 청첩장 한 장을 구겨 쥐고 벌벌 떨면서 있지 않습니까! 나는 얼른 눈물을 닦고 바쁘게 웃는 얼굴을 지었답니다. 그리고

"기뻐해 주겠지요? 이제는 실컷! 아니 한 집에 살 수 있지 않아?"
하고 말했습니다. 내 가슴은……아니 당신께서도 상상하실 수 있으십니까? 나는 모순이라고 비웃으십니까? 결국 소년에게 아니 우리는 연애를 하였던 것이라고 보십니까? 아! 아! 아니랍니다. 나는 소년과 결혼한다고 치더라도 기뻐할 리 없습니다. 나는 일후라도 그런 꿈을 생각하지 않았어요. 그저 슬펐던 거랍니다. 소년은 입술을 깨물더니 나를 뚫어지게 바라보았어요. 그리고는 힘없이 주저앉더니 후! 한숨을 내쉰 후

"흐응 - 흐응!"
하고 그의 버릇인 그 탄성을 내며 이윽고 고개를 숙이고 앉아 있었습니다.
"아주머니…… 용서하세요."
"흐음 - !"
그는 이윽고 고개를 내려뜨리고 있다가 벌떡 일어서서
"아주머니, 나 때문에 사랑하지도 않는 형님과 결혼하시렵니까? 나는 잘 알겠어요. 나는 아주머니를 잘 압니다."
라고 부르짖듯 외쳤습니다. 나는 그대로 무표정한 얼굴로 꼭 서 있었습니다.
"아주머니……."
소년은 두 번 더 부르지 못하고 그 자리에 넘어질 뻔하다가 겨우 일어서서 밖으로 나가 버렸습니다. 나는 멍하니 선 채 아무 생각도 나지 않고 괴롭지도 서럽지도 답답하지도 않은 무상무념의 상태였습니다. 그 후 소년의 자취는 사라졌습니다. 나는 그대로 감각을 잃은 사람처럼 날을 보냈습니다. 그러자 결혼식 날이 다가왔어요. 그 전날 밤을 꼬박이 방 가운데 선 채 새우고 난 나는 날이 새자 대문 밖으로 나오고 싶은 충동에 못이겨 대문을 나섰습니다. 바로 대문 밖은 좁은 길이었고 그 길에 평행하게 개천이 흐릅니다. 그 개천을 나는 내려다 보았습니다. 그 못에 물이 깊다면 나는 금방 뛰어들고 싶었어요. 그러나 높기만 하고 물은 조금씩 흐르고 있을 뿐이었어요. 나는 이윽고 개천 둑에 서 있었습니다. 가슴이 지극히 평온한 것 같았습니다.
"아주머니……"
나는 고개를 번쩍 들었지요. 아 - 나를 부르는 그 음성…… 나는 개천 저편 둑에서 나를 향해 걸어오는 소년을 바라보자
"아 - ."
소리를 치고 앞으로 내달렸어요. 소년도 두 손을 앞으로 내밀고 내달렸어요. 우리는 그 순간 모든 것을 모든 것을 다 잊었고 다 초월했답니다. 아! 그러나 그 다음 순간 우리 두 몸은 개천 한가운데 떨어져 있었던 거랍니다.

그와 나는 그 순간 우리 사이에 있는 그 개천을 잊어버리고 그 개천 위를 내달렸던 것이었던가 봐요. 우리는 다 함께 까무러쳐서 인사불성에 빠졌던 거랍니다. 그리하여 둘이 함께 구원을 받아 응급치료를 했으나 나는 늑골 한 개를 부러뜨렸고 소년은 가슴에 타박상을 입었으나 별로 상한 데는 없었답니다.”

나는 더 듣고 있을 수 없었다. 그 찬란하던 노을도 이제는 거의 사라지고 어두움이 우리를 감싸오고 있었다. 나는 여인을 바라보았다. 그는 눈을 내려 깔은 채 잠잠히 입을 다물고 있을 뿐이다.

“아 - 하 -.”

나는 길게 한숨을 쉬고 여인을 위로하려 했으나 그는 조금도 움직이지 않음으로 내 가슴은 더욱 갑갑하였다.

“보세요. 이것은 얼마간 간수해서 주세요. 필요를 느낄 때가 있을 것입니다.”

하며 그는 단단히 봉한 봉투 한 개를 나에게 주었다. 나는 말없이 받아들며

“집으로 갑시다. 가서 더 이야기 하세요.”

하고 먼저 일어섰다. 여인은 잠깐 머뭇거리다가 단념한 듯 일어서 내 뒤를 따르는 것이었다. 그 날 밤에 달은 몹시 밝고 서늘하기도 하여 나는 그 여인과 더불어 뜰 가운데 평상을 내놓고 다시 이야기를 계속하였다.

그의 이야기를 들으니 그는 개천에 떨어진 후 그 길로 병원으로 실려가 삼 개월 간이나 입원하여 겨우 기동하게 되자 어느 날 아무도 모르게 병원에서 도망하여 나왔던 것이었다. 물론 병원은 성규의 병원이 아니었다. 정규 소년은 제 몸이 나은 후는 날마다 남의 눈을 피하여 찾아왔으나 여인은 그의 찾아오는 것이 괴로워 달아났던 것이라 하였다. 여인과 나는 그 밤에 좀처럼 잠을 이루지 못한 채로 그가 병원에서 빠져 나온 후 오늘까지 몸을 숨겨 깊은 산골과 인적 없는 벌판을 헤매며 그래도 씻지 못할 괴로움을 씻으려 괴로움과 싸우는 이야기를 하다가 나는 잠이 들어 버렸었다. 얼마를 자다가 나는 문득 잠이 깼다. 달그림자에 베개에 턱을 얹고 하염없이 눈물 짓는 여인의 얼굴을 보았다.

“주무세요.”

하고 나는 위로하듯 말을 건넸다.

“네…….”

여인은 조용히 눈물을 씻고 누웠다.

“보세요. 당신은 왜 그다지 그 귀한 일생을 눈물 속에서 썩혀 버리시렵니까?”

나는 가슴에 가득한 말을 어떻게 무엇이라 표현할 수 없어 이렇게 말해보았다.

"네 - 저 역시 내 삶이 귀한 줄 압니다. 그러기에 자살을 하지 않은 거랍니다. 나는 항상 내손가락 하나를 희생하여 천 사람의 생명을 구할 수 있다 하더라도 선뜻 내어주지 못할 만치 내 몸을 중히 여겼어요. 나는 기어이 재혼을 해야 될 처지였고 그 많은 사나이들의 간절한 구혼이 있어도 그대로 내 고집대로 살아왔어요. 내 스스로가 결혼이 필요할 때까지 나는 누가 뭐라고 말해도 ㄲ떡도 하지 않은 성질이었어요. 그렇지만 그렇지만은 이제는 내 그 귀한 생명을 바쳐서라도 그 소년을 위하려는 거랍니다. 내 마음이 이러한 결심을 하게 되는 날부터 행복했고 위로 받을 수가 있고 해결이 되는 것이었어요. 나는 이유 없는 슬픔에 잠겨 산 속을 헤매다가 문득 느낀 바가 즉 나는 그 소년을 위하여 생명을 던지리라는 것이었어요. 내 괴로움의 실마리는 이 결심으로써 풀어진 거랍니다. 이제는 흐르는 눈물도 행복한 것 같고 괴로운 환영도 나에게 즐거운 듯 합니다. 위로가 되어요."

여인은 길게 한숨을 지었다. 어디서 새벽 닭 우는 소리가 들려오며 내 눈에서 한 줄기 눈물이 흐름을 깨달았다.

김동인
〈주춧돌〉

한바탕 무리매를 친 뒤에, 이 무리매에 대해서도 아무 저항 없이 잠자코 맞고 있는 한 서방에게 더 칠 흥미는 없는지 젊은이들은 그곳에 쓰러져 있는 한 서방을 그대로 버려두고 모두들 우르르 나가버렸다.

나감에 임하여 한 젊은이가 여를 향하여,

"목사님도 가시지요? 저깟 늙은이는 죽으라고 버려두고…….."

하고 같이 가기를 권하였다.

"먼저들 가오. 나는 좀 뒤에…….."

하며 여는 젊은이들만 먼저 돌려보냈다.

이곳은 국제도시 상해. 오늘 우리 한교(韓僑) 한 서방에 대한 사문회(査問會)가 이 빈 빌딩 3층에서 열렸던 것이다.

한 서방은 그 근본은 알 수 없지만 이 상해의 중국인 시가의 한 추녀 끝을 빌어서 노동자 상대로 이발을 해먹는 늙은 한교였다.

그 한 서방이 같은 한교로서 이 상해를 근거로 대규모로 부정 약장사를 하는 사람을 일본 영사관 경찰에 밀고를 하여 그 부정 업자는 일경의 손에 붙들렸다. 이것이 한 서방이 사문받는 죄상이었다.

이곳을 관할하는 중국 경찰에 밀고한다 할지라도 우리 동포의 수치를 외국인에게 알리는 것이니 못할 일이거늘, 하필 우리의 불구 대천의 원수 왜경찰에게 알려서 우리의 수치를 왜인에게 폭로하고 우리 동포를 왜인에게 처벌받게 하고 적잖은 가격의 부정 약품을 왜인에게 몰수당하게 했느냐 하는 데 대하여 젊은이들의 노염이 폭발되어 한 서방을 법조계(法租界) 어떤 빈 빌딩으로 끌어다가 사문을 하고 응징 수단으로 무리매를 친 것이었다.

여는 한 서방과 아무런 인연이나 관계가 없는 사람이지만 같이 늙어가는 처지라 그 늙은 몸이 젊은이들의 억센 주먹과 발길에 맞고 차이고 한 것이 가긍하여 그 매 맞은 자리에 그냥 쓰러져 있는 그에게 한 걸음 발을 뗄 때에 쓰러져 있던 한 서방이 비틀비틀 일어섰다. 그리고 거기 그냥 있는 여를 보고 한 서방 특유의 웃음을 얼굴 전면에 나타냈다.

"허어, 목사…… 그래 목사가 더 좋군. 나 운명할 때 염불이 아니라 기도 올려주려 기다리시우?"

"한 노인, 어디 다친 데나 없으시우?"

"다친 데? 위아래 발바닥까지 모조리 맞았으니, 모두 다쳤지. 그러나 이 몸은(차차 노랫조가 되어가며) 하늘이 주신 쇠 몸뚱이. 내 몸뚱이 때리다가는 때린 주먹이 부서지지. 어어 목사, 나 때린 주먹 앓지 않도록 기도나 드려주우."
하면서 덩실덩실 춤을 추기 시작하였다. 여는, 여의 앞에서 허연 머리카락을 휘날리며 춤추는 한 서방의 모양을 망연히 바라보았다.
부양하는 자손이나 친척도 없이 늙은 몸을 남의 나라에서 외국노동자를 상대로…… 아아, 기박하고 가긍한 신세가 아닌가.
"여보, 한 노인. 왜 하필 왜경에게 밀고하고 욕을 보오?"
한 서방은 춤을 멈추고 여를 향하여 돌아섰다.
"그럼, 어디다 고발하오? 중국 경찰은 벌써 많이 먹은 판이라 고발해야 쓸데없고……."
"우리 사찰 기관."
"아까 나를 친 젊은이들도 모두 (목소리를 낮추면서) 먹었어요, 먹었어요. 목사는 못 자셨소?"
"예끼!"
"허허! 못 자신 모양이군. 그러니 그런 악질 인생이 우리 한교에 있기 때문에 중국인 사이에는 한교 배척심이 날로 자라는구려. 그러나 모두 먹은 판이라 호소무처구려. 그러니까 우리 상전 대일본 경찰에 호소할밖에."
이런 소리를 예사로이 하기 때문에 밀정이라는 혐의를 받아 문초 받은 일도 여러 번 있었지만 밀정의 형적은 없기 때문에 그 문제는 늘 무사하였고, 주책없는 늙은이로 판이 박힌 한 서방이었다.
"여보 목사, 돈 있소? 한참 매를 맞았더니 허기가 나는군. 뭘 좀 먹여주구려."
"시장한데 춤까지 추니 더하지."
"아 참, 춤! 잊었다."
그는 팔을 벌려 다시 덩실덩실.
동시에 그의 입에서는 한 가닥 노래가 울려 나왔다.
"내 몸은 기둥 아래 감추인 주춧돌. 주춧돌 없이는 집이 못돼요."
늙은이답지 않은, 더욱이 시장한 이답지 않은, 웅장한 멜로디였다. 음악에 소양이 있는 어떤 교포가 한 서방의 우연한 노래를 한번 듣고 이는 범물이 아니라고 격찬한 일이 있는 그 웅장한 음성은 이 빈방을 더렁더렁 울렸다.
춤을 추느라고 이편으로 몸을 돌릴 때에 보니 춤추는 그의 늙은 눈에는 눈물이 가득히 괴어 있었다.
"여보, 한 노인. 점심 먹으러 갑시다."
"예, 고마워, 아이구 허기야."
과연 허기가 심한 모양으로 춤을 멈추며 몸의 중심을 잡으려는 듯 비츨비

츨하다가 털썩 주저앉고 말았다.

여는 한 서방을 부축해가지고 그 빌딩을 나왔다.

한 서방의 전신을 아는 사람이 없었다.

그가 이 상해에 온 것은 국내의 삼일운동 직전이었다 한다. 따라서 현재 이곳에 있는 한교는 모두가 거의 이후의 사람이었다.

국내에 삼일사건이 일어나고 많은 망명객이 이 상해로 몰려들어 뒤끓을 동안 한 서방은 처음은 임시정부에 적을 두고 열심히 조국 광복 운동에 활동했다 한다.

그러나 일본의 무력 앞에는 열강도 감히 손을 못 대어 대한 광복운동도 유야무야로 되어가고, 이곳에 모였던 젊은 지사들도 맥이 풀려 조국 광복보다도 구복 문제가 앞서서 조국 광복은 부업쯤으로 돌릴 때쯤부터 한 서방의 생활도 차차 영락되었다. 여가 재호(在滬) 한교의 선교사로 상해에 온 것이 꼭 그때였다.

한 서방은 생활의 근거를 잃은 뒤에는 거의 동냥으로 살아갔다.

옷은 중국 노동자의 낡은 것을 한 벌 사가지고 춘하추동을 물론하고 단벌 옷이었다.

상해의 한교들은 이 한 서방의 생활 모양이 한교의 체면과 위신을 잃게 하다고 구박하여 한 서방은 잠자코 법조계를 떠나서 중국인 거리로 잠입해버렸다.

한 서방은 좀하면 일본 영사관에까지 가서 생활비 보조를 구걸하기가 일쑤였다. 이 때문에 한동안 일본 스파이 혐의도 받은 바가 있었다.

상해의 한교들의 질이 차차 저하되어서 금제품 밀매, 싸움, 절도행위를 하는 사람도 적지 않아 갔다. 그런데 이런 문제 때문에 시비가 생기면 그것이 한 서방의 눈에 뜨이는 한 한 서방은 그리로 달려가서 그 시비의 틈에 끼여들어 마지막에는 자기가 시비를 대(代) 맡아 두들겨 맞고 혹은 경찰 신세까지도 지고 하였다.

이렇게 되매 마음보 곱지 못한 한교는 자기가 범한 범죄도 시세 불리하게 되면 애꿎은 한 서방에게 둘러씌워 한 서방은 남의 죄 때문에 경찰 신세를 진 일도 여러 번이었다.

한 서방은 잠자코 모든 불행한 일을 겪고는 덩실덩실 춤 한번 추고는 잊어버리지만, 그런 범죄의 장본인은 도리어 한 서방은 여사여사한 일(장본인 자기가 행한 일)을 하여서 한교의 체면을 더럽힌다고 한 서방을 욕하였다.

합죽선을 펴들고 '이내 몸은 기둥 아래 감추인 주춧돌' 을 부르며 춤 한

가닥 추면 그에게는 온갖 오뇌나 슬픔이나 아픔이 다 사라지는 듯하였다.
 '미친 늙은이.'
 '주책없는 늙은이.'
 '시비 잘 걸고 도적질도 제법 하는 늙은이.'
 '한교의 체면과 명예를 더럽히는 늙은이.'
이것이 한 서방에 대한 재호 한교의 대명사였다.
그러나 여가 가만히 생각해보면 한 서방은 재호 한교의 명예를 더럽히지 않았다. 도리어 다른 한교들이 행한 협잡이며 사기며 금제품 매매 등 비법 행위를 대 맡아 처벌받은 가련한 희생자였다.

그해 첫여름 우리의 안 박사가 상해에 왔다. 안 박사는 한국이 일본에게 먹힌 이래 30년, 꾸준히 우리 국권 회복 운동에 노력한 우리의 위대한 지도자였다.
박사를 맞아 이곳 기구의 개편 개조 등의 분망한 며칠을 지낸 뒤에 여는 어떤 날 안 박사를 박사의 호텔로 찾았다.
박사께 인사를 여쭌 뒤에 문득 보니, 박사는 한 서방의 부채(춤출 때마다 펴서 펄럭이는)를 들고 딱딱 장난하고 있었다.
"박사 선생님(우리는 박사의 꾸준한 민족적 사업에 경의를 표하여 반드시 박사 선생님이라 불러 모셨다), 그 부채는 한 서방 한○○의 것이 아니오니까? 그게 어떻게……."
"한 서방? 한○○?"
"네……."
"아니오. 이건 내 친구 김○○ 형의 것인데, 김 형이 아마 왔다가 잊어버리고 갔군요."
"김○○?"
"네, 김○○."
귀에 익은 이름이었다. 그러나 언뜻 생각나지 않아서 기억 면에서 찾아내려고 애쓰는데 박사는 뜻을 알아본 듯 설명하였다.
"혹 잊으셨으리다. 한 30년 전 이태리 오페라!"
여는 박사의 말을 채 듣지 못하고 벌떡 교자에서 일어섰다.
기억한다. 지금부터 한 30년 전, 이태리 오페라좌에 한국인 김○○라는 천재 성악가요 천재 무용가가 혜성같이 나타나서 전 세계의 악단을 놀라게 하였다.
그때는 바야흐로 한국의 운명이 일본 때문에 먹혀들어가던 비상시절이었더니만치 우리 한국인의 심정을 크게 두드려놓았다.

그 천재는 이태리에서 출발의 길을 터서 파리, 런던을 도는 동안에 '천재'의 위에다 '위대한'이라는 관사가 더 붙어서 명성(明星)처럼 출발한 그가 태양처럼 빛나려는 무렵에 한국은 일본에게 먹혀버리고, 그러자 그 위대한 천재는 다시 세상 표면에 나타나본 적이 없었다.

이래 30년, 다시 이름 들은 일이 없으매 잊은 것도 또한 당연하였다.

"박사 선생님, 그 김○○ 씨의 모습이 어떻습니까? 춘추는 어떻습니까?"

"나이는 나와 동갑, 키 크고, 눈 크고, 그…… 그림에서 본 미국 대통령……."

"링컨."

"그렇소, 그렇소."

"아아, 박사 선생님, 그 김○○ 씨가 이 상해에선 한○○라는 이름으로 지내십니다. 한 서방으로 불립니다."

"허어, 역시 한국을 잊지 못하는 뜻이겠지. 조, 부, 손, 3대를 녹(祿)자 신 한국을…… 그 김○○ 형은 즉 이조 말의 명신 ○○공의 영손이요, 김○○ 공의 영윤이구려."

"그럼 명가의 자제입니까? 아아, 박사 선생님. 그 위대한 천재, 빛나는 가문의 김○○ 씨가 이 상해 한교에서는 미친 늙은이 한 서방, 주책없는 늙은이 한 서방, 정신병자요 절도 상습법 한○○로 영락됐읍니다그려. 한 떨기 들의 백합……."

"미친 늙은? 정신병자? 내가 만나본 지가 한 시간이 못 되는데, 미치긴 왜 미치고 정신병자란 무슨 말이오?"

"박사 선생님, 제 말씀을 들어보세요. 상해 한교뿐 아니라 중국인 사이에도 유명한 광인입니다."

여는 박사께 대하여 김○○ 씨인 한 서방에 관한 여의 지식을 죄 말씀드렸다.

이야기하는 두 시간 남아 동안 박사는 한 마디의 말도 끼지 않고 눈 꾹 감고 듣고 있었다.

여가 이야기를 끝내면서 박사를 보니 꾹 감고 있는 박사의 눈에서 눈물이 눈썹 밖으로 줄줄 흐르고 있었다.

여의 이야기를 다 들은 뒤에 박사는 눈을 뜨며 곁에 놓였던 손가방을 쓸어 열고 거기서 한 개의 앨범을 꺼냈다.

박사가 손가락으로 가리키는 곳을 보니 거기는 구라파의 어느 극장의 무대인 듯한 곳에 서 있는 한 서방 김○○ 씨의 예복 입은 사진이 있었다.

“한 서방 즉 이이지요, 목사님?”

“그렇습니다. 김○○ 선생님이십니다.”

박사는 앨범을 쳐들었다. 그러나 그것은 결코 사진을 좀더 잘 보려는 것이 아니고 자신의 눈에서 샘솟듯 솟는 눈물을 여에게 감추기 위해서였다.

문득 박사는 더 참지 못하겠는지 앨범을 다시 펴놓으며 주먹을 들어 앨범을 내리쳤다.

“아, 한 서방아, 김○○아! 거룩하고도 황송하고 고마워라. 나는 유랑 30년에 한 개의 일도 치러놓은 것이 없는데, 자네는 이 상해 중국인 거리 한 귀퉁이에서 우리 한인의 명예를 완전히 보호했구나. 자네 보기가 부끄러울세.”

박사는 여를 돌아보았다.

“목사님, 한인은 도적질 잘하고 협잡질 잘하고, 싸움 잘하고 불법 행위를 잘한다는…… 우리 동포에게 돌아오는 부끄러운 불명예를 몸소 뒤집어쓰고 ‘한 아무개’라는 한국인은 악질의 파락호라는 인식으로 돌려서 개인 명예를 희생해서 동족 명예를 보호한 김○○ 형의 기특한 마음을 목사님도 몰라보시고 한 광인으로 아셨구려, 민망하고 황송해라.”

너도 그리 눈이 무디냐는 박사의 질책이었다. 이 질책에 여는 잠자코 끊임없이 흐르는 눈물로써 복죄하고 사죄하였다.

“박사 선생님, 얼굴 들기 힘들도록 부끄럽습니다. 전 당장 김○○씨께 가서 사죄할까 합니다.”

“주춧돌, 주춧돌, 기둥 뒤에 감추인 주춧돌. 대리석이나 화강석의 화려하게 조각한 벽석이 안 되고 아무의 눈에도 뜨이지 않는 감추인 주춧돌로 자처하는 김○○ 형의 겸손하고 거룩한 심정을 보아 이미 아는 우리나, 알고도 그냥 모른 체하는 게 김○○ 형께 대한 대접일 게요. 망국인으로 자처해서 망국인이 두드러져 나타나면 무얼하랴는 그 심정, 30년 전 김○○는 이미 죽고, 망국 유민 한○○이가 감추인 주춧돌로 여생을 보내려는 거룩하고 거룩한 심정. 화려한 벽석은 다 떼버려도 집은 서 있지만, 숨은 주춧돌 하나 빼면 그 집은 기울어질 게요. 주춧돌 한 서방. 아아, 거룩하고 황송해라.”

여는 고요한 소리로 주춧돌 노래를 불러보았다.

“내 몸은 기둥 아래 감추인 주춧돌, 주춧돌 없이는 집이 못 서요.”

스스로 부르며 뜻을 생각하니 표면으로는 주책없는 늙은이라고 수모를 받으면서도 자기 혼자서만은 ‘숨은 주춧돌’로 자인하던 한 서방의 긍지가 새삼스럽게 느껴지며 새삼스럽게 고맙고 황송해지는 것이다.

박사가 물었다.

"그게 주춧돌 곡조요?"

"네, 한두 번 듣는 동안 저절로 기억하게 됐습니다."

"나도 목사님 부르는 거 한 번 듣고 인젠 알겠소. 우리 한인이면 한 번 들으면 곧 기억할 수 있을, 우리의 심금의 곡조요……."

"박사 선생님, 저는 그 김○○ 선생님의 고마우신 뜻을 그냥 숨은 주춧돌로 감춰두지는 도저히 못하겠습니다. 나타난 주춧돌로 우리 한교들이 감사의 사례 한 번이라도 아니하고야 한교는 인사 모르는 인종이란 욕을 한 가지 더 사는 게 아니오니까?"

박사는 여의 말을 들었는지 못 들었는지 그의 늙은 눈을 굽이 흐르는 황포강으로 향하면서 방금 기억한 주춧돌 노래를 속으로 읊고 있었다.

한 1주일 뒤.

그날도 여는 호텔로 안 박사를 찾아서 이야기를 하는 때에 웬 한 중국 소년이 박사를 찾아왔다. 초라하고 더러운 소년이었다.

이발쟁이 한 서방이 급히 좀 만나잔다는 것이었다.

불길한 예감을 느끼는 듯 박사는 일전에 한 서방이 잊고 갔다는 합죽선을 꺼내 들고 중국 소년을 따라 허겁지겁 나갔다. 여도 박사의 뒤를 쫓았다.

중국 소년의 안내를 따라서 마차를 달려 한 서방의 냄새나고 더러운 방을 찾은 것은 약 한 시간쯤 뒤였다. 마차에서 중국 소년이 한 말에 의지하건대 무슨 독물을 그릇 먹어서 생명이 위독하다, 혹은 벌써 죽었을지도 모르겠다던 한 서방은 뜻밖에도 일어나 앉아서 앞에 박사를 기다리는 의자를 놓고 박사를 기다리고 있었다.

"김 형, 무슨 일인가?"

박사가 들어서면서 이렇게 물으매 한 서방은 몹시 기쁜 듯 박사를 손 쳐서 찾았다.

"박사, 와주어서 고마우이. 목사님도 동행이시니 더욱 고맙습니다. 박사! 나는 지금 임종이야. 박사를 못 보고 죽는가 매우 걱정했는데 빨리 와주어서 고마우이."

"김 형, 그게 무슨 말이람, 난 자네가 잊어버린 부채를 가지고 왔는데."

"박사, 부채는 내 기념품으로 박사께 드리려고 두고 온 건데. 좌우간 임종 전 와주셔서 황송하이. 고마우이. 박사를 보지 못하고 죽으면 난 눈을 못 감을 겔세."

"무얼, 내게 전하고 싶은 말이 있는가? 좌우간 의사 하나 부르세."

"아니! 아니! 의사는 벌써 늦었어. 내 지금 의지의 힘으로 버티고 있지 이미 송장일세. 박사께 마지막 보일 것이 있어서 못 죽고 있지.”

“보일 게란 무엔가?”

“음, 나 좀 부축해 일어세워주게. 목사님도 거기 앉으셔요. 박사, 그렇지, 그렇게 나를 일어세워주게. 그리고…….”

한 서방은 박사의 부축을 받으면서 비츨비츨 일어섰다. 직업상 많은 임종을 본 일이 있는 여의 눈에는, 한 서방의 얼굴에 분명 죽음의 그림자가 서려 있는 것을 보았다.

온 의지의 힘으로써 죽음을 잠깐이라도 연기해보려는 노력을 보았다.

“박사, 20년 전 우리 조국이 일본에게 먹힐 때 나는 망국인으로 숨어버리며 한 가지 결심한 게 있되, 장차 우리 조국이 광복되는 기꺼운 날이 있을 때 그날 조국 서울 남대문에서 육조 앞 지나 광화문까지 춤추며 들어가서 광화문 앞에서 심장마비로 쓰러지고자…… 조국 광복 만세를 부르며 춤추며 춤추며, 조국 서울에서, 조국 동포의 앞에서 이내 김○○의 마지막 춤을 보여주고자 그리 꾸민 춤, 꾸민 이래 사람의 앞에서 아직 추어보지 않은 비장의 춤…… 조국 광복의 날, 조국 서울에서 추려던 춤이었지만, 불행 광복도 보지 못하고, 조국은커녕 노예 도시 상하이에서 빈민굴 이발쟁이 한○○로 쓰러지는 이 김○○…… 이 운명, 울어주게. 그러나 조국의 운명을 짊어진 박사의 앞에서 박사께나마 보일 수 있는 게 그래도 약간 만족일세. 또 요행 목사님도 계시니 내 크리스천은 아니지만 나 넘어지거든 이 죄 없는 불쌍한 영혼 받아달라고 여호와께 기도나 드려줍시오. 나는 조국 광복날 조국에서 추려던 춤을 마지막 선사로 나 자신을 위해 추고 그리고서 넘어지겠네…… 자, 박사, 내 하나 둘 셋 부를 테니 그 셋을 부를 때 나를 놓아주게.”

한 서방의 옷은 이 종족이 가장 강하고 화려하던 시절인 고구려의 무사의 옷을 본뜬 것이었다. 그가 손을 움직여 양 소매에서 꺼낸 것은 우리 민족의 심금을 떨리우는 아름다운 태극기였다. 그 태극기를 양손에 갈라 쥐고 한 서방은 불렀다. 하나, 둘, 셋…….

이 군호로 박사의 부축에서 벗어난 한 서방은, 양손의 태극기 아름답게 펄럭이며, 임종의 사람답지 않게 얼굴에는 홍조를 띠고, 눈은 정열로 빛나며 힘 있게 발을 내짚었다.

이 가운데서 추어지는 ‘조국광복지무(祖國光復之舞)’!

위대한 음악가요, 위대한 무용가 김○○ 씨가 과거 30년간 닦고 갈고 하여서 임종의 자리에서 비로소 조국 광복의 책임자 앞에서 피력하는 감격의 춤이었다.

빨갛게 비치는 황혼의 방 안에서 죽음과 싸우며 춤추는 한 서방의 모양은 진실로 숭엄하였다.

 박사와 여의 입에서는 서로 의논한 바 없이 저절로, 이 애처로운 혼을 위로하는 노래가 흘러나왔다.

 "이 몸은 기둥 아래 감추인 주춧돌, 주춧돌 없이는 집이 못 서요."

1

　성호(性浩)는 잠이 깨었다. 아직껏 전등불이 힘없이 켜져 있다. 그러나 창문에는 희번한 밝은 빛이 비치었다. 분명히 날은 새었다. 곁에서 자는 아내도 보이지 않았다. 그리고 다만 아내의 누웠던 자리를 반이나 차지하고, 누웠는 것은 네 살이 된 그의 아들 문환(文桓)이었다.

　전구 안의 심지는 누렇게 물든 굵다란 실같이 보였다. 그것이 하룻밤을 밝혀주었으리라 생각할 수 없을 만큼 새어 나오는 빛이 가늘었다. 그래도 성호는 그 전등을 한참 바라보는 동안에 눈이 부시어졌다. 다시 그는 눈을 스르륵 감고 말았다. 감고 있는 그의 눈앞에는 오늘의 할 것이 벌어지기 시작하였다. 빚쟁이, 원고지, 사진, 활자, 전차, 먼지, 윤전기, 시, 소설, 감상문, 활동사진 같은 모든 것들이다.

　그는 아내가 누웠던 반이나 남은 자리까지 차지하여 가지고 몸을 좌우편으로 뒤적거리며 마음껏 뒹굴어보았다. 그는 다시 두 활개를 뻗쳐 기지개를 펴보았다. 팔이 곁에 누웠던 어린 문환의 대가리를 건드렸다. 이때에 가늘게 비치었던 전등도 탐방 꺼져버렸다. 방 안이 파래진 듯하였다. 지금까지 붉은빛으로 물들인 방이 파란빛으로 덧바른 듯하였다. 창문으로 흰 광선이 기어들었다. 그의 눈에서도 새로운 기운이 일시에 나왔다. 그는 뻗쳤던 손으로 눈을 비비고 한 번 하품을 큼직하게 하였다.

　기지개 켜는 바람에 잠이 거의 절반이나 깨었던 어린 것은 이 하품 소리에 두 눈이 번쩍 떴다. 그는 두 주먹으로 눈을 비비며 부스스하고 일어났다. 그러고는 사면을 한참 동안이나 무엇을 찾으려는 것같이 바라보다가, 엄마를 부르고는 "응아!" 하고 울음을 내놓는다.

　성호는

　"인제 잠은 다 잤군! 이게 또 울기 시작하니……."

　하고 중얼거리며, 벌떡 자리에서 일어나서 이불로 앞을 가리고 어린 것을 달래었다.

　"울지 마라! 참 착하다. 착한 사람은 안 우는 법이야!"

　이렇게 달래는 어조는 그다지 순하지 못하였다. 거의 나무라는 데에 가깝다 할 만큼 뻣세었다. 아기는 달래는 말도 들은 척 만 척하고 울며 엄마만 부른다.

　성호는 골이 났다.

"망할 것이 네 살이나 처먹어 가지고 울기는 왜 울어? 아침마다 꼭 지랄을 부려……."

하고, 나무라는 성호의 높은 말소리와 문환의 울음소리에 부엌에서 밥을 짓던 아내는 물 젖은 손을 앞치맛자락에다 씻으면서 방으로 들어왔다.

"오오! 내 새끼! 울기는 왜 울어? 착한 아이는 안 우는 법이야!"

아내는 우는 문환을 이렇게 어르며 두 손을 아이의 겨드랑이에 넣어 번쩍 일으켰다.

아이는 두 발이 방바닥 위에 대롱대롱 매달리면서,

"엄마! 과자!"

하고, 울음 섞인 목소리로 칭칭 댄다.

아내는 문환에게 자리옷을 갈아입히면서

"안 울면 과자 주지! 착한 아이는 자고 일어날 때에 안 운다. 그리고 어머니 안녕히 주무셨소? 아버지 안녕히 주무셨소? 하고 인사를 하는 법이란다. 너도 내일부터 인사를 해야지, 응……?"

한다. 그러나 어린애는 칭얼거리는 것을 긋지 않았다.

아내는 책상 위에 놓였던 새 양철갑에서 값 헐한 비스켓을 한 줌 내어 어린것의 손에다 쥐어준다. 문환은 언제 울었던가 의심할 만큼 어느덧 그의 두 눈은 새별처럼 반짝거리고, 입은 함박꽃처럼 벙글벙글하였다. 아내는 어린 것을 달래어놓고 다시 바깥으로 나갔다. 문환은 자기 어머니의 치마꼬리를 잡고 바로 뒤를 따라간다.

성호는 인제야 눈을 비비고 일어난 아이에게 과자를 주는 것이 좀 마땅치 못하였다. 그러나 어린 것이 눈을 비비고 일어나면 반드시 과자를 손에 쥐어야 하는 것이 버릇이 되다시피 하였다. 그리하여 근일에 와서는 자고 일어나서는 으레 쥐일 줄 알고, 또한 어머니 되는 이는 으레 손에 과자를 쥐어줄 줄 알았다. 이런 것을 고쳐줘야 하겠다고 성호는 늘 생각은 하였으나, 입 밖에 내어 말한 적은 없었다. 그러나 다행히 과자를 주고도 별탈이 없는 것이 그대로 성호의 간섭을 막아버리고 만 것이었다. 오늘도 성호는 마음으로만 불길하게 생각할 뿐이었다.

아내와 어린것이 바깥으로 나간 뒤로는 방 안이 대단히 고요하였다. 성호는 다시 자리에 몸을 던져 누웠다.

곁방에서는 아내가 어린 것을 데리고 무엇이라 말하면서 밥상 차리는 소리가 들리었다. 이 소리에 성호는 귀를 기울이며, 한편으로는 생각하였다.

"아침밥을 어떻게 짓게 되나?"

그에게는 아침밥을 짓게 되는 것이 희한한 일처럼 생각이 났다.

그리고 또다시

　"아이 참, 오늘이 그믐날이지!"

하고 생각이 문득 일어나서 별안간 잠이 간 곳 없고, 가슴이 답답해지는 듯했다.

그는 자기 다니는 신문사에서 월급을 두어 달이나 받지 못하였다. 월급이 제 달 제 달 그 날짜를 어기지 않고 나올 때에도, 그의 받는 것만으로는 세 식구의 생활을 유지할 수가 없었다. 집세, 쌀값, 반찬값, 신문 대금, 전기 등값, 수도값, 이 모두 제하고 저 모두 제해버리면 다달이 부족이 이십여 원이 났었다. 이 부족한 것은 시골에 있는 친구에게 구걸을 하거나, 또는 다른 신문 잡지사에서 주는 약간의 원고료로 겨우 보충하여 오던 터이었다. 이러한 그의 살림에 월급이 두 달이나 밀리고 보니, 그의 지냄은 말할 수 없는 궁경(窮境)에 이르고 말았다. 그리하여 그들이 밥을 먹는 것은, 즉 욕을 먹는 것이었다.

　"막이란 놈은 꿈을 먹고산다 하더니, 우리는 욕을 먹고사는 셈이야!"

하고 성호가 자기 아내에게 너무 면괴(面愧)할 때면 우스운 말 비슷하게 이런 말도 하여 오던 터이었다.

집세를 내지 못한 것은 오히려 그들에게 걱정은 아니었다. 쌀가게, 반찬가게, 두부장수, 무엇 하나 할 것 없이 거래가 다 막히었다. 이와 같은 자질구레한 빚을 두 달 동안을 두고 오늘, 내일 연해 밀려왔다. 어떠한 때이면 "내일 주지." 하는 말을 아무런 대중도 없이 그대로 내놓는 일이 있었다. 그는 이런 대답이 어느 구석에 숨어 있다가 자기 양심 몰래 그대로 나오는 것이라 생각나는 때도 더러 있었다.

그리하여 성호는 이즈음에는 이렇게 오늘, 내일 하고 미뤄 내려온 실신을 한 번 해볼 작정으로 무척 한 번 날짜를 늦추어 잡고, 이달 그믐으로 한 번 미루어두었던 것이었다. 이것은 월급이 아무리 늦어도 이십칠팔 일이면 넉넉히 될 줄을 단단히 믿은 까닭이었다. 그리하여 그믐날로 미룰 때에 여러 사람이 몇 번이나 꼭 되겠느냐 하고 다지는 것을 그는 꼭 된다고 장담을 해두었다. 그러나 사오 일 전에 되어야 할 월급이 그믐이 되어도 아직 되지 못하였다.

성호는 이러한 생각만 자리 속에서 되풀이할 때에 오늘은 어떻게 하면 무사히 넘기나 하는 것이 그의 의식이 전부였었다. 그는 아무리 생각하였으나, 지폐 뭉치를 손에 쥐기 전에는 별도리가 막연하였다.

이것도 성호 혼자이면 일찍이 집을 떠나 신문사 같은 데로 가서 조그마한 창피는 피할 수도 있었다. 그러나 아내더러 혼자 집에서 그러한 창피를 당하라는 것은 너무나 염치없는 일이었다. 그도 어찌할까 하고 생각하였으나 별수가 없었다.

2

"어서 세수하고 진지 잡수세요."
하는 아내의 부르는 소리에 깜짝 놀라 성호는 밖으로 나갔다.
아침밥이 벌써 다 된 모양이었다.
성호는 부엌에서 세수를 하며 물었다.
"오늘 아침은 왜 이렇게 일소?"
아내는 밥상 위에 밥그릇을 올려놓으며
"오늘은 일찍 좀 나가라고요……."
한다.
"무슨 일이 있소? 어디를 가?"
"오늘이 그믐날이 아니야요? 졸리기 싫으니까."
"집은 어떻게 하고? 온종일 말이지……."
성호는 이렇게 묻기는 하였으나, 속으로는 일이 무던히 되었다고 생각하였다. 자리에 누웠을 때부터 여편네 혼자 빚쟁이에게 졸리라고 할 수도 없는 일이요, 그렇다고 어느 곳으로 피난을 가라고 권할 수도 없었다. 아내가 자발적으로 피난설을 끄집어낸 것은 참으로 오늘 하루를 아무 일 없이 지나가기에는 무던히 잘된 일이라고 하였다.
"살림이라고 뭐 잃을 것이 있어야 하지요. 요 알뜰한 부등가리살림을……."
아내는 이렇게 말하기는 하나, 그의 얼굴에는 불쾌한 빛이 감출 수 없이 보인다.
성호는 아무 말도 다시 못하고 얼굴을 씻기만 하였다.
"나 혼자 어떻게 졸려요? 대체 월급이 언제나 된대요?"
아내는 주부의 직분을 버리고 피난을 하게 된 것은 부득이한 이유라는 것을 설명하듯 이렇게 재차 묻는다.
"오늘 될는지는 알 수 없어……. 오늘내일하니까."
성호는 또 역시 확실한 대답을 못하였다.
"오늘도 만일 안 되면 큰일 났구려!"
아내는 성호에게 확실한 대답을 얻지 못하고는 더욱 실명 없는 얼굴을 보였다.

성호는 수건으로 얼굴을 닦으며 밥상머리에 앉았다.
밥상은 말짱하였다. 된장찌개와 김치뿐이었다. 성호는 이와 같은 것도 먹게 된 것이 감사하다고 생각하였으나, 생각과 입맛은 좀 달랐었다. 밥이 잘 들어가지 않았다. 두어 숟가락 들다가 자기 아내를 불렀다.
"여보! 반찬도 없는 밥을 따로따로 먹을 것 무엇 있소, 이리 와서 같이 먹읍시다."
어린 것은 손가락을 물고 자기 어머니의 치맛자락을 붙들고 칭얼댄다.
"문환아, 네 밥 가지고 이리 온……."
하고, 성호는 어린 것을 불렀다.
"당신도 같이 오구려."
하고, 아내도 불렀다.
어린 것은 자기 어머니의 동의를 구하는 것처럼 얼굴을 쳐다보며 치맛자락을 잡아끈다.
아내는 못 이기는 체하고 자기 밥그릇과 어린것의 밥그릇을 들고 남편 상 곁으로 왔다. 그러나 그 밥상은 세 식구의 밥을 늘어놓고도 오히려 빈틈이 있었다.
아내도 밥그릇을 앞에 놓고 숟가락을 들었다.
어린것은 밥그릇을 앞에 놓기는 하였으나, 숟가락을 들지도 않고 손가락을 입에 넣고 칭칭 대기만 한다.
아내는 밥을 뚜껑에 조금 덜어 된장찌개를 부어서 자기가 맛을 보며,
"참 맛있다. 어서 먹어! 참 착하다……."
하고, 문환에게 권하였다.
그러나 어린 것은 고개를 쌀쌀 내두르고 심술을 피운다.
"왜 그러니? 어서 먹어……."
하고, 어머니는 눈을 한 번 딱 부릅뜬다. 그래도 어린것은 고개를 흔들며 울음이 곧 터져 나올 듯 입을 삐죽거리기 시작한다.
"왜 그래?"
하고, 아내는 큰소리고 부라린다.
"달걀!"
하고, 어린 것은 울음 섞인 소리로 희미하게 대답하였다.
"달걀 말이야, 어디 달걀이 있니? 오늘 아침은 그대로 먹자, 응?"
아내는 속을 스스로 눅이어 이렇게 말한다.
"싫어."
하고, 어린 것은 또 고개를 내두른다.

사실 어린것에게 얼큰한 찌개 말국으로 만 밥을 먹으라는 것은 무리였었다. 그리하여 그날에도 이와 같이 반찬 없는 때이면 성호 부부는 맨밥을 먹을지라도, 어린 문환에게는 사오 전을 주고 달걀을 사다가 입을 막아왔었다.

그리하여 문환이는 달걀을 어른보다도 잘 먹었다. 오늘에도 반찬 없는 밥인즉, 자기의 앞에는 달걀이 으레 오르리라고 기대하였던 것 같았다 그러나 바라던 달걀은 오르지 않고 매콤한 찌개만이 오르게 된 것을 불평으로 알고 까탈을 부리던 판이었다.

아내는 다시 눈을 부릅뜨고 어서 먹으라 어르며 어린 것을 위협한다. 어린 것은 들었던 숟가락을 놓고 삐죽삐죽 울음을 터뜨리려 한다. 아내는 울려는 문환을 자기 앞으로 잡아당겨 앉히고, 자기가 친히 숟가락으로 밥을 떠서 그의 입에다 대주며,

'이것 봐⋯⋯. 참 맛이지? 그대로 먹으면 저녁에는 아버지하고 진고개 가서 좋은 장난감하구, 맛있는 과자하고, 또 좋은 옷감하구⋯⋯막 이렇게 사 가지고 오자⋯⋯. 응?'

하고, 한편 손으로 물건을 어떻게 많이 살 것을 형용을 해가며 달랜다.

"과자⋯⋯응⋯⋯장난감, 땡땡 전차⋯⋯사줘⋯⋯."

하고, 어린것은 주는 밥을 받아먹고, 다시 숟가락을 자기 어머니 손에서 빼앗아서 제가 들고 펑펑 먹기 시작한다.

성호와 그의 아내는 겨우 안심이 된 듯이 숟가락을 들고 밥을 뜨기 시작하였다. 그러나 성호의 입에는 밥이 넘어가는 것이 평일보다는 몹시 껄끄러운 것을 느끼었다.

'이것 까닥하면 또 어린것에게까지 거짓부리를 하게 되겠군. 저이가 무슨 돈으로 진고개를 간다고 허나!' 하고 성호는 말을 하고 싶었으나, 어린 것이 울음을 그쳤으므로 그대로 참았다. 아내도 가끔 어린 것을 달래어가며 밥을 먹기는 하는 모양이나, 역시 잘 넘어가는 것 같지는 보이지 않았다. 밥을 다 먹은 뒤에 성호는 옷을 주섬주섬 차려입고 나서 아내에게,

"피난을 하려면 준비를 일찍이 해야지요⋯⋯."

하였다.

"먼저 나가시구려! 나는 천천히 문환이하구 나갈 터이니까요⋯⋯."

아내는 밥상을 치우면서 대답하였다.

"가면 어디로 가는 줄이나 알아야 하지."

하고, 성호는 물었다.

"가면 어데 별로 갈 데 있어요? K의 집으로 가지요."

하고 아내는 귀찮은 듯이 대답한다.

"그러면 이렇게 합시다. 오늘 돈이 될는지도 알 수 없으니까, 당신이 사(社)로 전화를 한 번 걸어주구려."

성호는 만일 월급이 되면 문환에게 약속한 대로 과자도 좀 사주고, 장난감도 하나 사주려구 아내와 함께 진고개라도 가볼까 하는 생각이 난 까닭이었다.

"언제쯤 하면 좋겠어요? K의 옆집에 전화가 있지."

하고, 아내는 얼굴에는 얼마만큼 반가워하는 기색이 나타난다.

"시메끼리가 두 시쯤 되니까, 세 시쯤 걸어보구려."

성호는 사에서 나올 시간을 대중하여 이렇게 알려주었다.

"오늘은 꼭 좀 되었으면 살겠는데……."

아내는 또 이상한 듯이 이렇게 중얼댄다.

"돈이 오늘 되거든 진고개나 갑시다. 문환 놈에게 거짓말을 할 수 있나……."

성호는 이렇게 말하고 아내와 자식의 얼굴을 바라보았다.

과자! 진고개! 장난감 사주게! 이러한 단편적 말에 어린것도 기가 뜨인 것같이 벙글벙글 웃는 듯하다.

"자! 그러면 어서 피난 갈 준비나 해야지!"

하고, 아내는 빙그레 웃는 눈으로 성호의 얼굴을 바라보며 방으로 들어가서 거울을 내놓고 머리를 고쳐 쪽지기 시작한다.

성호는 문을 열고 해를 대중하여보았다. 평일보다는 한 시간이나 이른 듯하였다. 여름 해는 아직도 낙산(駱山)위에서 몇 길이 되지 못하게 올라왔다. 그는 혼자 나가기가 뭣하였고, 또 아내가 나들이 준비를 다 차리도록 기다리기도 좀 어떠하였다. 그러나 오늘은 시간도 이르고, 다만 한시라도 아내 혼자 집에다 내버려두는 것은 너무나 무자비한 것 같았다. 또한 이와 같이 채귀(債鬼)에 몰려 피난을 하게 된 이상에야 같이 피난하는 것도 떳떳한 것처럼 느끼었다. 그리하여 그는 이왕에 이렇게 시간이 일렀으니 같이 나가보겠다고 마음으로 작정하였다.

"여보! 그러면 같이 나갑시다."

하고, 성호는 모자를 벗어 벽에 걸고 다시 앉았다.

"그러면 좋지요. 아직도 시간이 이르니까 기다려주세요. 얼핏 차릴터이에요."

아내는 이렇게 기쁜 듯 말하고, 다시 어린 문환을 보며

"아버지도 같이 가신대. 그리고 저 K아주머니 집에 가서 아가도 보고

215

……." 하고 일러준다.

성호는 책상 위에 있는 신문을 접어 들고 보기 시작하였다.

아내는 급이 머리를 쪽지고, 얼굴에 분을 바르고, 옷을 갈아입고, 문환에게 새 옷을 입히느라 한참 동안 부산한 모양이었다.

한 삼십 분 동안이나 그는 신문을 보고, 담배를 피우며 기다렸다. 모든 차림이 다 끝난 뒤에 세 식구는 집 문을 단단히 잠그고 밖으로 나왔다. 그들이 집을 떠날 때까지 아무 빚쟁이도 찾아온 사람은 없었다. 그들은 무사히 집을 벗어났다.

3

한길로 나선 성호 세 식구는 누가 보든지 아침저녁을 걱정하는 가난뱅이로는 보이지 않을 만큼, 그들의 외양은 반질하였다. 그들의 의복은 그래도 모직물이 아니면 비단이었다. 더욱이 어린 문환의 빨아서 입힌 양복이며, 신긴 구두이며, 모든 것이 어느 부잣집 아기에게 조금도 손색이 없을 만큼 산뜻하였다. 그리고 아내의 의복 차림도 수수한 것이지만, 어쩐지 곱게 꾸민 어린 문환을 앞세움이 훨씬 돋보였다. 다만 성호의 양복은 조금 조촐하여 보인다면 보인다고도 하겠으나, 그도 보는 사람의 해석이 어떠함을 따라 단벌 호사를 한 부랑자에 비하면, 어느 곳인지 고상한 곳을 가진 것같이 보였을는지 알 수 없다. 어째든 빚에 쫓기어 가는 월급쟁이로는 좀 과분하다 생각할 수도 있었다.

성호는 잡지와 원고지를 함께 둘둘 말아 바른손에 쥐었고, 아내는 바른손으로 연붉은 파라솔을 받치어 아침 엷은 광선을 가리고, 왼편 손으로는 어린 문환의 손을 이끌고 천천히 걸어간다.

성호는 아내와 자식을 앞에 세우고 느르적느르적 걸었다. 시간이 너무나 이름인지 평일에 아침과 같이 여러 월급쟁이의 행렬을 만나지 못하였다. 그들이 사는 동리는 동소문 안 한적한 곳인 까닭에 집세도 싸고 또 공기도 좋았다. 그런 관계인지 일본 사람, 조선 사람 할 것 없이 월급쟁이가 많이 살았다. 그리하여 그가 자기 집에서 창경원 전차 종점까지 아침저녁으로 왕래하는 동안에, 온 길에 드문드문 널리어 걸어가는 것은 거의 전부가 월급쟁이로만 평일부터 보아오턴 터이었다. 그러다가 오늘 일찍이 집을 떠나 자기 가족끼리만 걸으면서는 그러한 여러 사람을 보지 못하게 됨이 어찌함인지 좀 훼척(毁瘠)한 생각도 문득 났다. 사실 그가 자기와 같은 처지에 있는 월급쟁이라 하는 어떠한 동류 의식에서 그러한 생각이 났는지, 또는 빚쟁이를 피하려고 처자를 인솔하고 집을 떠나게 된 자기 처지에 대한 불평과 또는 장래에 대한 불안이 그러한 감상적 기분을 일으키었는지 알 수 없으나, 어쨌든 성호의 가슴을 오로지 채운 것은 이 훼척한 기분이었다.

길에 왕래하는 사람은 대개가 부지런한 학생이나 또는 막벌이군, 시골 농군 같은 사람들이 많았다. 성호의 가족과 같은 그러한 정도의 외양을 꾸민 사람들은 극히 드물었다. 그 왕래하는 사람 총중에서는 군계(群鷄)가운데의 봉(鳳)이라 할 만큼 이채(異彩)를 보인 것이었다. 성호 자신도 별로 다른 사람보다 우월하다는 의식을 가지려 해서 가진 것은 아니로되, 어찌함인지 그의 마음의 어떤 한 구석에 저들과 자기와는 다르다는 의식이 숨어 있는 듯하였다. 이러한 의식이 본능적으로 그의 머리에 떠오를 때에, 성호는 자기의 생각이 너무나 번잡하다고 스스로 나무라고도 싶었다.

집에서 나오면서부터 아무런 줄 모르는 어린 것은 별말을 다 물어본다. 새삼스럽게 어디를 가느냐, 저건 무엇이냐, 저 말은 어디로 가느냐, 저건 무슨 나무냐, 꺽으면 나쁘냐 등, 자기가 보고 느끼는 것이면 반드시 앞뒤를 돌아보고 자기 어머니에게 묻는다. 그러면 어머니 되는 이도 귀찮지도 아니한지 일일이

"아주머니 집에 간다. 저건 능금나무이다, 꺽으면 걱정을 듣는다……."
대답을 해가며 어린것과 거의 보조를 맞추다시피 걸어온다.

성호는 속이 갑갑한 적도 없는지는 않았지만, 자기도 역시 자기껏 딴 생각을 하느라고 걸음이 자연히 늦어졌다.

물론 이와 같이 이른 아침부터 집세 재촉이나, 신문값 받으러 올 사람도 없겠고, 또는 불행히 만나게 된다 할지라도 이러한 큰 한길 가운데에서 설마 창피를 줄 사람이야 있을 리는 없으리라고 생각을 하면서도, 그는 어찌함인지 그들은 만나지 어떻게 할까 두려움이 머리에서 떠나지 않았다. 이런 이유로도 그는 한길에 가는 사람을 딴생각만 하는 중에도 가끔 유심히 바라보고 오던 중이었다. 그들 세 사람은 박석고개에 이르렀다.

성호는 문득 생각이 난 것이 있었다. 그것은 자기 주머니에 전차표가 한 장은 있지만, 아내가 탈 차비가 있는지 없는지 하는 것이었다.

"여보! 전차표 있소?"
하고, 성호는 아내에게 물었다.

"오 전밖에 없어요."
하고, 아내는 옷춤에서 지갑을 꺼내려 한다.

"꺼낼 것 없어. 그러면 되었군……. 내게 전차표는 한 장 있으니까
……."

성호는 겨우 마음이 놓였다. 만일 오 전이 없었다면, 자기는 자기 신문사까지 꼭 걸어가는 수밖에 별수가 없었다. 아내더러 어린것을 데리고 걸어가라고야 물론 할 수 없는 터이다. 그는 창경원 앞 전차 정류장에서 돈 오 전으로 이런 날 미운 이별을 겨우 면하게 된 것을 마음으로 얼마만큼 다행히 여기었다. 그는 이러한 찰나의 안심과 또는 조그마한 곤란에서도 우연히 벗어나게 된 것에서 어떠한 일종의 기쁨을 느끼는 자기 마음이 얼마나 천박한 것을 웃고도 싶었다. 그러나 이러한 찰나의 마음이 조이고 늦추어지게 되는 기쁨조차 없다면, 일생이 얼마나 영영 고적하고야 말 것을 생각함에 이 역시 살아가는 동안에 조그만 파문의 심기회전(心機廻轉)이라 하였다.

그는 박석고개에서 아래로 비스듬히 내려지른 큰길 한편으로 걸어갔다. 창경원의 돌담 위로 넘어다보는 소나무 위에는 벌써 아침 해가 비추며, 새 움의 연한 녹색과 옛 잎의 거무충충한 녹색이 분명히 보인다. 그리고 담 밑 풀과 총독부 병원의 아카시아 잎에 맺힌 아침 이슬은 아직도 사라지지 않고 햇빛 받은 대로 수은주처럼 반짝거리어 보인다.

아침의 박석고개와 창경원 일대의 길을 오기며 썩 드물었던 성호는 어떠한 상쾌한 생각이 났다. 그러한 그것도 순간이었다. 그 모든 광경도 몇 걸음 걷는 동안에 어느덧 눈에 익어버리고 말았다. 그는 다시 생각이 오늘도 만일 월급이 안되면 어찌할까 하는 대로 돌아가고 말았다.

"피난. 내일에도 일찍이……그러다가 만나보면 창피……."

이렇게 여러 가지로 생각을 하는 가운데에도 성호의 가슴을 가장 아프게 때리는 것은 요러한 조그마한 곤란이 또는 불행이 오히려 자기의 전 감정을 움직이게 하는 성격의 약한 것을 스스로 한탄하는 마음이었다. 결국 자기는 순간의 감정에서만 살고, 영원한 의지에서는 살지 못하는 것인가 하였다. 이것이 고통 위에 고통을 느끼게 하는 자기의 인격의 비판이었다.

이러할 때마다 그는 마음으로 부르짖었다.

"무엇을 그렇게 괴로워해! 우리에게는 이 세상에서 어떻게 하든지 살을 절대의 생존권이 있다. 그러면 모든 창피를 받는 것은 산다는 큰 사실 앞에는 소소한 조건에 지나지 못하는 것이다. 그렇게 좁게 조그마한 결벽의 지배를 받을 거야 무엇 있나……." 하고.

이와 같이 자기의 마음을 늦추었다 죄었다 하는 동안에 성호는 전차 정류장 가까이 왔다.

어린 문환은 전차를 보더니 자기 어머니의 손을 도리어 이끌고 전차로 올라가려 한다. 성호도 천천히 올랐다. 전차 안에도 사람이 비교적 적었다. 그들은 종로통 사정목(社町目)에서 동서로 갈리었다. 아내는 어린것을 데리

고 동대문행을 탔다. 아내는 남쪽 벽 막는 나무창을 열고 남편을 보며,

　"세 시쯤 해서 전화 걸 터이에요."

　하고, 말을 던지고 전차 움직이는 대로 그대로 가버렸다.

　'성호는 피난도 같이 못하게 되나.'

　하고, 혼자 속으로 헛웃음을 쳤다.

4

　여름의 긴 해는 오후 다섯 시가 되어서도 오히려 서편 하늘에 높이 떠 있었다. 남대문통 동편에 가지런하게 늘어진 집들은 서편의 광선을 비스듬히 받아 불에서 구워낸 돌처럼 따뜻한 기운을 넓은 길을 향하여 한없이 내뿜고 있다. 그 아래의 포도 위에는 사람의 그림자도 드물었다. 길 가운데로는 자동차, 인력거, 짐차 같은 것이 더운 공기를 헤치고 먼지를 일으키며 왔다 갔다 한다. 성호는 바쁜 걸음으로 서편 포도 그늘진 데로 이마에 땀을 씻으며 급히 걸어갔다.

　성호는 그날 다섯 시쯤 해서 다행히 두 달 월급을 찾게 되었던 것이다. 그는 세 시에 아내의 전화를 받을 때에, 네 시쯤 해서 월급이 된다 하니 조선은행 앞으로 오라 하였었다. 그래서 만나 가지고 진고개로 가려던 것이었다.

　이 전화가 처음 왔을 때에 규지(窺知)가 와서

　"어떤 여인한테서 전화가 왔습니다."

　하고, 통기를 할 때에 곁에 있던 동료들은

　"억키! 이성에게서……오늘 한턱하지!"

　하고 놀리다가, 성호가 수화기를 손에 쥐고

　"다섯 시쯤 해서……어디로……조선은행 앞으로……그렇게 하구려……. 그런데 그리 올 전찻삯이나 있어?"

　하는 소리에 동료들은 비로소 안 듯이

　"마누라님이시로군! 진고개로 물건 사러 가신다고."

　하고, 다시 놀리었었다.

　그리하여 지금 다섯 시가 되기를 기다리어 성호는 급히 조선은행 앞을 바라보고 허둥지둥 걸어가게 된 것이었다. 성호는 경성 우편국 앞으로 와서, 조선은행 근처를 휘휘 둘러보았다. 아직 아니 온 모양이었다.

　"이게 웬일일까?"

　하고, 혼자 중얼대며 바람이 비교적 잘 통하는 전찻길로 나서서 동대문 방

면에서 오는 전차를 기다리었다.

 용산 가는 전차를 두세 채 기다리자, 비로소 아내는 아이의 손을 잡고 내려왔다.

 "이게 웬일이오?"

 하고, 성호는 책망하듯 물었다.

 "곧 온다는 것이 그렇게 되었어요. 퍽이나 기다렸지요……?"

 하고, 아내는 별로 다른 변명도 하지 않는다.

 이번에는 성호가 문환의 손을 끌고 본정통으로 들어섰다. 아내는 땀을 닦으며 뒤를 따라온다.

 성호는 인제야 생각이 났던지

 "전찻삯은 어디서 났소?"

 하고 묻는다.

 "꾸었지요. 돈 오 전 없단 말이 나와야 하지요. 퍽이나 망설이다가 시간은 부쩍부쩍 가고, 할 수 없이 입을 떼었지요…….."

 이렇게 말하는 아내의 얼굴은 붉었다.

 "그러기에 내가 아까 그리로 가는 것이 어떠냐고 전화할 때에 묻지 않았소?"

 성호는 도리어 아내를 책망하였다.

 "거기까지 어떻게 오세요. 당신이 그리 왔다가, 또 이리 오면 괜히 돈 만더 들 듯해서요. 좀……."

 하고, 아내는 변명을 한다.

 "그런 이해를 가릴 만큼 이기적이면서 좀 뻔뻔하게 전찻삯이 없단 말은 어찌 나오지 않았을까?"

 하고, 성호는 좀 비꼬아보았다.

 아내의 얼굴은 빨개졌다.

 성호는 동정하는 눈으로 바라보았다. 너무나 가엾은 생각이 난 까닭이었다.

 아내는 다시 말도 내지 않고 걸어올 뿐이다. 자전거가 종을 울리고 곁으로 휙 지나가는 바람에, 성호는 뒤로 주춤하였다. 그러면서 뒤따라 오는 아내를 보았다. 얼굴에 암상이 흘렀다. 그의 불쑥 내논 말이 아내의 자존심을 깨뜨려버린 것이었다. 생각하면 미안하기도 하고, 가엾은 생각도 났다.

 "문환아! 너는 엄마하고 오너라!"

 하고, 성호는 잡았던 문환의 손을 아내에게로 보내며 말을 걸어보았다.

 "이리 온……."

하고, 아내는 문환의 손을 끈다. 성호는 다시 할 말이 없었다.

"과자는 어디 가 살까?"

하고, 성호는 다시 말을 붙였다.

"아무 데나 깨끗한 데로 가지요……."

하고, 아내는 실명 없이 대답한다.

어린 것은 과자 말에 귀가 번쩍 띈 것 같이

"과자, 전차……아버지, 흥……."

한다.

조그마한 과잣집에 들어가서 여러 가지로 문환의 두고 먹을 것과 손님 오면 대접할 것을 사들고 나왔다. 어린것은 과자를 보고는 신명이 난 것처럼 연해 자기와 어머니와 아버지에게 말을 걸어본다.

성호는 서점으로 들어가서 잡지를 서너 권 샀다. 아내는 남편이 책을 사는 동안에 문환이를 데리고 그림책을 구경하고 섰다. 성호는 책을 싸서 들고 아내더러 가자고 하였다. 아내는 어린것의 손을 잡고 나오려 하였으나, 문환은 나오지 않고 책을 사달라고 칭얼거린다. 성호는 아들더러 마음에 드는 책을 고르라 했다. 한참 동안을 두고 고른 것은 전차 그림이었다. 그것을 손에 쥐고 나온 문환은 한길에서 책을 들고 보려고 한다.

아내는

"집에 가서 나하고 함께 보자, 응."

하고 말린다.

그러나 그는 듣지 않았다. 자전거와 인력거는 뿡뿡거리고 지나간다. 성호는 조마조마한 위태한 생각에 걸음이 걸리지 않았다.

"그러면 장난감 안 사준다."

하고, 성호는 한 번 위협을 해보았다. 그 위협은 바로 효력이 생기었다. 아이는 책을 어머니에게 맡기고, 손 잡힌 대로 그대로 아무 소리 없이 따라온다. 그들은 다시 장난감을 샀다. 어린이의 얼굴에는 기뻐하는 빛이 더 나타났다. 그는 좋아서 땡땡, 징징을 연해 부른다.

그들은 S백화점 앞에 당도하였다. 그 쇼윈도 안에는 여름의 파라솔, 솔, 속옷, 양말, 여러 가지 장화를 빛깔의 조화와 물건의 배치에 아무 결점을 발견할 수 없을 만큼 보기 좋게 꾸며놓았다. 아내는 어린것의 손을 잡은 채 우두커니 서서 그 안을 굽어다 본다. 그 얼굴에는 하나 샀으면 하는 기색이 말은 못하나 나타나 보인다. 성호는 아내의 것이라고는 아무것도 산 것이 없는 까닭에, 좀 미안한 생각이 났다.

"여보! 당신 것도 무엇 하나 삽시다. 솔, 양말, 속옷."

하고, 눈에 닥치는 대로 물었다.

"관두지요. 돈도 적은데……."

하고, 아내는 사양을 한다.

"온 김에 하나 사 가지고 갑시다."

하고, 성호는 앞을 서서 들어갔다.

"분이 없는데요……. 왜비누도……."

아내는 가장 실용품을 말한 것같이 보였다.

"그러면 나온 김에 다 사가지고 가지……."

하고, 성호는 호주머니에서 봉투를 내어 오 원짜리 한 장을 끄집어 내주었다.

아내는 그것을 받아들고 이리저리 다녔다.

"이것을 다 쓰면 안 되겠지요?"

하고, 아내는 묻는다.

기왕에 한 번 내놓은 것이라, 그중에서 남기라고 말하기는 어려운 것 같이, 성호는

"여기도 많이 있으니까, 살 것 있으면 다 사구려."

하였다.

아내는 이것저것 자기가 긴급히 소용될 것을 골라놓고 값을 치른 뒤에 남편을 바라보며,

"그것 얼마 안 될 줄 알았더니 오 원이 거진 되어요."

하고, 미안한 얼굴을 보인다.

산 물건 가운데에는 성호의 넥타이와 양말까지도 들었다. 성호는 아내가 제 것보다도 성호 자신의 것에 많은 돈을 들이는 것이 미안하기도 하고, 기쁘기도 하였다.

"넥타이는 이것도 좋은데 그만두구려."

하고, 성호는 말리었다.

이 넥타이 문제로는 평일에도 아내와 여러 번 말하여오던 터이었다. 돈만 생기면 가게에서 감을 떠다가 만들자거니, 또는 만든 것을 사자거니 하고 때 묻고 헌 넥타이 맬 때마다 문젯거리가 되어오던 터이었다.

이렇게 물건을 사는 동안에 어느덧 서편 하늘에 높이 있던 해도 서편으로 훨씬 기울어졌다. 본정통의 좁은 길은 석양 햇빛과 땀 흘린 사람으로 가득 찼다. 성호 부부의 등에도 땀이 차올랐다. 그리고 그들은 허출한 기운이 들었다.

"우리 무엇 좀 먹고 갑시다."

하고, 성호는 말을 내었다.

"무엇을 먹어요. 그대로 집에 가서 밥이나 일찍 지어 먹지요."

하고, 아내는 반대를 한다.

무엇을 먹는다는 소리에 문환은 어머니의 손을 끌며 빵을 사달라 한다.

"여보! 너무 더우니 아이스크림이나 하나 먹읍시다."

하고, 성호는 두말하지 않고 일본 사람의 빙수 가게로 들어갔다.

아내도 어찌할 수 없이 따라 들어갔다.

그들은 그 가게에서 선풍기의 바람에 땀을 들이고, 아이스크림에 헛장단을 친 뒤에 한길로 다시 나왔다.

"조금 앉았더니 더 피곤해요. 인제는 다리에 힘이 풀리는 것 같아요."

하고, 아내는 피로한 것을 말한다.

"나도 퍽 피곤한데……."

성호는 웬 셈인지 정신도 평일보다 흥분된 것도 같았고, 몸에 맥이 풀린 것도 같았다.

"어서 가서 밥을 또 지어야 하지……."

하고 아내는 걱정하듯, 또는 탄식하듯 말한다.

아내의 "또 밥을 지어야지." 하는 "또"의 의미는, 인제 가서 밥을 어떻게 짓나 걱정하는 마음을 감출 수 없이 그대로 내보인 것이었다.

"여보! 오늘은 기왕에 늦었으니 어디든지 가서 간단하게 양식이라도 사 먹고 밥 짓는 건 그만두게."

하고, 성호는 아내의 의견을 물었다.

"비싼 것을 사 먹어서 무얼 해요, 귀찮지만 고기나 좀 사가지고 가서 구워 먹지요."

하고, 아내는 반대를 한다.

"이따금 가다 양식 같은 것도 먹어보지그래."

"돈이 들어 걱정이지요."

"어째 그런 돈을 아낀다고 더 잘 살려구요……. 갑시다……."

하고, 성호는 다시 앞을 서서 황금정으로 내려와 조촐한 A레스토랑으로 들어갔다. 그리하여 성호 세 식구는 저녁을 마친 뒤에 레스토랑을 나와 한길로 걸었다.

해는 벌써 저물었다. 온종일 더위에 부대낀 사람들의 그림자가 낮보다도 큰 한길에 훨씬 많았다. 그러나 더운 볕에 단 한길에는 아직까지도 더운 김이 식지 않았다. 거리로 새어 나오는 각 상점 전등불은 더욱 더워 보였다.

5

그들이 이리로 저리로 산보를 하고, 천천히 걸어서 자기 집으로 돌아 올 때는 벌써 밤 열 시가 가까웠다.

집에 들어와서 의복을 갈아입고, 방문을 훨씬 열어놓고, 서늘한 바람을 쏘이고 있었다. 문환이는 한길에서부터 잠이 와서 칭칭 대었다. 할 수 없이 성호는 양복저고리를 벗어 아내에게 들리고, 어린 것을 업었다. 걸음질이 익숙지 못한 데다, 잠든 어린아이와 허리와 고개가 제대로 놀아서 근드렁거리었다. 도저히 업고만 갈 수 없다. 그는 할 수 없이 아내에게 다시 어린아이를 업히고 돌아왔었다. 아내는 이와 같이 아기까지 업히고 온 까닭에 더 몹시 피곤하여 보였다.

아내는 땀난 몸을 냉수에 수건을 빨아 씻고, 옷을 갈아입고 나오며,

"이제야 정신이 납니다. 당신도 몸을 좀 닦으시지요."

하고 권한다.

"그렇게 해볼까? 몸이 끈끈해 견딜 수가 없는 걸!"

하고, 성호도 부엌으로 들어갔다. 수통 옆에 가서 콸콸 쏟아져 나오는 물에 수건을 빨아 닦으려 하였다. 아내는 방 안에 모기장을 치고, 문환이를 그 안에다 뉘었다.

그리고 부엌으로 나오더니,

"제가 잘 씻어드릴게요."

하고, 수건을 성호의 손에서 뺏으려 한다.

"그만두구려. 다 씻었으니까……."

하고, 성호는 수건으로 얼굴을 문지르며 방으로 들어왔다.

더위도 어지간히 물러갔고, 또한 물로 닦은 까닭에 온몸이 피로를 잊을 만큼 정신에 상쾌한 맛이 났다. 그러나 몸이 가뿐하기는 하면서도, 역시 전신이 씩씩한 힘이 없었다. 그리하여 성호도 모기장 속으로 들어가 누웠다. 모기장 안은 얼마만큼 더운 듯하였다. 그러나 못 견딜 더위는 아니었다.

아내는 부엌으로, 곁방으로 한참 찾아다니다가 그날 사 가지고 온 물건을 전등 앞에서 일일이 풀어 검사한 뒤에 넣을 곳에다 넣고, 전등을 끄고 모기장 안으로 들어와 남편과 아들 사이에 누웠다.

바깥에서는 동리 애들이 장난치고 다니는 소리가 들린다. 그리고 더위를 피하여 집안 여러 곳으로 나온 동리 사람의 수군대는 소리도 들리었다.

성호는 잠이 올 듯하고도 잘 오지 않았다.

"퍽 피곤하지! 돈 쓰고, 몸 고달프고……."

하고, 성호는 입을 떼었다.

"아주 맥이 탁 풀리는걸요……. 문환이도 꽤 곤한 모양이에요."

하고, 손으로 문환의 뺨을 쓰다듬어준다.

"내 양복저고리 안 포켓에 돈이 들었으니까, 내일 일찍 일어나거든 동리의 외상값 같은 것은 미리 갖다주구려!"

하고, 성호는 내일 아침 일을 부탁하였다.

"오늘 와서 욕을 아마 산더미같이 했겠지요……."

하고, 아내는 욕먹은 것이 안된 것처럼 말한다.

"물론 했겠지……."

"참으로 창피해요……."

"그래도 돈만 주면, 오늘 한 욕은 잊어버린 듯이 다시 굽실굽실 하겠지. 사람이 욕 안 먹고 한 세상 살아갈 수 어찌 있겠소."

하고, 성호는 하품을 속으로 가만히 하였다.

"욕도 먹을 때 먹어야지요. 외상값 안 주고 먹는 것은 좀 안됐어요……."

"안되기야 안되었지……."

"참으로 이런 살림은 귀찮아 못하겠어요……."

"그렇지만 어떻게 하는 수 있소."

"이런 월급 생활 말고 어떻게 달리 살 도리가 없을까요? 더구나 그것을 믿을 수도 없는데, 날마다 졸려서 못 살겠어요. 마음을 하루라도 편히 먹고 살 수 없을까요?"

하고, 아내는 잘 나오지 않는 월급에 붙매어 사는 것을 원망하듯 말했다.

"글쎄 지금 형편으로는 별도리 없어요. 글줄이야 쓴대야 그것으로는 한 달 집세도 못 되고, 또는 자본 없어 장사도 할 수 없고, 자본이 있다고 해도 장사치로 나설 천성을 타지 못하였고, 그렇다고 굶어 죽을 수도 없고, 테러리스트나 니힐리스트 같은 행동은 마음이 약해 할 수 없고, 결국 월급쟁이라도 받아 가지고 어린것 배나 안 곯리도록 해보는 수밖에 별도리가 없겠지요."

하고, 한참 동안 숨도 쉬지 않고 대번에 이렇게 절망적으로 대답하였다. 이렇게 말하는 동아네 성호도 얼마만큼 흥분하였다.

"참으로 딱한 일도 많아요."

하고, 아내는 한숨을 내쉰다.

"별수 없겠지. 이도 못해서 굶어 죽는 사람도 많으니까, 우리는 무던한 폭이라고 뱃속을 좀 편하게 먹는 수밖에 별도리가 없겠지……."

225

"글쎄요…….”

하고, 아내는 시원치 못한 대답을 한다.

성호의 눈에는 월급 받는 때의 자기의 광경, 그것을 받아 가지고 조선은행 앞으로 달음질을 하는 광경, 모든 것이 다시 어떠한 환영처럼 전개되었다. 어떠한 딴 사람의 행동을 비판하는 눈으로 바라보는 사람과 같은 느낌이 있었다. 지금 누워서 생각하는 먼저 돌아다니던 사람과는 딴사람 같은 느낌이 있다. 아내도 무엇인지 생각하는 듯하였다. 다만 문환이만 곤한 잠이 들어 가끔 잠짓을 할 뿐이었다.

어두운 가운데에 두 혼은 활개를 치고 뛰놀았다.

THE ULTIMATE KPOP HANDBOOK :
3-in-1 Combo Pack (KPOP Idols Wiki + KPOP 150 Quiz Book + How to Write a Fan Letter in Korean)

SUPER 500 KPOP Trivia Quiz Book : 500 Fun-Filled Questions About Your Favorite Idol

The biggest KPOP Trivia Book in the world!

LET'S STUDY KOREAN:
Complete Practice Work Book for Grammar, Spelling, Vocabulary and Reading Comprehension With Over 600 Questions

SEOUL KOREA RESTAURANT & DESSERT CAFE GUIDE:
Over 100 Best Restaurants & Dessert Cafes Chosen and Approved By Real Locals

SEOUL CITY SUBWAY TOUR (FULL COLOR EDITION):
Complete Guide to Getting Around Seoul's Top Attractions by Just Taking the Subway